남(南)방(方)록(錄) 연구

일본 다도의 원리와 미학

남방록(南方錄) 연구

일본 다도의 원리와 미학 · 박전열 지음

(사)한국차인연합회 · 이른아침

『남방록』은 현실에 상상을 끌어들인 다도의 이상세계

형식과 절차가 까다롭고 복잡하기로 소문난 일본의 다도茶道.

차란 그저 편히 앉아 마음 내키는 대로 한 잔을 마시면 될 텐데 왜 그리도 엄청난 법식을 따라서 마셔야만 하는 건지.

차를 대접하는 주인과 손님의 마음가짐은 어떠해야 한다든지, 차는 반드시 이러이러한 절차로 타야 한다든지, 차를 내는 도구는 어떤 것이라야 한다든지… 이렇게 눈에 보이는 다도는 매우 복잡하지만 거기에는 각각 다도 세계에서 통하는 정신과 일정한 양식이 있기 때문에 일본 다도는 350만 명에 이르는 다인 인구에 의해 왕성하게 전개되고 있다. 다도를 잘 모르는 사람이 보기에는 쉬이 납득하기 어렵지만, 다도의 세계에는 일정한 문법이 존재한다. 이 문법을 아는 사람들은 그들 고유의 언어로 일상생활과 다른 가공의 세계를 구축하여 독특한 문화를 만들어내고 깊은 즐거움을 누리는 것이다.

1980년대 초반 일본에서 유학하던 당시 나의 연구 테마는 '일본의 민간 연극'이었다. 다도와 아무런 관련성이 없어 보이던 테마였지만, 알고 보니 연극은 다도와 기본 형식에서 유사성을 지니고 있었다.

다실에서 주인이 손님에게 차를 대접하는 프로세스는 마치 무대에서 배우가 관객에게 연기를 보여주는 것과 같은 기본 구조를 지닌다. 즉, 일정한 공간을 설정해두고 보여주는 사람(주인)과 보는 사람(손님)이 따로 있어 일정한 절차에 따라 보기 좋게 차를 타는 과정을 보며 즐긴다는 사실은, 다도란 다실이라는 극장에서 이루어지는 연극적 행위라는 해석을 가능하게 해준다. 이런 점은 다도가 지닌 연극적 요소로서 중요한 의미를 지닌다.

일본 다도 문화에 심취하여 다도의 숲을 헤매는 동안, 그 어느 문화 영역보다도 다도에는 일본적인 감성과 일본적인 상상력 나아가 일본문화 속의 질서 의식이 잘 녹아 있으며, 형식성의 중요성을 일본인들은 잘 터득하고 즐기기까지 한다는 점을 알 수 있었다.

다도에 관한 여러 가지 글과 사진, 동영상 등을 닥치는 대로 모으고 읽노라니, '『남방록南方錄』에 이르기를…'이라는 구절을 만나고 또 만났다. 신부님이나 목사님의 설교 내용이 결국 바이블로 돌아가곤 하는 것처럼, 일본 다도 연구는 『남방록』을 떼어놓고는 한 발짝도 앞으로 나아갈 수 없다는 말이다.

『남방록』 원문을 직접 읽기 시작했지만, 쉽지 않았다. 『남방록』은 센 리큐千利休의 다도를 그의 제자가 기록한 글이라고 한다. 센 리큐는 산발적으로 전해지던 다도를 집대성하고 형식을 제도화하여 기틀을 잡은 문화 영웅의 한 사람으로서, 일본 고등학교 역사책에 반드시 등장할 정도로 중요한 인물로 평가된다.

센 리큐는 유복한 상인 집안 출신으로 절에 들어가 수양을 쌓기도 했고, 미술품 감정가나 다도의 코디네이터로 활동하는 동안 탁월한 미의식으로 높은 평가를 받기 시작했다. 다인으로서 명성이 높아지자, 당대의 최고 권력가인 오다 노부나가織田信長와 도요토미 히데요시豊臣秀吉의 다도 사범으로 발탁되어 활동하면서 그의 다도가 일본 다도 방식의 표준으로 여겨지기에 이르렀다. 오늘날에도 센 리큐의 다도 방식은 일본 다도의 중핵을 이루고 있다.

센 리큐의 다도 정신과 점다 방식은 『남방록』에 극명하게 드러난다. 센 리큐는 불교의 선禪 사상과 당시의 미의식을 결합시킨 독특한 정신세계를 구축하여, 단순한 음료 마시기가 아니라 도를 깨치는 과정이자 방법으로서의 다도를 제창했다.

도요토미 히데요시의 깊은 신뢰를 얻고 있던 센 리큐였지만, 정국의 변화와 더불어 여러 가지 죄목을 이유로 사형을 당한다. 마치 다도의 순교자처럼. 그러나 센 리큐의 다도를 추종하는 사람은 그가 죽은 후에도 끊이지 않았다. 오히려 시간이 흐를수록 그의 다도는 이상화·전설화되면서 센 리큐는 일본 다도를 창시한 절대자이자 성인聖人으로 추앙되기에 이르렀다. 그래서 그를 '일본 다도의 다성茶聖'이라고 한다.

이 『남방록』은 센 리큐의 제자가 쓴 책이라고는 하지만, 100퍼센트 팩트의 기록이라고 하기보다 창작된 부분이 상당할 것이라는 점은 학계에서 이미 정설화되어 있다.

그런 취약점이 있음에도 불구하고 『남방록』은 이후 일본 다도의 나침반이 되어 오늘날에도 메인 텍스트로서 강력하게 기능한다. 일본 다도에 대한 연구자는 물론 일본인의 미의식이나 예술 사상 연구자에게 『남방록』은 정신사精神史와 사상사 연구의 텍스트로 중요한 의미를 지니기도 한다.

『남방록』에는 기술된 각 상황이나 장면을 상상하면서 읽는 즐거움이 있다. 어떤 곳은 불교의 교리를 전해주는 스님의 법어法語 같기도 하고, 어떤 곳은 다실의 모습과 다회의 프로세스를 꼼꼼하게 묘사한 영상물의 대본 같기도 하고, 어떤 곳은 스승과 제자가 다도에 대하여 담소를 나누는 장면의 스케치 같기도 하다. 400년도 지난 오래전의 일본 모습이고 보니 상상하는 데 어려움이 있겠지만, 오늘날 우리 주변에서 일어나는 일로 바꾸어보아도 크게 어긋나지는 않을 듯하다.

다른 나라의 오래전 다도 이야기라고 하여 멀리해버릴 수도 있겠지만, 오늘날 우리나라에서도 소중한 전통문화유산으로서 한국 다도가 재현되어 활기를 더해 가는 시점에 일본 다도는 우리에게 좋은 거울이 되리라.

일본 다도 연구, 특히 『남방록』의 연구를 이끌어주신 구마쿠라 이사오熊倉功夫 교수님, 『남방록』 연구의 선각자이신 도다 가쓰히사戸田勝久 선생님, 쓰쓰이 히로이치筒井紘一 선생님, 그리고 일본 다도 현장에서 공부할 소중한 기회를 제공해주신 우라센케裏千家의 센 겐시쓰千玄室 대종장님에게 감사의 뜻을 전하고자 한다.

아울러 한국 다도의 발전을 위해 헌신적으로 출판을 맡아주신 이른아침 김환기 사장님과 읽기 편하고 보기에도 좋은 『남방록 연구』가 되도록 온 정성을 다해주신 이단네 편집장님에게 감사한다.

2012년 철쭉이 아름다운 정발산 기슭에서
박 전 열

차례

『남방록』의 성립과 의의

『남방록』 본문

제1권 각서覺書

제2권 다회茶會

제3권 찻장棚

제4권 서원書院

제5권 대자臺子

제6권 먹칠墨引

제7권 멸후滅後

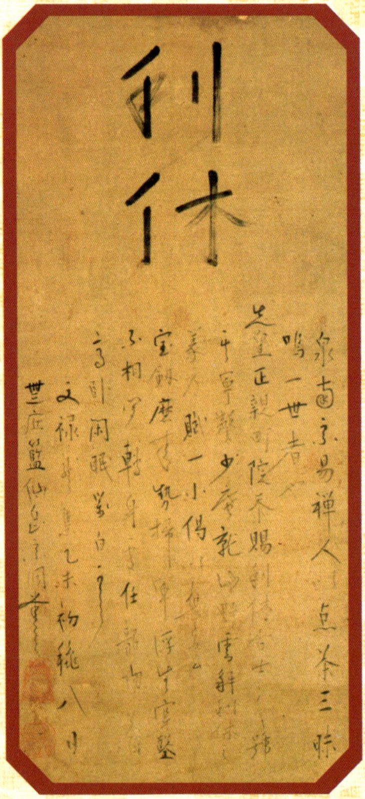
利休

『남방록南方錄』의 성립과 의의

Ⅰ. 서론

Ⅱ. 예도로서의 다도

Ⅲ. 『남방록』의 구성

Ⅳ. 『남방록』의 의의

Ⅰ. 서론

보통 일본인들은 일상생활에서 차를 많이 마신다. 손님으로서 가정이나 상점 혹은 공공기관을 찾아가도 으레 차를 대접받는다. 이런 경우에 손님에게 엄격한 법식 없이 차를 우려서 내고, 손님도 손쉽게 마시면서 주인에게 인사말로 답례하면 되는 차는 대개 전차煎茶, 센차다. 잘게 부순 찻잎에 끓인 물을 넣어서 우려내어 마시는 전차는 일본인들 생활의 일부가 되어 있는 음료다.

그러나 일본에는 이 전차와는 전혀 다른 또 하나의 차의 세계가 존재한다. 특별한 자리를 갖추고 특별한 격식으로 말차抹茶, 맛차를 마시는데, 이때의 법도 전반을 다도茶道 혹은 차탕茶の湯, 차노유이라 일컫는 차의 세계가 있다.

보통의 일본인이라면 다도의 격식을 갖추어 말차를 마시는 기회가 그다지 많지 않다. 이는 다음과 같은 사례를 보아도 알 수 있다. 한 일본문화 입문서에서 다도를 설명하는 항목을 보면, 어느 회사원(39세)은 자신이 겪은 차에 대한 경험을 이렇게 소개했다.

"제가 처음 들어간 회사는 도기陶器의 한 종류인 하기야키萩燒를 전문적으로

판매하는 도기 도매상이었습니다. 업무차 하기야키 도기를 굽는 공장을 찾아갔던 때의 일입니다. 학교를 갓 졸업한 때였기에 세상도 잘 모르고 겁도 없었지요. 그런데 웬걸, '안녕하세요' 하고 인사하자 주인은 곧바로 말차를 내어놓으며 마시라고 권하는 것이었습니다. 그러자 곧 식은땀이 흘렀지요. 말차를 직접 대하기는 처음이었기 때문에 당황했던 거예요."01

이 회사원의 예는 결코 특별한 경우는 아닌 것 같다. 법도에 따라서 말차를 마시는 다회茶會를 접해볼 기회가 없었거나 배운 일이 없는 사람들은 위와 같은 상황에서 틀림없이 당황할 것이다. 이는 오늘날 많은 일본인들이 겪는 차에 대한 경험이라고 할 수 있다. 그럼에도 불구하고 일본의 예도藝道에 입각한 다도의 세계는 일본문화의 중요한 일면임이 틀림없다. 다도의 차는 일반 가정에서 다반사茶飯事라는 개념으로 마시는 차와는 달리, 거기에 준하는 형식적인 법도와 함께 정신세계가 동반되어야 비로소 제대로 마셨다고 하기 때문이다.

다도의 법도는 본대로 따라 하면 되겠지만, 그 바탕에 깔려 있는 정신세계는 하루아침에 알 수 있는 것은 아니다. 다도의 정신세계는 많은 다인茶人들이 매우 오랜 시간에 걸쳐서 이루어낸 것으로, 그것이 일본예능문화의 하나임을 부인할 수 없다. 이러한 예능은 특수한 수행 과정을 통하여 몸에 익힐 수 있기에, 예능의 수행 과정에는 특별한 육체적·정신적 법도라 할 수 있는 예도가 내재한다.

예능이 성립하려면 그 주체로서 '행하는 사람'과 '참가하는 사람'이 기본적으로 갖추어져 있어야 한다. 이는 연희자와 관객 또는 주인과 손님이라는 설정으로 파악할 수도 있다. 이들 사이에 있는 특별한 양식에 의해 공감된 긴장관계가 예능의 실행 과정에 나타난다. 이 각 실행 과정에서 표현되는 의미의 일정한 틀은 다도의 경우에도 성립된다고 할 수 있다.

예를 들면 '극장을 다실茶室로, 주객을 배우와 관객으로, 다회기茶會記를 연출

---

01 梅棹忠夫 외 監修 '茶道'『THE日本』p.706 講談社 1986

대본이나 각본으로 비유하는 관점'02 등이 이미 제시되어 있다. 다도란 만남의 공간에서 생기는 갈등과 그 해소의 방식임을 달리 표현한 것이라고도 본다. 이러한 관점에서 다서茶書를 통하여 일본의 예도 혹은 예도 사상을 파악하고자 함은 하나의 방법론으로 가능하다고 생각한다.

본고에서는 일본의 예능이라는 범주와 그 정의, 그리고 그 안에 포함되는 제반 예능의 개념과 예도의 개념을 검토하고자 한다. 나아가 예도의 세부 분야 중 하나가 되는 다도와 다도의 형성 과정에 절대적인 영향을 끼친 고전 다서『남방록南方錄, 난포로쿠』이 지니는 의미에 대하여 살펴보고자 한다.

Ⅱ. 예도로서의 다도

(1) 예능과 예도

일본어에서 예도藝道라고 하면 사전적으로는 흔히 '예능의 도, 기예의 도' 등으로 정의된다. 곧, 예능이나 기예의 수행 또는 수행 과정이라고 생각할 수 있다. 먼저 쇼각칸小學館의『국어대사전國語大辭典』에 나오는 '예능'의 정의를 인용해본다.

> ① 학문, 예술, 기능 등 귀족이나 훌륭한 사람이 몸에 익혀야 할 각종의 재예才藝, 기예技藝. 예·악·사·어·서·수禮·樂·射·御·書·數 등의 육예六藝를 중심으로 시가·서화 등의 문학예술, 아악雅樂·사루가쿠猿樂·가쿠라神樂·사이바라催馬樂 등의 가무음곡, 축국蹴鞠·야부사메流鏑馬·바둑 등의 유예遊藝를 포함한다.
>
> ② 꽃꽂이·다도·가무음곡 등의 예.

02 林屋辰三郎『日本藝能の世界』pp.151-152 日本放送出版協會 1973

③ 영화·연극·가요·라쿠고落語·음악·무용·민속예능 등 대중적 연예의 총칭.

여기서 보듯이 예능의 범위는 매우 광범위하여, 관점에 따라서는 모든 문화적인 행위 전반을 포함한다고도 할 수 있다. 사실 일본학계에서 예능에 대한 논의는 매우 다양하고 방대한 성과를 이루었다. 근년에 예능사연구회의 많은 연구가들이 이루어낸 성과를 종합해서 발간한 『일본예능사』(전 7권)를 통해, 예능이라는 제반 행위예술의 범주03를 설정해볼 수 있다.

여기서 모리야 다케시守屋毅는 예능이 육체에 의한 표현임을 대전제로 하여 '예능의 분류' 기준을 ① 감각적 표현의 방식 ② 신체의 행위 방식 ③ 상연 장소나 상황 등에 두고 구체적인 예능 장르를 논했다. 예능을 구체화한다는 행위는 현실과 한 구획을 그은 특정한 시간과 공간 가운데서 이루어지는 허구의 세계이자 일상으로부터 구획된 변신이 전제되어야 한다는 기본적인 전제가 필요하다는 것이다.04

이보다 좀 더 구체적으로 예능의 범위를 제시한 하야시야 다쓰사부로林屋辰三郎는 일본예능의 세계가 특히 주인과 손님의 모임에서 비롯됨을 선행 조건으로 논했다.

"예능이라는 것이 육성될 수 있는 환경이란 개인적인 것이 아니라 오히려 집단적이며, 바꾸어 말하자면 사회적이라고도 할 수 있다. 즉, 연극·무용 등은 무대 위에서의 협력자를 필요로 할 뿐만 아니라 관객석의 공감자를 염두에 둠으로써

---

03 藝能史硏究會 『日本藝能史』(전 7권) 法政大學出版局 1981-1990
구체적인 예능의 장르를 열거하자면 시대적인 면이라는 종적인 관계와 장르별이라는 횡적인 면을 염두에 두어야 하겠지만, 『日本藝能史』의 대강을 평면적으로 열거해보면 "고대의 주술적인 기원의 예능. 외국으로부터 수입된 예능. 농경의례에 기원을 둔 덴가쿠田樂. 수입된 흉내 내기 놀이인 산가쿠散樂. 궁중이나 도시의 연중행사. 사루가쿠猿樂. 시라뵤시白拍子. 예능좌의 공연물들. 문학 모임에서의 창작. 노能. 차노유茶の湯. 떠돌이 예능인. 이야기꾼御伽衆. 가부키歌舞伎. 인형극. 서화회書畵會. 꽃꽂이. 마을의 연중행사로 하는 공연물. 이야기예능語藝 등"을 들 수 있다.

04 守屋毅 『日本藝能史』 1 pp.56-72 法政大學出版局 1981

비로소 성립된다. 다도나 향도 등도 결코 고고독락孤高獨樂을 본질로 하는 것이 아니라 주객의 회합에 의의를 둔다."05

예능은 주인과 손님 혹은 배우와 관객이 갖추어지고 나서 그 어떤 양식성이 있는 행위를 연출함으로써 비로소 성립된다는 것이다.

이런 의미에서 예능을 역사적으로 분류하고자 할 때 새로운 기준이 제시될 수 있다. 예를 들면 구마쿠라 이사오熊倉功夫는 예능이 실연되는 공간에 따라 대별하여 '① 무대예능 ② 민속예능 ③ 항간巷間예능 ④ 실내예능' 등으로 구분하면서 다도는 실내예능의 대표가 된다고 했다. 나아가 그는 예능의 특질을 열거하면서 "관객과 연희자 사이의 긴장관계 위에 성립되는 문화·일회성一回性의 무형적 산물·일상생활을 넘어서는 비일상적인 변신을 희구한다는 등"06이라고 제시했다. 이러한 성질은 물론 실내예능에도 적용되며, 현대 무대연극의 기준으로 볼 때도 강도의 차이는 있지만 모든 예능에 기본적으로 내재한다고 할 수 있다.

누가 그 예능을 담당하는가 하는 '담당자'라는 문제를 기준으로 예능의 장르를 분류할 수도 있다. 그런 예로, 고토 하지메後藤淑는 담당자 계층을 기준으로 하되 상업성·종교성·예술성 등의 강도를 중첩시켜서 '① 민중예능 ② 민속예능 ③ 고전예능 ④ 귀족예능'07으로 사분하기도 했다. 이와 비슷한 분류 기준을 제시한 니시야마 마쓰노스케西山松之助는 '① 귀족문화의 전통을 이은 예능 ② 무가武家문화의 전통을 이은 예능 ③ 민중문화의 전통을 이은 예능'으로 삼분했다.

니시야마는 구체적으로, ①은 '유예遊藝'라 해서 귀족들이 창출해낸 아악·비파·축국蹴鞠·와카和歌·렌가連歌·바둑 등과, 무가에서의 무사武士로서가 아니라 귀족으로서 창출해낸 향도香道·다도·꽃꽂이花道 등 ②는 무가가 무예武藝로 성립

---

05 林屋辰三郎『中世藝能史の研究』p.26 岩波書店 1980

06 熊倉功夫『茶の湯の歴史』p.98 朝日新聞社 1990

07 後藤淑'民俗藝能と民衆文化'『藝能傳承』日本民俗學講座 4 pp.214-251 朝倉書店 1976

시킨 궁술·마술·포술·검술 등 ③은 대중예능이라고도 하는데, 『신원악기新猿樂記, 신사루가쿠키』에 묘사된 산가쿠散樂에 뿌리를 둔 비파법사·덴가쿠田樂·교겐狂言·만자이萬歲·다이카구라太神樂를 비롯해서 닌교조루리人形淨瑠璃·가부키歌舞伎 등을 열거했다.[08]

그러나 일본에서 오늘날 일반적으로 말하는 예능의 개념은 역사적인 개념과 조금 달리 쓰이는 듯하다. 흔히 말하는 '예능인'이라는 어휘에는 현대인들의 생활 속에서 실연實演할 수 있는 예능 장르란 뜻이 있고, 이는 역사적인 장르와는 다르기 때문이다. 따라서 현실 속의 예능이란 '영화·연극·가요·라쿠고·음악·무용·민속예능 등 대중적 연예의 총칭'이나 '꽃꽂이·다도·가무음곡 등의 예'라는 의미로 쓰이고 있다. 특히 현대인이 교양으로 몸에 익혀야 하는 예능이라 할 경우에는, 이른바 다도나 꽃꽂이를 문화적인 가치를 지닌 전통예능이라고 한정적으로 지칭하기도 한다.

이처럼 예능의 개념은 간단하지 않으나, 여기서는 특히 역사적인 의미에서의 예능에 존재하는 예도에 대해 검토해보고자 한다. 앞서 말한 대로 '예능의 도'를 예도라 하면 일면 간단해 보이지만 그 개념이 간단히 정리되지는 않는 듯하다. 예능이 실천되는 과정에 있어야 할 실연의 방법 혹은 실연의 정신적인 틀 등을 예도라 할 수 있을 것이다. '예도의 개념'에 대해 논한 니시야마 마쓰노스케의 견해를 인용해본다.

> 예藝란 육체를 써서 춤추거나 연기하거나 그리거나 향기를 맡거나 맛을 보거나 이야기하거나 악기를 타거나 하는 등등 몸 전체 혹은 일부를 움직여서 문화 가치를 창조 또는 재창조해내는 것이다. 이런 과정을 통해서 만들어지는 것이 예술작품이지만 그것이 작품으로서 완결되어버렸다거

08 西山松之助 '近世藝道思想の特質とその展開' 『近世藝道論』 pp.589-592 岩波書店 1972

나. 객관화되어버린 예술품은 이미 예도와는 무관한 것이 된다.09

니시야마의 견해를 바꾸어 말하자면, 예능은 유형적인 물건을 남기지 않고 인간의 육체적인 행위로써 구현되는 것이기에 그 실연의 방법 혹은 방식이 예도라는 것이다. 이런 실연의 방식에는 일정한 양식을 두어 '법칙성'이나 '규칙성'을 둔다. 어떤 특정한 인물에 의해서 형식이 극도로 세련되어지고 정신적인 의미도 정연하게 부여되었을 때, 실천철학으로서의 예도가 확립되었다고 할 수 있으며 예도 사상이라는 표현을 얻게 된다고도 할 수 있다. 따라서 민간의 공동적 창작물이라 할 수 있는 민속예능과는 달리, 예도는 한 개인이 지닌 고도의 관념이나 기술이 차츰 많은 사람에게 공감을 얻어 이상적인 예능으로 평가받으며 널리 추종자를 확보하게 된다.

고전에서 '예도'라는 구체적인 어휘가 쓰인 예로는, 제아미世阿彌의 『화경花鏡』(1424)을 들 수 있다. 제아미의 연극론의 정수라고 하는 『화경』의 '오단奧段'에는 '노能'를 처음 배우던 때의 마음, 즉 초심을 잊지 말고 정진하라는 교훈 가운데서 '예의 도' '예도' '행도行道' 등의 용어를 쓰고 있다.

> 우선 스승의 말씀을 깊이 신뢰하며 마음에 새겨야 한다. 스승의 가르치심이란 말할 것도 없이 『화경』의 가르치심인데 이를 잘 연구하며 마음에 새겨두고 노를 실연할 때 여러 가지 가르치심을 실행해보고 실험도 해보아 혹시 그 공덕이 있었다면 '아하 스승의 말씀이 정말이구나'라고 감복하여 한층 더 도道를 숭상하며, 여러 해에 걸쳐 수련을 쌓아감이 노를 알기 위한 가장 중요한 일이 된다. 모든 예도에 있어서 배운 바를 반복한 후에 그것을 실행하는 과정이 있을 터인데, 사루가쿠猿樂의 배우들도 또한 우선 스

---

09 西山松之助 '近世藝道思想の特質とその展開' 『近世藝道論』 pp.585-586 岩波書店 1972

승의 가르침을 배우고 익힌 후에 가르침을 받을 도를 행해야 할 것이다.10

여기서 말하는 도란, 노를 행하는 데 필요한 스승의 말씀 또는 가르치심이나 그 내용이라는 의미로 볼 수 있다. "도를 행해야 할 것이다"라는 말에서 '행도'란 바르게 도를 익히는 법習道法을 말한다. 나아가 당시에 제아미가 말한 노能란 예藝와 거의 같은 개념으로 쓰였던 점을 감안한다면 예도란 노를 연기하는 양식, 즉 전수받은 바의 무형의 세계를 일컬음을 알 수 있다. 이런 의미에서 예도란 스승에게서 배운 양식이나 격식을 중시하여 이미 형성된 법식에 권위를 부여한다. 뿐만 아니라 규범성이나 양식성에 새로운 평가를 부여한다든지 해서 그 권위를 더욱 고양시킨다. 이로써 그 예능의 기예를 세련되게 하여 예도의 개별 영역이 지닌 문화적 가치를 스스로 강화시킨다고 할 수 있다.

위의 내용을 종합하자면 예도란 일본의 예능 특히 전통예능 가운데 존재하는 무형적인 세계임을 알 수 있다. 구체적으로는 예능의 재주나 기예를 드높이는 방법, 노를 보다 잘하는 방법, 노래를 보다 잘하는 방법歌道, 활을 보다 잘 쏘는 방법弓道, 차를 보다 잘 다루는 방법茶道 등의 일반적인 정의로 정리해볼 수 있다. 이러한 기본적인 예도의 의미 범위에서 각 예도의 성립 과정과 실천철학적 이론 혹은 예도의 개별적인 내용 등이 구현되는 것이다.

(2) 『남방록』의 성립 배경

예도의 계보 가운데서 다도는 향도와 꽃꽂이와 더불어 그 향유 계층의 특수성에 주목하지 않을 수 없다. 16세기의 무가 출신 무사들은 무술뿐만 아니라 그 정신적인 의미를 강조하여 '무예武藝'라는 독특한 세계를 구축했다. 그들은 예능 면에서도 정신적인 지향점을 귀족사회에 두고 예능을 향유했으며, 예능인들의 후

10 世阿彌『花鏡』(『歌論集 能樂論集』日本古典文學大系 65 p.435 岩波書店 1961)

원자가 되기도 했다. 다도의 경우가 바로 그 대표적인 예다. 물론 이런 후원자 군群이 형성된 가운데, 전문 직업인으로서의 다인茶人들이 나타남으로써 예도로서의 다도가 확립되기에 이른다.

예도로서의 다도의 형성 과정은 일본 다도의 역사와 관련되는데 이에 대하여 몇 가지 선행 연구 성과를 바탕으로 다음과 같이 정리해보고자 한다.[11]

중국 당나라 시대에 정착했던 차 문화는 견당사遣唐使들에 의해서 나라奈良시대부터 헤이안平安시대 초기에 걸쳐 일본에 전파되었다. 『일본후기日本後記』에는 815년에 사가嵯峨 천황이 가라사키唐崎에 행차했을 때, 승려 에이추永忠가 차를 바쳤다는 기록이 있다. 이는 일본의 정사正史 가운데 나타난 차에 관한 최초의 사료史料로서, 당시의 한시漢詩문화를 동경하던 지식인들이 차를 마셨음을 말해준다.

그러다가 일본문화의 독자성을 추구하는 국풍國風문화시대를 맞이하자 차를 마시지 않게 되었고, 가마쿠라鎌倉시대 초기에 에이사이榮西, 1141~1215가 다시 중국의 차를 수입하기까지 차 문화는 단절되었다.

에이사이는 1168년(고려 의종毅宗 22년)과 1169년, 이렇게 두 차례에 걸쳐 중국의 천대산天臺山에서 선禪을 배우고 일본으로 돌아와서, 선종禪宗과 함께 중국의 새로운 차 문화를 전했다. 이때 전래된 차는 당唐대의 덩어리 모양의 단차團茶와는 달리 오늘날의 가루차인 말차抹茶와 거의 같은 것이었다. 에이사이는 특히 차가 지닌 양생養生의 효과를 강조해서 1211년에 『끽다양생기喫茶養生記』의 초고를 완성했다.

에이사이가 가지고 온 차나무는 교토京都 북서쪽에 있는 고잔사高山寺의 메케明惠 스님이 받아서 심고 차밭을 일구었는데, 그 차가 더 널리 퍼져서 교토 남쪽의 우지宇治 지방에서도 차를 재배하게 되었다. 끽다 습관은 그 후 선종사원이나 무

---

11 桑田忠親『茶湯の文化史』講談社 1979, 村井康彦『茶の文化史』岩波書店 1979, 熊倉功夫『近世茶道史の研究』日本放送出版協會 1980, 谷端昭夫『近代茶道史』淡交社 1988

가사회에 침투하여 가마쿠라시대 후기에는 서민들 사이에도 널리 보급되었다.

끽다의 보급은 약용보다 기호품으로서의 차의 발전을 의미한다. 드디어 차는 유희화遊戲化되어 14세기 초기에는 차 맛을 가려내는 일종의 게임인 '투차鬪茶'가 생겨났다. 이 새로운 유희는 '음다승부飮茶勝負'라는 이름으로도 불렸는데, 당시 교토 지방에서 생산되는 차를 본차本茶라 하고 다른 지방에서 생산되는 차를 비차非茶라 해서 본차와 비차를 구별해 차의 산지를 맞추어내면 상을 받는 놀이였다. 차의 맛을 알아맞히면 점수를 따가는 식이었는데, 네 가지의 차를 10잔이나 많게는 70잔을 마셔서 각기 차의 맛을 맞추는 식으로 점차 복잡해져 갔다. 투차는 15세기 말까지 빈번히 열리더니, 16세기에는 쇠퇴해버렸다. 그러나 지금도 군마현郡馬縣 등지에서 하는 '차강茶講'이라는 민속에 그 흔적이 남아 있다.

한편 남북조南北朝 전란시대에 활약하던 신흥 영주들은 투차를 즐김과 동시에 중국에서 들여온 미술품이나 문방구 혹은 다도구 등의 기물器物을 '당물唐物, 가라모노'이라 해서 장식용으로 애호하고 중시했다. 예를 들어 『태평기太平記, 다이헤이키』에 의하면 사사키 다카우지佐佐木高氏는 차·꽃·향, 즉 다도·꽃꽂이·향도를 조화시키는 풍류놀이에 당물을 장식해놓고 그 아름다움을 자랑했다고 한다.

당물을 중심으로 하는 끽다 방식은 무로마치室町시대에 이르자 '서원식書院式, 書院造'이라는 건축 양식이 완성되며 널리 보급되면서, 무가의례의 일부로 정착했다. 즉, 멋쟁이 영주들 사이에서 크게 유행하던 당물은 점점 더 애호되었다. 아시카가 요시노리足利義敎로부터 아시카가 요시마사足利義政에 이르는 무로마치 중기에는 아시카가足利막부에 의해서 많은 당물이 수집되었다. 이 가운데서 '히가시야마고모쓰東山御物'라 불리는 컬렉션이 형성되었다.

당물을 진열해놓기 위해서 벽면에 선반을 만들어놓은 서원조의 회소會所에는 당물을 관리하고 감정하거나 장식하는 전문가인 '도호슈同朋衆'라는 집단이 형성되어, 노아미能阿彌·소아미相阿彌 등이 활약했다. 그들은 명기名器에 관한 기록인 『군대관좌우장기君臺觀左右帳記』를 남겼다. 다도에도 조예가 깊었던 도호슈는 찻자리의 일각에 설치된 차노유마茶湯間라고 불리는 방에서 차 달이는 일을 하기도 했다.

한편 15세기 후반이 되자 무라타 주코村田珠光에 의해서 새로운 차풍茶風이 일어났다. 나라 출신인 무라타 주코는 훗날 교토에 가서 유명한 선승禪僧인 잇큐 소준一休宗純에게 참선을 배우며, 그의 다도 사상을 「심문心の文」이라는 글에 잘 나타냈다. 이에 대하여 필자는 상세한 논의를 전개한 바 있다.[12] 무라타 주코는 당시 유행하던 시가詩歌 문학 장르인 렌가連歌의 '히에카레冷枯'[13]라는 미의식을 다도의 미학에 원용했다. 히에카레, 즉 차갑게 시드는 것의 아름다움과 선의 사상 위에서 무일물無一物의 정신을 다도에 표현하고자 했다. 당시까지의 당물을 중심으로 한 호화롭고 완전한 다도구의 세계를 눈에 두드러지지 않게 하고 소박하고도 차분한 일본의 다도구를 조화시켜서 불완전한 것 가운데서 미를 찾으려고 한 것이다. 무라타 주코는 다인인 후루이치 하리마古市播磨에게 보낸 글 「심문」에서 값비싼 다도구만을 추구하려는 당시의 속물적인 다인들을 경계하는 말을 남겼다.

> 또 당시에 와비侘를 중시한다고 하면서, 초심자가 비젠備前 도자기 혹은 시가라키信樂 도자기 등 아주 값비싼 다도구를 가지고, 자기 것만이 훌륭한 것이라고 하며, 자기만이 경지에 이르렀다고 함은 언어도단言語道斷이다. 즉 이 말, 좋은 도구를 가지는 것이 중요한 게 아니라, 다도의 맛을 잘 알고 오묘함을 잘 깨닫고, 마음 깊은 곳으로부터 느낀 바가 있은 연후에

---

12 박전열 '일본 다도형성기의 다도이념-「심문心の文」에 나타난 문학이념과 구도 정신을 중심으로' 『일본학보』 pp.375-385 한국일본학회 2007

13 차갑게 시들어버려 멀리하거나 관심을 가지지 않게 된 것 가운데서 진실을 찾으려고 할 때 발견되는 아름다움이라는 미의식이다. 부정적인 것 가운데서 깊이 있는 아름다움을 찾아내려는 미학으로, 물욕을 뛰어넘는 세계이며 불교적인 표현으로 말하자면 해탈의 경지라고 할 수 있다.

비로소 진지한 와비의 경지를 즐길 수 있다는 말이다.14

무라타 주코의 "달도 구름 사이에 보이는 달이 아니라면 흥취가 없네月も雲間のなきは嫌にて候"라는 글귀에서 보듯이 완전한 보름달보다는 구름 사이로 언뜻언뜻 보이는 달이 보다 아름답게 느껴진다는 미의식이 그 후에 '와비차'라 불리는 무라타 주코의 다도에 기반을 이루었다. 따라서 당물뿐만 아니라 비젠 도기나 시가라키 도기와 같은 자연풍自然風의 도기를 다도에 도입했던 것이다.

16세기에 들어서자, 와비차는 당시 번영의 극치에 있던 도시인 사카이堺의 사람들에게 애호되었다. 그 가운데 대표적인 인물은 다케노 조오武野紹鷗였다. 그는 가죽 제품을 다루는 부유한 상인으로 당물 명물을 50 혹은 60점이나 가지고 있었다고 한다. 시가 연구가歌學者로 저명한 산조니시 사네타카三條西實隆의 문하에서 문예를 배운 다케노 조오는 무라타 주코의 주장을 받아들여 중세 예능으로서의 다도를 확립했다. 그는 무라타 주코도 쓰지 않았던 '와비'라는 말을 다도에 도입했으며, 나아가 나무나 대나무 등이 본래 지닌 아름다움을 살려서 만든 나무 그릇이나 대나무 개수통 등을 실용화하여 와비의 표현을 한층 심화시켰다.

또한 사카이의 다인들에 의해서 초암草庵의 다실이 발전했다. 당물 중심의 차가 서원조라는 무가 건축을 중심으로 전개된 것과는 대조적으로, 와비 다도에서는 심산유곡深山幽谷을 연상시키는 산마을 느낌의 정원을 집 안에 꾸며놓고, 그 가운데 은자의 거처를 연상시키는 초암을 지었다. 그 초암에서 속세의 세계를 벗어난 별세계 같은 다도의 공간을 창조해냈다. 이른바 '시중市中에 있는 산거山居'다. 당시에는 아직 다실이라는 말이 없었고 '차 마시는 손님방'이라는 뜻의 '차자시키茶座敷' 혹은 병풍 등의 가리개로 '둘러싸인 곳'이라는 뜻의 '가코이圍い' 등으로 불렀다.

---

14 村田珠光「心文」(『日本中世の藝術思想』 日本思想大系 23 p.447 岩波書店 1980)

차 마시는 건물은 초암의 스타일을 취하면서도 서원의 실내 장식법을 차용해 지었다. 예를 들어, 서원에서는 방 한쪽 구석에 마루를 높여서 깐 공간인 도코노마床間의 벽지로는 수묵화를 바른다는 원칙이 있었으나, 무라타 주코는 그림 벽지 대신에 단지 하얀 벽지를 바름으로써 서원의 형식을 따르지 않았다.

그러나 다케노 조오는 다실에 벽지를 바르는 것마저 부인하여, 보다 소박하게 흙벽이 그대로 보이는 다실을 고안해냈다. 이처럼 정식의 형식, 즉 서도書道의 용어로 말하자면 진서체眞書體의 '진眞'을 따르지 않고 초서체草書體의 '초草'를 다실의 미적 기준으로 삼았다. 이른바 초서체화草書體化는 소박한 초암 형태 다실 성립의 방향이자, 와비 다도의 미의식을 심화시키는 것이었다.

다케노 조오의 제자이자 다서 『남방록』의 주인공인 센 리큐千利休, 1522~1591는 다도를 거의 완성된 경지로 끌어올린 인물이었다. 다케노 조오의 와비는 초서체화를 심화시키면서도 대극에는 명물을 중시하는 의식이 깔려 있는 것이었다. "초가집에 명마를 매어두는 것이 좋다わら屋に名馬をつなぎたるがよい"15, 즉 초옥에 명마를 매어두는 것이 좋다고 한 무라타 주코의 말대로 초가집(거친 것)과 명마(호화로운 것)의 극단적인 대립 가운데서 미를 찾으려고 했다. 그러나 센 리큐는 이 '대립'이라는 현상을 뛰어넘은 창조적인 미, 즉 값비싼 명물도 아니고 값싼 조잡품도 아닌 것에서 새로운 미를 발견하는 데 힘을 기울였다.

센 리큐는 기성의 미의식에 개의치 않고 극히 좁은 다다미 1장 반 넓이의 다실을 만들었다. 또한 고려물高麗物이라 부르는 조선에서 수입한 도자기를 적극적으로 다도에 채용하고 손수 대나무 화병이나 찻숟가락을 만드는 등 다도구에 있어서 새로운 기운을 일으켰다.

센 리큐는 최대 군사도시이자 부유한 문화도시인 사카이의 지역 세력을 배경으로 오다 노부나가織田信長와 도요토미 히데요시豊臣秀吉의 권력에 접근하여 다

15 이 책의 98쪽 참고.

도 관련 업무의 책임자인 다두茶頭로 중용되었다. 그 결과 최고 권력가의 의례적인 다도를 담당하게 되어, 차 달이기·작법 등의 의례적인 측면, 다회의 형식, 다회에서 손님에게 대접하는 요리인 회석懷石, 가이세키 등이 모두 센 리큐의 와비 다도 정신에 의해서 정리되었다.

센 리큐는 다이토쿠사大德寺의 고케이 소친古溪宗陳 등의 선승에 귀의하여 소에키宗易라는 법명을 받을 정도로 선의 영향을 강하게 받아서, 다실의 도코노마에 묵적墨跡을 거는 등 다도에 선종의 정신세계를 적극적으로 도입했다. 묵적이란 스님의 게偈, 즉 불교의 교리나 깨우침을 시詩 형식으로 쓴 족자인데, 종교적인 의미와 미술품으로서의 가치를 겸비하며 다도의 종교적 성격을 단적으로 드러내는 다도구의 한 가지이다.

그러나 센 리큐의 다도관은 '산을 골짜기라 하며, 서쪽은 동쪽이다'라고 할 정도로 당시의 일반 상식을 깨뜨리는 하극상下剋上적인 발상이었다. 때문에 중앙집권적인 봉건사회가 완성되고, 존중받던 하극상 정신을 경계하는 사회적 상황에 이르자, 최고 권력가에게 센 리큐는 불편한 존재가 되어버렸다. 결국 센 리큐는 반역적인 행위를 했다는 죄목으로 도요토미 히데요시에게서 자결하라는 명령을 받기에 이르렀다. 이 사건은 새로운 시대적 상황이 전개됨에 따라서 이전 시대인 전국戰國시대의 와비 다도 정신이 평가절하되었기에 일어났다고 할 수 있다.

센 리큐의 죽음으로 16세기를 관통하며 발전해온 와비 다도는 커다란 변혁기를 맞이하게 된다.

17세기에는 후루타 오리베古田織部에 의해서 센 리큐의 다도가 계승되었다. 센 리큐 방식의 와비 다도를 즐긴 후루타 오리베의 다도는 도자기의 작풍을 통해서도 나타난다. 오리베야키織部燒, 織部陶器로 상징되는 바와 같이 발전적인 변형을 추구하여 새로운 미, 즉 불균형의 미를 주장했다. 당시에 문화적으로는 '가부키'라는 새로운 기풍이 일어났는데, 이는 이풍이색적異風異色的인 것에 미적 가치를 두는 새로운 문화 양식이었다. 후루타 오리베는 17세기 시대풍속인 가부키를 반영한 그의 취미가 당시의 권력가들에게 완전히 이해되지 못한 채로, 센 리큐와 같이 자결이라는 비극을 맞이했다.

후루타 오리베의 다도에 관한 이상은 그의 제자 고보리 엔슈小堀遠州시대에 이르러 실현되기에 이른다. 고보리 엔슈가 활약한 17세기 초기는 도시 상공인의 문화가 꽃을 피운 시대였다. 다인으로서는 센 리큐의 손자인 센 소탄千宗旦, 도공 닌세이仁淸에게 도자기 양식을 지도한 가나모리 소와金森宗和, 고보리 엔슈의 뒤를 이어 쇼군가將軍家의 다도 사범이 된 가타기리 세키슈片桐石州 등이 활약했다.

고보리 엔슈는 센 리큐의 와비 다도를 완화해나가면서 소박함 가운데서도 화사한 아름다움을 추구하는 양식을 고안해내는 한편, 히가시야마東山시대의 서원 다도를 부흥시켰다. 그는 와비 다도에 귀족문화적인 취향을 채용하여 새로운 양식의 종합적인 다도를 전개하려 했던 것이다.

고보리 엔슈는 귀족들과도 빈번히 교제하면서 궁중의 센토고쇼仙洞御所의 정원과 다실을 건축하는 데 참여했고, 가쓰라이궁桂離宮 건설에도 영향을 끼쳤다. 가쓰라이궁의 건축 양식에서 '기레이스키奇麗數寄'라고 불리는 미의식을 엿볼 수 있는데, 이는 고보리 엔슈 혼자만의 것이 아니라 당시에 정착된 미의식의 한 가지라고 할 수 있다. 그 특징으로 장식성이 강하고 화사한 디자인, 번잡스럽다고 할 정도로 섬세한 표현, 예리하고 명쾌한 윤곽과 색채를 들 수 있다. 게다가 동서고금의 문학에서 채용한 상징적인 요소가 수용되어 있었다. 고보리 엔슈 취향의 풍류적이고 우아한 도구의 선택, 이른바 닌세이仁淸의 도기에 나타나는 가나모리 소와의 취향 등에서도 그 특징을 엿볼 수 있다.

센 리큐의 손자인 센 소탄은 영주의 휘하에 들어가 다도 관련 업무를 맡는 공적인 일은 하지 않고, 센씨千氏 집안을 '산센케三千家'라 해서 가업으로 와비 다도의 전통을 지켰다. 또한 야마다 소헨山田宗偏, 스기모토 후사이杉本普齊 등 센 소탄의 제자들은 겐로쿠元祿시대(1688~1704)에 등장한 신흥 도시민들 사이에 차를 널리 보급했다.

18세기의 다도는 도시민들 사이에 널리 보급되었다는 점이 특징이다. 다도는 취미로 배우는 예능, 즉 도를 깨치기 위한 것이라기보다 꽃꽂이·음곡·무용 등과 함께 놀이로 하는 예능이 되었다. 이런 현상을 유예화遊藝化라 한다. 다도를 전수하는 수단으로서 다도의 종가宗家를 두고, 이를 통해서 다도를 전승하는 제도인 이에모토제도家元制가 성립되었다.

19세기에 이르러 유예화한 다도에 대해 비판이 일자, 비전秘傳으로 숨겨져 있는 다도구의 실증적 연구를 축으로 해서 명물을 중심으로 한 다도의 부흥을 시도한 마쓰다이라 후마이松平不昧, 다도를 정신적 수행의 방식으로 재인식하려 한 이이 나오스케井伊直弼, 기존의 다도를 부정하면서 문인취미文人趣味[16]에서 비롯한, 말차가 아닌 잎차를 우려 마시는 방식의 새로운 다도인 전차도煎茶道, 센차도 등의 새로운 움직임이 나타났다.

전차란 찻잎을 탕관에 넣어서 우려 마시는 차인데, 전통적인 다도에서 쓰는 말차抹茶 외에 일상에서 마시는 차 또는 그 찻잎을 총칭하는 말이기도 하다. 전차도는 이에모토제도를 따르는 전통적인 다도의 형식성을 탈피하여, 보다 자유로운 양식을 추구하는 새로운 다도법이었다.

19세기 중엽의 메이지明治유신 이후 다도는 한동안 쇠퇴기에 놓인다. 19세기 말엽 이후 이노우에 가오루井上馨 등의 정치인이나 마스다 돈노益田鈍翁 등의 정계인 사이에서 골동품 수집 붐이 일어났는데, 이러한 붐이 다도의 부흥으로 이어지게 되었다.

16 박전열 '에도시대의 다도비판론과 전다도' 『일본학보』 p.12 한국일본학회 2011
문인취미는 중국의 영향을 받아 시나 미술을 즐기며 다도나 문방구에도 탐닉하던 에도시대 후기의 지식 계층이 지닌 가치관의 한 경향이라고 할 수 있다.

다도를 취미로 삼는 수집가를 '스키모노數寄者'라 부른다. 그들은 맹렬한 다도구 수집 활동을 펼쳐서 재래의 다도구를 도구로만 보던 관점에서 벗어나 미술품으로 인식하게 함으로써 널리 높은 평가를 받게 했다. 동시에 불교나 왕조의 미술품도 다실의 장식품으로 활용함으로써 다실을 미술품 감상의 장場으로 인식하는 근대의 다도를 낳게 되었다.

한편 다도계는 전통적인 유의流儀, 즉 기예 등의 분야에서 예로부터 각 가문이나 유파별로 전해지는 독특한 다도 양식을 중시해왔다. 이런 다도계에서 정신성이 높은 다도를 추구하려는 목소리가 일었고, 생활양식이 근대화됨에 따라 다다미가 아니라 의자에 앉아서 하는 다도 방식 등 노인들이나 외국인들도 다도를 쉽게 접할 수 있도록 개량한 양식을 고안해냈다. 군국주의의 활거와 전쟁으로 오랫동안 쇠미해졌던 다도도 19세기 말엽에는 활기를 되찾게 되었다.

1925년 이후부터는 전문적인 다인 외의 지식인들도 다도에 이해를 표하기 시작하여 미학자인 오카쿠라 덴신岡倉天心의 영어판『THE BOOK OF TEA 차의 책』가 일본어로 번역되어 널리 읽히는 등 대중적인 기반을 얻기에 이르렀다. 이와 동시에 다도 수용층의 여성화가 진행되어, 근대 여성의 교양으로서 다도가 자리 잡게 되면서 여성들 사이에 다도가 널리 보급되었다.

1936년에는 약 1만 명이 모인 가운데 '쇼와 기타노 대다회昭和北野大茶湯 17가, 1940년에는 약 5,000명이 참가한 '센 리큐 350주기 다회'가 열리는 등 다도 이에모토를 중심으로 한 다도 조직이 활발하게 활동했다. 1945년 이후로 다도의 이에모토제도는 급속히 성장하여, 현대에는 백수십 만에 이르는 다도 인구가 활동하고 있다.

1990년에는 '센 리큐 400주기 다회'가 교토를 비롯한 전국 각지에서 대규모로

17 도요토미 히데요시가 1587년 교토 시내의 덴만구 신사天滿宮神社 경내에서 주최한 대규모 다회를 기념하는 이벤트로, 다인들의 커다란 관심 속에서 성대하게 개최되었다.

열려, 현대 일본인들의 다도에 대한 관심이 지대함을 알 수 있었다.

오늘날 다도는 일본의 중요한 전통생활문화로서 그 가치를 다시금 평가받고 있다.

Ⅲ. 『남방록』의 구성

(1) 『남방록』의 성립과 내용

『남방록』은 일본 다도를 대성시킨 센 리큐의 큰 제자인 난보 소케이南方宗啓가 스승을 가까이 모시면서 보고 듣고 배우고 익힌 다도의 소양을 기록한 다서로, 전 9권으로 되어 있으며 '다도의 성서聖書'라고도 일컬어진다. 전 9권은 '각서覺書' '다회茶會' '찻장棚' '서원書院' '대자臺子' '먹칠墨引' '멸후滅後' 등의 소제목을 가진다.

난보 소케이의 사적史跡은 확실하지 않으나 센 리큐(1522~1591)와 동시대인으로 알려져 있다.

"근년에 다도에 대한 엄밀한 역사적 연구가 활발히 진행되어 『남방록』에 대해서도 여러 가지 이론이 제기되었다. 심지어는 진서眞書인가 위서僞書인가 하는 문제까지 제기되었다"[18]고 하나 이런 서지적인 문제는 『남방록』을 통해 일본의 예도를 연구하는 데 그다지 큰 걸림돌이 된다고는 생각하지 않는다. 『남방록』은 당시의 다도를 비교적 소상하게 기록·정리한 중요한 문헌임이 틀림없다. 『남방록』이 발굴되던 당시(1686년 내지 1690년) 규슈九州의 하카타博多 지방에는 이미 다도를 향유하는 귀족문화 계층이 형성되어 있었기 때문에 "다치바나 지쓰잔立花實山을

18 筒井紘一『南方錄 覺書·滅後』p.213 淡交社 2012
山下多美子『「南方錄」の謎』p.121 かもがわ出版 1997

중심으로 하는 하카타 문화인 그룹의 편술編述"[19]이라는 관점도 제시되어 있다.

설사 위서설을 인정한다 해도 『남방록』이 담고 있는, 일본문화 중에서도 다도에 관한 이념을 이해하는 데 장애 요인이 되지 않는다. 『남방록』에는 센 리큐 자신, 혹은 그의 제자 난보 소케이, 혹은 당시의 다도를 리드해가던 사람들이 가지고 있었던 다도관이 기록되어 있기 때문이다.

『남방록』 전체에 흐르고 있는 다도관을 집약한 부분이라고 할 수 있는 제1권 '각서'를 통해 센 리큐가 지닌 예도관의 일부를 파악해볼 수 있다. '각서'의 서술은 제자가 스승에게서 듣거나 본 바를 외워두었다가 기록하는 형식과, 스승과 주고받은 서신의 형식으로 되어 있다. 서두에 "다도의 진수는 '와비 다도'에 있다"라는 유명한 구절이 등장한다.

> 센 리큐는 "차탕의 좀 더 그윽한 맛을 느끼고자 할 때는 초옥의 작은 다실에서 차를 마시는 것만 같지 못하다"라고 했다. 센 리큐가 이르기를 "작은 다실의 다도는 먼저 불교의 가르침에 따라 수양하며, 깨달음을 얻으려는 것과 같다. 화려한 건물에서 진수성찬을 맛보는 일이 차의 즐거움이라고 여기는 것은 속세의 일이다. 집은 비가 새지 않을 정도면 족하고, 허기를 면할 정도의 음식이 있으면 충분하다. 이런 마음가짐이야말로 부처님의 가르침이자, 다도의 본심이라 하겠다. 그저 물을 길어다가, 물을 끓이고, 차를 타서, 부처님 전에 바치고, 이웃에게도 돌리고, 자기도 마신다. 이런 일들은 이미 부처님이나 스승님들이 해오던 수행 방법이다. 우리들은 그 뒤를 따를 뿐이다. 이보다 좀 더 깊은 의미는 자네 스스로의 깨달음에 의해서 비로소 터득할 수 있을 것이야"라고 했다.[20]

---

19 永島福太郎『茶の古典詳解』p.133 淡交社 1985

20 이 책의 48쪽 참고.

여기서 '초옥의 작은 다실草の小座敷에서 차를 마시는 것'이란 귀족들이 서원의 넓은 방에서 여는 다회와 대조된다. 서원 다회에서는 차를 즐기기보다는 무사귀족들의 공식적인 의식儀式의 하나로서 미술품을 감상하는 것이 중심이 되었다. 센 리큐는 화려한 서원과 대조되는 공간인 초가의 작은 다실을 소중하게 여겼다. 이런 소박한 공간에서 느낄 수 있는 차분하고 한적한 멋을 이상으로 한 이념이 '와비侘'이다. 와비를 소중하게 여기는 정신이 초가의 작은 다실에서 차를 준비하고 함께 마시며 이야기를 나누는 과정 속에서 구현된다. 묵적 족자 하나, 단출한 꽃꽂이 하나, 정제된 다도구 한 벌 등이 장식물의 전부가 되는 작은 다실에서 주인과 손님이 무릎을 마주하고 앉아 진실한 마음을 나누는 것이야말로 이상적이라는 것이다.

센 리큐는 다실이라는 외적인 구성 요소와 함께 이런 자리에 임하는 사람들의 마음가짐, 즉 내적인 요소도 제시하고 있다. 초가의 작은 다실에서 여는 다회는 화려한 사교행사가 아니며 값비싼 소장품을 자랑하는 자리도 아니어야 한다는 것이다. 다실에서는 인생 자체에 대한 가치를 발견하는 기회를 얻어야 한다고 했다.

센 리큐는 차를 통해서 당시 귀족사회의 종교적인 이상이자 자신의 신앙이기도 했던 선차禪宗, 즉 '불법을 구하고자 했다'. 또한 차를 대접하는 일을 남에게 큰 공이나 베푸는 것처럼 엄청난 일이라고 생각하지 말아야 한다고 했다. 다도의 기본적인 행위인 물을 길어오는 일로부터 다도가 시작된다. 차를 달여서 불전에 올리고, 꽃을 올리고, 향을 피우는 일은 불자가 매일 행해야 하는 지극히 당연한 일이다. 따라서 다도는 불자가 매일매일 수행하는 것과 같은 과정이라는 것이다. 다도와 선은 별개의 것이나 귀결점은 하나라는 사상은 『남방록』 이후 다도에서 철저히 주장되기에 이르렀다.

다도와 선의 귀결점은 하나라는 정신은 "집은 비가 새지 않을 정도면 족하고, 허기를 면할 정도의 음식이 있으면 충분하다. 이런 마음가짐이야말로 부처님의 가르침이자, 다도의 본심이라 하겠다"라는, 실생활과 관련된 구절로 요약할 수 있다. 다실이 비록 도회지의 한가운데에 있다고 해도, 그 다실에서 이루어지는 다회를 통해서 속세를 떠나 산중에 처해 있다는 이른바 '시중의 산거'[21]라는 정신적·물리적 공간이 설정되어야 한다는 것이다. 이런 정신이 『남방록』에서는 '와비'라는 개념으로 주제의 중심을 이루고 있다. 이상적인 가치를 물질적인 면에 두지 않으면서도 일상의 연장에 있는 그 세계를 향해 매일매일 다도로써 정진해야 한다는 자세는 곧 센 리큐 예도관의 정수라고 볼 수 있다.

센 리큐는 다회를 진행하는 데 필요한 여러 가지 절차에 대해서까지 세세하게 생각해두고 있었다. 예를 들어 손님에게 차를 대접하는 과정의 구체적인 진행 순서나 다도구의 선택과 비치 방법, 다실의 모양에 대한 사항 등을 제자들에게 지시하는 한편, 그 자신이 그런 다회를 진행했다. 이와 같은 행동 양식은 지나친 형식주의라는 평가를 받을 수도 있다. 그러나 이렇게 양식화된 과정들을 실현하는 동안에 법도를 따르는 수행자적인 자세를 가지는 것 자체가 예도라는 것이다. 이런 양식화의 모티브가 되는 요소들을 전혀 새롭게 창작하기보다는 일상생활 속에서 양식이나 도구를 찾는다는 점이 또한 흥미롭다.

예를 들면, 찻물을 준비할 때는 아무 때나 아무 물이나 길어올 수는 없다고 했다. 찻물은 아침에 떠온 물을 써야 한다고 하면서, 납득할 만한 이유를 분명하게 제시했다.

> 모든 다회, 즉 아침 다회에도 낮 다회에도 밤 다회에도 물은 언제나 이른 아침에 길어둔 물을 써야 한다. 이는 다인의 기본적인 마음가짐이어야 하며, 그러기 위해서 아침부터 밤까지 각 다회에서 쓸 물이 모자라지 않을 정도의 분량을 준비해두어야 한다. 밤 다회라고 해도 오후에 길어온 물을

---

21 村井康彦『茶の文化史』pp.138-139 岩波書店 1979

쓰지는 않는다. 저녁 무렵부터 밤까지는 음기가 왕성한 시간이기 때문에 물의 생기는 가라앉아 버리고 독이 어리게 된다. 새벽녘에 길어온 물은 새로운 양기가 돌고 생기가 넘치는 이른바 정화수井華水라 한다. 다도에서는 찻물이 중요하기 때문에, 다인은 항상 이런 물을 준비해두려는 마음가짐을 지녀야 한다.[22]

이 구절에서는 다회에 쓸 찻물을 미리 넉넉하게 준비해두어야 한다는 기본적인 지시뿐만 아니라, 물에 대한 관념도 읽어낼 수 있다. 같은 우물에서 뜬 물이라 해도 하루 내내 똑같은 물이 아니고, 물을 뜨는 시각에 따라서 그 성질이 달라진다는 것이다. 이른 아침에 뜬 물이 소중하다는 관념은 일본의 민속에서도 두루 나타난다. 설날 이른 아침에 뜨는 물은 "와카미즈若水라 하는데 이 물을 뜨는 행사는 원래 입춘立春에 했으나 정월 초 설날이 중시되자 설날 행사로 전환되었다. 원래는 입춘수立春水라 해서 생기를 담은 물로 여겼다"[23]고 한다.

이른 아침에 뜬 물을 정화수라고 여기는 관념은 일본에 한하는 일이 아니다. 예를 들어 조선 순조純祖 때의 학자 홍석모洪錫謨가 지은 세시풍속서인 『동국세시기東國歲時記』를 보면, 오래전부터 한국에서는 정월 초의 특정한 날 아침, 곧 보름날 아침에 정화수를 뜨는 것을 '용의 알을 건진다'고 비유했다고 한다. 즉, 용의 알로 비유할 정도로 아침에 뜬 물을 매우 귀중하게 여겼음을 알 수 있다.[24] 뿐만 아니라 민간에서는 오늘날에도 약물로 정화수를 쓰고 있는데, 이는 중국의 풍습과도 관련이 있다고 생각된다. 중국에서도 일찍부터 정화수가 약효를 지닌다고 믿

---

22 이 책의 87쪽 참고.

23 和歌森太郎 '年中行事'『和歌森太郎著作集』12 pp.361-362 弘文堂 1982

24 洪錫謨『東國歲時記』'上元條' 兩西俗 上元前夜 待鷄鳴 家家持瓢 爭先 汲井華水 謂之撈龍卵 先汲者 占其農攻

어왔다. 『송서宋書』 등은 병을 치유하는 데 정화수의 효험이 극히 널리 이용되고 있음을 논하기도 했다.[25] 센 리큐는 이 민간요법적인 관념을 음양 사상과 결부시켜, 찻물로는 생기가 넘치는 정화수를 써서 차의 맛을 좋게 할 뿐만 아니라 정신적인 신성함까지도 유지해야 한다고 했다.

센 리큐는 이 밖에도 다실을 꾸미는 법식, 다도구를 배열하거나 다루는 법식 등을 논하되 하나하나에 실용적인 기능과 정신적인 의미를 조화시켜서 다회를 이끌어나가야 한다고 말했다. 일견 너무나 당연한 말이지만 잘 정리하여 전해줌으로써 다른 사람들에게 일정한 차의 도, 즉 예도를 제시하고 있다. 그러한 예로, 다회의 진행은 "여름에는 서늘하게 겨울에는 따뜻하게 하라"는 가르침을 들 수 있다.

> 어떤 사람이 센 리큐에게 로爐를 쓸 때와 풍로風爐를 쓸 때, 즉 여름의 다회와 겨울의 다회에서 각각 주의해야 할 점과 비결을 가르쳐주십사고 했다. 센 리큐가 답하기를 "여름에는 아주 서늘하게 겨울에는 아주 따뜻하게 해야 한다. 숯은 물이 알맞게 끓을 정도로, 차는 마시기 좋을 정도로 해야 한다. 이것이 비결의 전부일세"라고 했다. 그러자 물었던 사람은 어처구니가 없어 "그 정도는 누구나 다 알고 있는 것입니다"라고 하자, 센 리큐는 "그렇다면 자네가 내게 이런 마음을 담은 차를 마시게 해주게나. 내가 손님으로서 자네의 제자가 되어보겠네"라고 했다.[26]

이 대목에서 센 리큐는 계절에 따라서 다회의 공간이나 도구, 차 등은 구별해서 써야 한다는 점을 전하고자 했다. 화로나 풍로를 구별해서 쓸 뿐만 아니라, 다실 안의 분위기를 "여름에는 아주 서늘하게 겨울에는 아주 따뜻하게 해야 한다.

---

25 『宋書』'劉亮傳' 井水新汲 療病利人 平旦第一汲 爲井華水 其功極廣

26 이 책의 79쪽 참고.

숯은 물이 알맞게 끓을 정도로, 차는 마시기 좋을 정도로 해야 한다"라고 지정하여 인간의 기본적인 생리 욕구를 무리하게 억누르지 않는 상태에서 자연스러운 사교를 전개시킬 수 있다고 했다.

센 리큐는 '각서'에서 다케노 조오가 인용했던 다음과 같은 후지와라노 데이카藤原定家의 와카和歌를 들어서 자신의 차 세계를 나타내기도 했다.

〈원문〉 見ワタセバ花モ紅葉モナカリケリ
浦ノトマヤノ秋ノタグレ
〈역문〉 건너다보면 봄의 벚꽃도 가을의 단풍도 보이지 않고
그저 바닷가의 뜸집만이 보이는 가을의 저녁 무렵27

이 와카에 나오는 '꽃'이나 '단풍'은 화려하게 꾸민 서원에서 좋은 다도구를 갖추고 여는 다회를 비유한 말이다. 그 꽃이나 단풍의 아름다움을 넘어선 곳에는 조촐하게 보이는 물가의 '뜸집'이라는 세계가 있다. 꽃과 단풍의 세계를 모르는 사람은 애초부터 가난한 어부의 소박한 뜸집에 머물 때 느끼는 정취를 알 수 없다. 이러한 정취를 충분히 깨달아 즐길 수 있는 사람만이 뜸집이 지닌 한적한 와비의 경지를 알고 볼 수 있게 된다. 이것이 차를 즐기려는 사람이 지니는 본래의 심경이라 할 수 있다.

여기서 센 리큐가 말한 '뜸집'은 선의 수행 과정을 거쳐서 인간적인 욕망을 넘어선 경지에 들어간 사람들에게는 하나의 즐김의 대상이 될 수 있다고 한다. 소박한 공간에서 얻을 수 있는 정신적인 만족을 추구할 때에 세속적이지 않은, 새로운 즐거움을 느낄 수 있다. 처음부터 뜸집에서만 살아온 사람, 즉 일상에 쪼들려 자연의 아름다움이나 풍류를 깨닫지 못한 사람은 이 즐거움을 알지 못할 수도 있다.

27 이 책의 150쪽 참고.

인간적인 욕망은 '서원'과 같은 화려한 공간을 이상으로 하고 있기 때문이다. 『남방록』에서 말하는 뜸집이란 서원과 대조되는 공간이자 서원과는 달리 자연에 가까운 공간이다. 센 리큐는 뜸집에서 여는 다회를 통해 보다 자연에 가까운 인간관계를 나눌 때 얻는 즐거움을 추구하려 했다고 해석된다.

(2) 기술 양식과 의식

『남방록』이 지닌 '예도에 관한 비전서秘傳書'로서의 기술 양식은 퍽 흥미롭다. 난보 소케이가 저자이자 서술의 주체이나, 시종 자신의 예도를 토로하는 형식으로 쓴 것은 아니다. 스승에게서 들은 바를 옮기는 형식이 있는가 하면, 스승이 하는 차에 관한 일에 대해 본 바와 들은 바를 기록하는 형식, 질문받은 내용을 말로 모두 설명하기는 어렵다고 하여 스승이 종이에 적어주는 형식, 스승에게 글을 보내고 그 답신을 받아 옮기는 형식 등으로 이루어져 있다.

비전서의 문장 형식 자체가 한국의 문학이나 서지에서는 드물다. 무엇보다도 흥미로운 점은 근세 이전의 각종 비전은 구전口傳이 원칙이어서 문헌화하는 일을 피하려는 경향이 있는 가운데서도 비전을 문헌으로 남겼다는 점이다. 여기에는 무형적인 비전의 세계를 유형화하여 후세에 전해주려는 인간적인 욕망도 작용하고 있었던 것 같다.

예능에 관한 도의 전달에는 여러 가지의 단계를 설정해볼 수 있다.

스승은 입문해온 문하생에게 곧바로 비전을 전수해주지는 않는다. 오랫동안 가르치며 함께 여러 일을 겪으면서 전수하게 되는 것이다. 제자는 스승과 함께 지내는 동안에 보고 듣고 느끼면서 예능을 터득해나가는 것이 일반적이다. 그러다가 어느 과정에 달하면 스승은 특정한 제자에게 비전을 전수하기도 한다. 이러한 과정을 그 방법에 따라 세 단계로 구분하고자 한다. 즉, 일상적인 행위에 의한 전수, 이야기에 의한 전수, 문서에 의한 전수이다.

첫째, 일상적인 행위에 의한 전수란 특별히 가르친다는 의식意識이 없다 하더라도 스승과 동거하는 가운데 자연스럽게 각종 정보나 기술을 얻는 것이라고 할 수 있다. 이때 비전은 체계적으로 의식되기보다 무의식적으로 전수되고 섭취된다.

둘째, 이야기에 의한 전수란 설명하거나 물음에 응답하는 과정 등을 통해 정보나 기술을 습득하는 것을 말한다. 엄격한 강의 형식을 빌리기보다는 일상생활에서 이루어지는 대화나 행위 속에서 비전이 전수된다. 의식적으로 정보나 기술을 전달하려 하되 엄밀한 체계를 갖추어 전수하는 과정이라고는 할 수 없다. 일회성을 지니는 음성언어에 의한 전달이기 때문에 발언자도 강한 책임을 지지는 않게 된다.

셋째, 문서에 의한 전수는 유형적인 증거물이 유전되는 까닭에 가장 강한 책임이 동반되는 방식이다. 더구나 전수 내용에 대한 기록을 남길 경우에는 체계적인 서술을 남기고 싶다는 욕망에서 보다 논리성을 추구하게 된다.

『남방록』은 비전을 전수하기 위해 문서를 남긴다고 하는, 스승과 제자 공통의 이해가 있어서 성립된 저술이다. 이를 위해 제자가 스승과 오래 함께했던 생활을 정리하는 형식을 택하기로 했다. 제자 난보 소케이는 스승의 문서나 자신이 작성해두었던 메모를 참고로 하여 센 리큐의 다도관과 다도의 실행 과정을 기록하고, 그것을 스승에게 일일이 교열校閱을 받았다. 스승으로서는 믿을 수 있는 제자에게 가능한 한 예도의 가장 깊은 의미와 방법을 전수한 것이다. 물론 구체적인 행위나 심오한 심리 혹은 미의식을 문자언어로 표현하는 데서 오는 서술상의 한계를 인정하지 않을 수 없다. 그러나 논리정연하고도 제삼자에게까지도 객관적으로 예도를 전수하려면 『남방록』의 경우와 같이 문서에 의한 전수 방식을 따를 수밖에 없다.

'각서'의 맨 끝장이 되는 '간기奧書'에서 난보 소케이는 스승에게 다음과 같이 교열을 청했다.

위의 각서 가운데 스승님께서 생각하고 계신 바와 다른 곳이 있으면 지적해주십시오. 스승님의 말씀을 들을 때마다 그 말씀을 기록해두느라고는 했습니다만, 제가 잘 이해하지 못하여 엉뚱하게 적은 곳도 있을 것입니다. 게다가 너무 간략하게 기록했습니다. 그러나 새삼 고쳐 쓰는 일도 본래의 뜻은 아니기에 이대로 보여드립니다.28

제자의 이 부탁에 대해 스승 센 리큐는 다음과 같은 답신을 써서 보냈는데, 제자는 그 답신까지 『남방록』에 실어두었다. 그 내용은 다음과 같다.

난보 소케이에게

위에 여러 가지 잡담같이 했던 말을 일일이 기록한 것을 보고 스스로 후회되는 것이 많습니다. 그러나 틀린 곳은 없습니다. 굳이 글을 썼지만, 이 종이는 벽에 바르는 초배지로나 써버리는 것이 좋지 않을까 생각합니다.

센 리큐 씀 29

여기서 스승인 센 리큐는 자신의 가르침을 잘 깨달아서 글로 정리한 제자에게 충실히 이해했음을 증명해주었다. 동시에 자신의 주장은 별로 중요하지 않다는 겸손의 말도 잊지 않았다. 이런 간기는 일본 비전서의 전형적인 양식이 된다.

"스승으로부터 전해 받은 비전을 글로 남기려는 경우에 쓰는 전형적인 비전서의 형식이다. 일본에서는 명인名人이 스스로 비전을 글로 남기는 법이 없으며, 주위의 제자들이 스승의 언행을 듣고 본 대로 기록한다. 이렇게 해서 기록한 것을

28 이 책의 155쪽 참고.

29 이 책의 155쪽 참고.

후에 스승에게 보여드려서 내용에 틀림이 없음을 증명해주십사고 한다.”30

즉, 제자가 전수받은 사항을 기록한 후에 스승에게서 교열을 받는 것이다. 이때 스승 센 리큐는 이런 대단치 않은 내용의 글은 남겨둘 가치가 없다 하며 “이 글은 도배지로나 써서 없애버려라” 하고 권했다. 이처럼 교열을 요청받은 스승은 교열을 하면서도 자신의 글이 대단한 내용을 담지 않았다는 겸양 표현을 써서 남긴다.

예도 비전서의 하나인 『남방록』의 표현 양식은 그 저자가 스승의 견해를 잘못 전달할 수도 있다는 일반적인 염려를 해소한다기보다는 스승의 교정을 거쳤다는 증명을 첨부함으로써 내용의 객관성을 확보하려는 데 더 큰 목적이 있었다고 여겨진다. 나아가 스승이 겸손하게 한 말을 그대로 옮겨 적어둠으로써 스승의 예도관이 겸양을 바탕에 두었고, 그런 의식 자체가 예도의 내용 중 하나가 된다는 것을 이후의 독자들에게 전해준다.

Ⅳ. 『남방록』의 의의

오늘날 널리 쓰이고 있는 ‘다도’라는 말은 센 리큐의 시대에는 아직 나타나지 않았다.31 당시에는 ‘차노유茶の湯’라는 용어로 다도 전반을 가리켰다. 그러다가 차노유라는 예능에 종교성과 양식성이 더욱 강하게 부여되는 과정을 거치면서 도道라는 ‘틀’이랄까, 사상적인 깊이를 더하게 되었다.

일본에서 예능을 ‘~도’라는 관점에서 파악하며 실용화한 것은 근세의 일이었

30 熊倉功夫『南方錄を讀む』p.81 淡交社 1983

31 熊倉功夫『茶の湯の歷史』p.108 朝日新聞社 1990

다. 다도·화도花道, 꽃꽂이·향도香道·검도·유도 등과 같이 도道라는 관점에서 종교성을 부여함으로써 일반 예술과 예능을 구별 짓고 있다. 이런 현상은 다도가 전문적인 다인의 영역에 머물지 않고 다도 인구의 저변을 확대하는 계기가 된 서민문화의 발전과도 깊이 관련되어 있다.

"겐로쿠시대에 붐이 일어 대중화되었고, 그 전후에 다서가 집중적으로 출판·보급되었다"32는 역사 과정에서 차노유가 다도로서 인식되면서 다도의 문화사적인 의의가 확립되었다. 물론 동시대 일본의 농민사회에는 도시의 유예문화와는 또 다른 가치 기준이 있었으나 33 다도에 대한 관심은 지역이나 계층을 초월하여 넓고 깊게 뿌리를 내려간 일본문화의 요소임을 알 수 있다.

일본 다도의 형성 과정에 출현한 많은 다서 가운데서 '다도의 성전聖典'이라고 일컬어지는 『남방록』은 당시 화려한 정치의 정점에 있었던 귀족 혹은 장군들과 깊이 교제한 다인 센 리큐의 다도관을 담고 있다. 센 리큐는 화려하고 귀족적인 취향을 소박하고 서민적인 요소로 표현해내면서, 그 모순을 조화시켜냈다. 서도의 개념인 '진행초眞行草'를 다도에 도입하여 진眞을 호사스럽고 장엄한 것, 초草를 소박하고 한적한 것으로 파악했다.

센 리큐는 당시의 귀족들이나 장군들을 좁고 소박한 다실에 초대했다. 그리고 자신이 소장하고 있던 유서 깊은 다도구들을 장식해놓고, 법도에 따라 차를 달여 내고 함께 마시며, 여러 가지 이야기를 나누었다. 진행초의 개념을 다실이나 다도구를 통하여 구체적으로 구현하면서, 다회라는 만남의 공간을 작은 우주 공간의

---

32 村井康彦『茶の文化史』p.203 岩波書店 1979

33 江坂輝彌 외『日本の歷史』p.113 自由書房 1990
1649년에 도쿠가와德川막부에서 낸 농민들의 생활을 규제하는 법령이었던 '경안어촉서慶安御觸書'에 "술이나 차를 사지도 말고, 마시지도 말 것. 차를 많이 마시거나 참배여행, 들놀이 등을 좋아하는 아내와는 이별할 것" 등의 규정이 있는 것으로 미루어볼 때, 동시대의 농민들에게 다도가 보급되어 있었음을 알 수 있다.

재현이라고 여겼다.

차를 마시는 공간은 당시 귀족들 혹은 장군들에게는 신분의 고귀함을 확인받는 공간이기도 했다. 나아가 다실은 다인의 초대에 응해서 찾아가는 곳이라기보다 귀족들이나 장군들이 방문하여 문화인임을 확인받는 공간으로서의 의미를 지니게 되었다.

이렇듯 『남방록』은 사회적인 배경과 당시의 문화가 표방하던 미의식이 맞물리면서 다도의 예도로서의 의미를 체계화해낸 저술이라고 할 수 있다.

이 책 『남방록 연구』를 집필하는 데는 니시야마 마쓰노스케 교주본인 『南方錄』日本思想大系 61 岩波書店 1972, 나카무라 나오카쓰中村直勝 교주본 『南方錄』浪速社 1982 등의 활자본을 참고했다. 인명·지명 등 고유명사의 발음과 계보 등은 이구치 가이센井口海仙 감수 『다도사전茶道辭典』淡交社 1979에 의거했다. 또한 쓰쿠바筑波대학의 은사 중 한 분이신 구마쿠라 이사오熊倉功夫 선생의 저서 『남방록을 읽는다南方錄を讀む』淡交社 1983, 『근대다도사의 연구近代茶道史の研究』日本出版放送協會 1980에 힘입은 바가 매우 컸다.

2010년 교토의 일본 다도자료관 연구원으로 재직할 당시 『남방록의 행방南方錄の行方』淡交社 2007으로 자문해주신 도다 가쓰히사戸田勝久 선생, 『남방록 각서·멸후南方錄 覺書·滅後』淡交社 2012를 보내어 성원해주신 쓰쓰이 히로이치筒井紘一 선생께도 사의를 표한다.

『남방록南方錄』 본문

제1권 각서 覺書

각서는 『남방록』의 제1권으로, 총론에 해당되며 가장 중요시된다. 이 각서에 『남방록』 전체의 정신이 상징적으로 집약되어 있다고 해도 과언이 아니다. 차의 정신적인 세계는 불교의 선禪의 세계와 깊이 연관되어 있음을 거듭 논급하여 선의 세계를 이상적인 경지로 삼아 차의 정신을 확립하려 했던 센 리큐의 사상이 집약되어 있다. 다실과 다도구 그리고 다회가 지니는 상징적인 의미와 차의 와비侘라는 정신세계를 문학작품을 인용하여 논했다.

1. 차茶의 진수는 소박하고 차분하게 한거하는 가운데 있다

언제인가 소에키宗易, 즉 **센 리큐**千利休가 슈운암集雲庵에서 차탕茶湯에 대하여 이렇게 이야기했다. "**차탕**茶湯은 **대자**臺子를 갖추어놓고 차를 타서 대접하는 방식을 기본으로 하지만, 차탕의 좀 더 그윽한 맛을 느끼고자 할 때는 초옥의 작은 다실34에서 차를 마시는 것만 같지 못하다"라고 했다. 센 리큐가 이르기를 "작은 다실의 다도는 먼저 불교의 가르침에 따라 수양하며, 깨달음을 얻으려는 것과 같다. 화려한 건물에서 진수성찬을 맛보는 일이 차의 즐거움이라고 여기는 것은 속세의 일이다. 집은 비가 새지 않을 정도면 족하고, 허기를 면할 정도의 음식이 있으면 충분하다. 이런 마음가짐이야말로 부처님의 가르침이자, 다도의 본심이라 하겠다. 그저 물을 길어다가, 물을 끓이고, 차를 타서, 부처님 전에 바치고, 이웃에게도 돌리고, 자기도 마신다. 이런 일들은 이미 부처님이나 스승님들이 해오던 수행 방법이다. 우리들은 그 뒤를 따를 뿐이다. 이보다 좀 더 깊은 의미는 자네 스스로의 깨달음에 의해서 비로소 터득할 수 있을 것이야"라고 했다.

34 초가로 지은, 다다미 4장 반 정도 넓이의 좁고 소박한 다실. 넓은 방에서 호화롭게 진행되는 다회와 구별하기 위한 용어다.

해설

『남방록』 첫머리의 유명한 글로 『남방록』 전체에 흐르고 있는 다도의 기본 정신을 간결하고 정취 있게 설명했다.

센 리큐는 다도에 두 가지 형식이 있다고 했다.

하나는 서원書院에서 대자를 쓰는 형식이다. 서원의 넓은 방 한 켠에 대자를 가져다놓고 다도구를 장식한 후, 바로 그 주위를 다회의 공간으로 삼아 다회를 진행하는 방식이다. 외국에서 수입한 많은 명물을 넓은 서원의 선반에 화려하게 설치하고 장식품을 늘어놓은 가운데 호사스럽게 여는 다회이다. 서원이란 귀족의 저택에 서재 겸 살롱으로 만든 넓은 방으로 사교의 공간이었다. 서원에서 여는 다회는 차를 즐긴다고 하기보다는 무사귀족들의 의식儀式의 하나로서 미술품을 감상하거나 놀이를 하다가 차도 마시는 다회였다. 서원에서 여는 이런 공식적인 다회에서는 다도구를 갖추어 장식해두는 이동용 선반인 대자 앞에 다인이 앉아 차를 준비하고 주위에 손님들이 둘러앉아 차를 대접받았다.

또 하나는 서원의 다회와 대조되는 **와비**侘 다회 형식이다. 화려하고 떠들썩하게 진행되는 서원 다회와 반대로 차분한 분위기의 초가지붕을 인 작은 다실, 즉 초암草庵에서 여는 다회이다. 이런 공간에서 느낄 수 있는 소박하고 차분한 멋을 이상으로 하는 이념인 와비를 소중히 여기는 정신이 다실에 나타나게 된다. 화려한 장식 없이 소박하고 작은 공간에서 주인과 손님이 무릎을 마주하고 가까이 앉아 진실한 마음을 나눌 수 있는 자리야말로 이상적인 다실이라 했다.

센 리큐는 초암의 작은 다실에서 다도를 통해 무엇보다도 먼저 '불법'을 구하고자 했다. 차를 대접하는 일을 특별한 일이라고 생각하지 말아야 한다는 것이다. 다도의 기본적인 행위인 물을 길어오는 일에서부터, 꽃을 올리고, 향을 피우고, 차를 타서 불전에 올리는 일은 불자가 매일 행해야 하는 지극히 당연한 일이다. 따라서 다도는 불자가 매일매일 행하는 것과 같은 수행 과정이라는 것이다. 불법과 선은 별개의 것이나 귀결점은 하나라는 '다선일미茶禪一味' 개념은 『남방록』 이후 다도에서 철저하게 주장되었다.

01 | 센 리큐

아쓰지모모야마安土桃山시대 상인 집안 출신의 다인인 센 소에키千宗易 1522~1591, 곧 센 리큐는 다도의 대성자大成者로 추앙되며 일본의 중·고등학교 역사교과서에 반드시 언급될 정도로 일본문화사에서 중요 인물로 다루어진다. 『남방록』의 저자 난보 소케이의 스승이자 센케류千家流다도의 시조이다.

통칭은 요시로女四郎, 법명은 소에키宗易, 호는 호젠사이抛筌齋이다. 센 리큐는 거사居士로서의 호이다. 사카이堺 이마이치今市에서 물고기 도매상을 경영하는 센 요베千與兵衛의 아들로 태어났다. 센千이라는 성은 조부 다나카 센아미田中千阿弥에서 유래한다고 전해진다.

센 리큐는 젊어서부터 당시의 사카이 사람들 사이에 유행하고 있던 다도를 즐겼으며, 다케노 조오를 찾아가 다도를 배워서 소박하고 차분한 멋을 이상으로 하는 와비차侘茶를 완성했다. 또한 사카이의 난슈사南宗寺에 머물면서 오바야시 소토大林宗套 문하에서 참선하여 법명을 하사받는 등 선종禪宗의 강한 영향을 받았다.

확실한 기록에 보이는, 최초로 센 리큐가 주재한 다회는 1544년에 나라奈良의 칠기공 마츠야 히사마사松屋久政를 초청한 다회로 당시 그의 나이는 23세였다. 명물 향로를 장식하고, 무라타 주코에게서 물려받은 다완에 차를 탄 것으로 보아 이미 상당한 솜씨를 인정받고 있었다고 생각된다. 1565년에는 전국戰國시대의 무장 마쓰나가 히사히데松永久秀의 다회에 초대받았는데, 이때 이미 차

센 리큐 초상(하세가와 도하쿠長谷川 等伯 그림)

의 사범으로서 이마이 소큐今井宗久, 쓰다 소규津田宗及 등과 함께 유명한 존재였다.

1573년 천하통일을 목표로 활약한 오다 노부나가는 교토 묘카쿠사妙覺寺에서 다회를 열었는데, 이때 사카이의 유력 상인이었던 센 리큐도 초대받았다. 1575년에 노부나가가 주최한 다회에서 센 리큐는 점다點茶를 담당했다. 이 무렵에 센 리큐는 노부나가의 휘하에서 시중들면서 다도를 관장하는 역할을 하고 있었다. 1582년에 노부나가가 부하에게 살해되는 사건인 '혼노사本能寺의 변' 이후 노부나가 정권을 계승한 도요토미 히데요시도 다도를 좋아하여, 센 리큐를 중용하여 사무라이侍로 대접하며 매년 3,000석을 지급해주었다고 한다.

1585년 10월 7일 히데요시는 천황이 관백關白으로 임명해준 것에 대한 답례로 궁중에서 다회를 열어, 오오기마치正親町 천황에게 헌다했다. 센 리큐도 히데요시와 함께 명물 도구를 중심으로 대자를 사용하는 다회를 진행함으로써, '센 리큐 거사'라는 호를 천황으로부터 하사받았다. 히데요시는 센 리큐를 단순한 다도 담당자로 두지 않고, 남동생 히데나가秀長와 함께 히데요시 정권을 이끌어가는 정치적으로 중요한 역할을 담당하게 했다.

1587년 10월 1일 히데요시는 교토 기타노北野 신사 경내에서 전국통일을 완성한 업적을 과시하기 위하여 이른바 '기타노 대다회北野大茶會'를 열었다. 개최하기 전부터 각지에 광고하여 전국의 다인이 다회에 참가하도록 했다. 이때 신분을 뛰어넘은 각 계층의 사람들이 800석 이상(일설에는 1,500석)의 다석을 경내에 설치했다. 히데요시는 소장하고 있던 명물 다도구를 사람들에게 구경시켰고, 센 리큐를 비롯한 여러 다인과 함께 스스로 차를 대접했다. 그러나 이 다회를 사실상 추진한 사람은 센 리큐라고 생각되는데, 그는 히데요시의 권력을 배경으로 실력을 한껏 발휘하여 다도의 최성기를 출현시켰다고 말할 수 있다.

1589년 센 리큐는 부친의 50주기 추모법회를 위해 다이토쿠사의 산문山門을 수축하기로 하고, 이해 12월 5일에 완성했다. 그러나 산문을 완성한 후에 기부자 센 리큐의 목상을 산문 위의 다락방에 안치해두었는데, 이 목상은 2년 뒤 센 리큐가 히데요시에게 불경죄를 저질렀다는 죄목으로 문제화되었다.

그리고 1591년 2월 28일 히데요시의 명령에 따라서 센 리큐는 교토에서 할복割腹자살했다. 이때 그의 나이는 70세였다. 그의 묘지는 지금도 교토의 다이토쿠사 경내에 남아 있다.

센 리큐가 할복자살하게 된 직접적인 이유는 산문에 목상을 안치했다는 문제였지만, 그 이면에는 정치적 배경이 크게 작용했다. 즉, 전국통일에 성공한 후 한반도 침략을 계획하던 히데요시에게 있어서 그 거점이 되는 하카타의 중요성이 부각된 반면에, 사카이의 세력을 배경으로 하는 센 리큐의 정치적 입장이 약해졌다는 점이다. 또한 히데요시 정권 내부의 대립이 히데나가의 죽음을 계기로 표면화되었고, 그 항쟁의 와중에서 히데나가와 가까웠던 센 리큐도 매도되었다는 측면도 있다. 그 외에도 히데요시가 센 리큐의 딸을 연모했으나 딸을 바치지 않았기 때문에, 혹은 센 리큐가 다도구를 너무 비싸게 소개했기 때문에 할복자살하게 되었다고도 하지만 관련 자료가 부족하여 무엇이 사실인지 확인할 수 없다.

센 리큐의 후손으로는 전처와의 사이에서 태어난 센 도안千道安, 후처 종은이 데리고 온 센 쇼안千少庵과 아들 센 소탄千宗旦의 아들이 있었다. 센 리큐 사후 수년이 지난 뒤에 센 리큐 가문을 다시 일으켜도 좋다는 허가가 내려지자 센씨 집안千家이 부활되어 오늘날 센케千家 다도의 원류가 되었다. 그의 후손인 센 소사千宗左, 오모테센케, 센 소시쓰千宗室, 우라센케, 센 소슈千宗守, 무샤노코지센케 등 세 집안은 오늘날에도 센케류千家流 다도를 계승하여 전국적인 다인 조직을 운영하면서 다업茶業을 발전시키고 있다.

센 리큐의 다도는 사카이의 다인 사이에서 발달한 와비 다도의 전통을 계승하여, 다도에서 유흥적인 면을 배제하고 회석懷石, 가이세키이라 불리는 요리를 간소화하며 다회에 철저한 와비의 정신을 추구했다. 다회와 점다 형식의 완성, 독창적인 다실과 다도구의 창조, 다도의 정신성 심화라는 면에서 현대 일본 다도의 원형을 정립했다.

우선 종래의 다회는 잔치 분위기에서 열리며 유흥성이 강했는데, 이와 달리 센 리큐는 차를 대접하기 전에 먹는 회석 요리의 간소화를 도모했고 다회의 취향에 '와비'라는 미의식을 반영했다. 또한 야마자키山崎의 묘키암妙喜庵에서 볼 수 있는 다다미 2장짜리의 극히 좁은 다실을 만들고 흙벽이나 나무껍질을 그대로 살려둔 기둥을 세우는 등 오늘의 일본식 주택에 큰 영향을 준 다실의 구성과 디자인을 창조했다. 이런 식으로 지은 와비 분위기의 다실을 '스키야數寄屋'라 한다. 다도구로는 1586년의 다회에서 '소에키 형型 다완'을 사용했다.

센 리큐 목상 (다이토쿠사 긴모카쿠金毛閣)

그는 도공인 라쿠 조지로樂長次郎를 지도한 바와 같이 다완이나 솥, 그 밖의 다도구 디자인에도 독창적인 양식을 시도했다. 명물을 중심으로 전개하던 종래의 다도와 달리, 신작 혹은 무명의 도구를 적극적으로 다회에 도입했다. 이미 1563년에 연 다회에서 중국의 고승 원오극근圜悟克勤이 친필로 쓴 선禪에 대한 필적을 장식한 센 리큐는 일본의 고승 고케이 소친古溪宗陳, 슌야 소엔春玉宗園 등의 선승과 친교를 맺으며, 선의 고담 한적한 정신을 다도에 도입했다.

센 리큐의 다도는 명예를 회복한 손자 센 소탄 시기에 세 아들에게 계승되어 각기 다도를 가업으로 하는 가문으로 재출발하여 오모테센케表千家, 우라센케裏千

家, 무샤노코지센케武者小路千家로 구성되는 산센케三千家를 형성하면서 활발하게 전승되기 시작했다. 센 리큐의 사후부터 차츰 호화롭게 진행하는 다도가 유행하여 와비 정신에서 멀어져가기 시작했다. 그러자 센 리큐의 다도로 회귀하자는 운동이 벌어지기도 했는데, 백회기百回忌에 해당하는 1690년에는 센 리큐를 다도의 성인, 즉 다성茶聖으로 추앙하는 경향이 나타나기 시작했다.

전국시대의 하극상 정신이 깔려 있는 센 리큐의 차풍茶風은 기성의 명물관이나 다도의 권위를 부정하는 자유롭고 새로운 시도였다. 그 때문에 센 리큐의 제자인 야마노우에 소지山上宗二, 1544~1590에 의하면 "센 리큐의 차는 산을 골짜기라 하고 서쪽을 동쪽이라고 하는 다도였는데, 이는 명인이었기 때문에 허용되는 특이한 다도였다"고 했다. 이렇듯이 세상의 상식을 초월한 센 리큐의 다도는 히데요시에 의해 하극상의 시대가 종결되면서 그 존재가 용납될 수 없었다. 따라서 문화사적인 측면에서 센 리큐의 죽음은 전국시대로부터 근세로 전환하는 격변기의 문화를 상징한다고 할 수 있다.

다이토쿠사 산문

02 | 차탕과 다도

차탕茶湯, 차노유이란 차를 넣은 탕, 즉 뜨거운 물에 차를 달이거나 풀어 넣어 만든 음료라는 뜻이지만, 의미상으로는 다회 혹은 다도와 같은 말이다. 차탕은 손님을 불러서 차를 내어 대접하는 일을 말하며, 모임이라는 측면을 중심으로 말할 경우에는 다회라고도 한다. 차탕이라는 말이 먼저 쓰이다가 후대에 다도라는 용어가 나왔고, 그 후 혼용되고 있다. 차탕에서의 작법을 다도라고 하는 경우도 있다.

차탕이 발생되던 시기에는 스키數寄·차탕, 즉 차노유茶之湯라 불렀으나, 에도江戶시대 초기에 예능 각 방면에서 규범적인 도道를 중시하는 예도藝道 사상이 강하게 의식되면서 다도라는 용어가 등장했다. 즉, 꽃꽂이는 화도華道, 향을 즐기는 것은 향도香道, 붓글씨 쓰기는 서도書道라 하여 예술과 도를 결합시키려는 경향이 나타난 와중에 차탕의 새로운 표현인 스키도數寄道 혹은 다도라는 말이 생겨났다.

오늘날에는 차탕이나 다도라는 용어가 두루 쓰인다. 이 두 가지 용어는 동의어이지만, 다도는 정신성精神性과 수양성修養性이 보다 강조된 뉘앙스를 지니며, 차노유라고 하면 보다 고전적이며 부드러운 뉘앙스를 띤다.

이 책에서는 차탕, 다회, 다도 등의 용어를 문맥에 따라서 적절히 구분하여 썼다.

03 | 대자

대자臺子는 올려놓는다는 뜻의 대臺라는 말에 물건을 나타내는 접미어 자子를 붙인 말이다. 대자는 다실에서 쓰는 이동식 선반棚으로 다도구를 얹어두는 목제 틀을 말하며, 이를 통틀어 붕물棚物이라 한다. 원래 다실로 만든 실내가 아니더라도 차 선반, 즉 대자를 놓고 사람들이 둘러앉으면, 그 자리가 다실이라고 인식하게 하는 역할을 한다. 대자는 사각형 널판과 기둥으로 간결하게 만들지만, 대붕大棚이나 소붕小棚은 중간에 널판 혹은 설합이나 칸을 첨가해 만들며, 다실의 벽에 설치하는 붙박이 선반仕付棚도 있다.

대자는 차를 우려내는 데 필요한 다도구를 기능적인 위치에 놓아두는 실용적인 기능과 함께 손님이 다도구를 살펴볼 수 있도록 하는 감상적인 기능을 지닌다. 따라서 대자는 다회의 취지와 어울려야 하며 다도구와 조화를 이루어야 한다. 때문에 다양한 크기와 모양으로 제작되며 다인의 취향이 직접적으로 드러나는 중요한 요소가 된다.

죽대자

급대자

진대자

대자의 크기나 모양은 매우 다양한데, 기본적으로는 바닥 널판, 즉 지판地板의 네 귀퉁이에 기둥을 세워 위쪽 널판, 즉 천판天板을 받친 모양이다. 여기에 가운데 널판을 가로질러 장식 공간을 늘리기도 한다. 지판의 기본 크기는 가로 45센티미터, 세로 60센티미터, 높이는 약 50센티미터 전후다.

진대자眞臺子, 급대자及臺子, 죽대자竹臺子, 고려대자高麗臺子, 쓰마구레대자爪臺子 등을 5대자라 하며, 이 밖에도 노송대자老松臺子, 은행대자銀杏臺子, 유가오대자夕顔臺子를 비롯한 다양한 대자가 있다.

04 | 와비

와비侘란 다도의 근본이념, 즉 미의식을 나타내는 매우 중요한 용어이다. 한국어로는 '자득自得·한적한 정취·소박하고 차분한 멋 혹은 한거閑居' 등으로 번역하지만 뉘앙스가 충분히 전달되지 않는다. 원래는 '외롭다·괴롭다·시시하다·초라하다·흥미가 없다' 등의 의미를 지닌 말이다.

중세인 무로마치室町 시대(1336~1573)는 전통적인 미의식을 부정하고 내면화·정신화에 가치 기준을 두는 새로운 미의식을 존중하던 때였다. 이러한 시대적 배경 속에서 싸늘한 것·시든 것에서 느끼는 아름다움인 유현미幽玄美를 높이 평가했다. 한적하고 차분한 것, 호화로운 것보다는 흠이 있는 것, 혹은 불완전한 것은 아름답지 않다고 하는 일반적인 미의식과는 달리, 균형미보다는 불균형미, 혹은 소박한 것 가운데서 적극적으로 미美를 발견하여 즐기려 했다. 이처럼 불완전한 것, 불완전한 것 가운데서 찾아내는 또 하나의 아름다움, 그런 아름다움을 즐길 수 있는 미의식을 와비라 할 수 있다.

서원 다회에서 부유한 귀족들이나 무사들이 많은 돈을 들여 호사를 자랑하며 물질적인 향락을 추구하는 것과 대조적으로, 가난함·진지함·청순함, 그리고 화려함을 제거한 고도의 정신세계를 추구하는 정신이 문인들이나 다인들 사이에 뿌리를 내리게 되었다. 작고 소박한 다실에서 다도구의 섬세한 아름다움을 감상하거나, 절제된 점다 방식으로 준비한 차를 진지하게 음미하며 이야기를 나누는 가운데서 구현된다는 와비의 정신은, 일본 다도의 기본적인 미의식이라 할 수 있다.

2. 다실에 들어가기 전에 먼저 물로 속세의 먼지를 씻어내야 한다

소케이는 스승인 센 리큐가 여는 다회에 갈 때마다, 스승이 손님들이 손 씻을 물을 손수 길어다가 붓는 것을 보고 그 까닭을 물었다. 센 리큐가 이르기를 "**로지**露地에서 주인이 먼저 해야 할 일은 물을 길어오는 일이고, 손님이 먼저 할 일은 손을 씻는 일이다. 이것이 로지와 와비 다실侘茶室에서 가장 중요한 일이다. 로지란 주객이 만나는 곳이자, 서로 속세의 먼지를 떨고 부정을 씻기 위해 물그릇을 두는 곳이다. 한겨울에도 추위를 마다치 않고 물을 길어다 부어두는 것과, 한여름에 시원한 물을 길어다 물그릇에 부어두는 것은 그 자체가 또 하나의 대접이 된다.

언제 길어다 놓았는지 알 수 없는 묵은 물은 사람의 기분을 상하게 한다. 맑은 물을 길어다가 손님이 보는 앞에서 시원하게 붓는 것이 좋다. 단지 쓰다 소규津田宗及[35]의 다실과 같이 물그릇이 걸상 바로 곁에 있을 경우에는 잘 생각해보고 손님이 오기 전에 물을 부어두든지, 아니면 손님이 걸상에 앉은 후에 물을 부어야 한다. 일반적인 경우처럼, 물그릇이 로지의 한가운데 있거나, 현관의 처마 밑에 있을 때는 손님이 걸상에 앉은 후에 주인이 물을 길어다 부어야 한다.

35 쓰다 소규(?~1591)는 오사카 남쪽 지방인 사카이 출신의 다인으로, 센 리큐와 함께 차 전문가인 **다두**茶頭로 활약했다.

따라서 다케노 조오[36] 이래로 물그릇의 크기는 작은 물통 한 통을 부으면 살짝 넘쳐흐를 정도로 만들어야 좋다"라고 대답했다.

해설

로지에 두는 돌로 만든 물그릇의 물을 통해서 와비 다도의 정신을 설명했다. 다실에 들어가기 전에 손을 씻는 일은 단순히 청결하게 한다는 의미 외에도 마음까지 깨끗하게 해야 한다는 의례적인 의미를 지닌다. 깨끗하게 한다는 것은 신神 앞에서 부정을 씻어내야 한다는 종교적인 분위기를 다실의 다회에 연장시키려 하는『남방록』의 정신을 드러낸다.

로지의 물그릇은 조즈바치手水鉢 혹은 쓰쿠바이蹲踞라 하며, 손님이 앉은 자세로 손을 씻고 입을 헹굴 물을 담아두는 데 쓴다. 그 크기를 너무 크게 하지 않음으로써 물을 낭비하지 않으면서도 청결함과 신선함을 유지하려는 주인의 정성스러운 행동 하나하나가 손님에게 좋은 대접이 된다.

로지란 초암 다실의 조용한 분위기를 상징하며 다실을 에워싼 공간이다. 널따란 저택에 펼쳐진 대규모의 정원이 아니라, 나무도 심고 대나무도 우거지게 하여 아침저녁으로 이슬이 맺히도록 하며, 달과 눈을 즐길 수 있는 정취가 어린 곳이다. 이런 로지야말로 속세를 떠나 한 걸음 한 걸음 다실로 들어가는 길이자 전환점으로, 물로 부정을 씻어 다인의 몸과 마음을 정화시키는 공간이다.

---

36 다케노 조오(1502~1555)는 사카이의 다인이다. 와비 다도의 미의식을 더욱 세련되게 했으며, 센 리큐에게 스승으로서 많은 영향을 끼쳤다.

05 | 로지

로지露地는 본래 문간에서 다실에 이르는 정원의 일부 혹은 입구에서 다실로 들어가는 통로로서 속세와 다실 사이의 완충지대 같은 역할을 한다. '路地'로 쓰기도 한다.

다회에 온 손님은 문에 들어선 후, 이 로지에서 옷을 여며 입기도 하고 걸상에 앉아 기다리면서 주인이 맞이해주기를 기다리게 된다. 주인은 로지의 손 씻는 물그릇手水鉢에 물을 새로 길어다 부음으로써 손님을 맞이할 준비가 끝났음을 알린다. 통에 길어온 물을 허리 정도 높이로 들어 올리고는 물그릇에 힘차게 쏟아내어 소리가 나게 함으로써 맑은 물을 아낌없이 부었다는 느낌이 들게 한다.

손님은 주인이 방금 부어놓은 물로 양손을 씻고 입안을 헹군 뒤에야 비로소 다실로 들어가게 된다. 이처럼 로지는 주인과 손님이 처음 대면하는 공간이자, 다실이라는 거룩한 공간의 입구가 된다.

06 | 다두

다두茶頭, 茶堂, 자토는 선종의 사찰에서 다도를 담당하는 승려를 지칭하던 용어이다. 중세에는 귀족이나 상층 무사에게 소속되어 차에 관한 일을 책임지는 전문가로서 다회를 기획했으며, 그 다회가 원만하고 좋은 분위기 속에서 진행되도록 하는 역할을 담당했다. 다도에 정진한 다인이나 무사 혹은 승려가 다두가 되었다. 센 리큐, 쓰다 소규 등은 오나 노부나가와 도요토미 히데요시의 다두를 담당했다. 에도시대의 다두는 각 영주에게 소속되어 다도 전문가로서 봉록을 받으며 다도와 관련된 업무와 다회 개최를 담당했다.

3. 센 리큐 다도의 계보

어느 날 센 리큐가 말하기를 "무라타 주코37의 제자 가운데 소친宗陳과 소고宗悟라는 사람이 있었다. 다케노 조오는 이 두 사람 아래서 다도를 수련했다. 나의 차 스승은 다케노 조오 한 사람만이 아니다. 노아미能阿彌38의 시중을 들던 시마 우쿄島右京39라는 사람이 있었다. 우쿄는 장년에 노아미에게 다도를 배웠는데, 나이가 들어서 사카이에서 은둔생활을 하자 사람들은 그를 구카이空海 스님이라고 불렀다. 같은 사카이에 기타무키 도친北向道陳40이라는 은둔자가 있었는데, 노아미는 다도에 매우 밝은 기타무키 도친을 친근한 말벗이자 스승으로 삼아 다도를 전수했다고 한다. 또한 기타무키 도친과 다케노 조오는 사이가 좋아서, 자주 다도에 관한 이야기를 나누며 다도의 새로운 방법을 고안하기도 했다. 나는 요시로與四郎라 불리던 17살 무렵부터 다도를 무척 좋아

---

37 무라타 주코(1423~1502)는 나라 출신의 다인이다. 나라의 쇼메이사稱名寺의 스님으로, 노아미에게서 다도를 배웠다. 그는 중국에서 수입된 호사스러운 다도구와 서민적이고 일상적이며 소박한 생활정서를 조화시킨 새로운 스타일의 다도를 고안해냈다. 불완전한 것에서 미를 느끼는 와비 다도의 정신은 그의 다도에서 싹텄다고 한다.

38 노아미(1397~1471)는 무로마치시대에 활약한 화가이자 시인으로서, 쇼군將軍의 측근에서 그림과 문서의 정리를 맡은 한편 쇼군의 다도 코디네이터, 즉 도호슈同朋衆 역할을 담당했다. 도호슈란 쇼군의 측근으로서 잡역·예능 등을 맡아 하는 사람들을 지칭한다. 그는 쇼군가에서 모은 미술품을 감정·관리·장식하는 역할을 행하는 과정에서 다도의 예법 등을 세련되게 가꾸는 데 공헌했다.

39 시마 우쿄(?~?)는 히가시야마東山 시대, 즉 15세기 후반의 은둔자로 구카이 스님이라고도 한다. 기타무키 도친에게 다도를 전수했다.

40 기타무키 도친(1504~1562)은 사카이 출신의 다인으로, 센 리큐에게는 최초의 차 스승이다. 다케노 조오에게서 다도를 배웠고, 특히 다도구 감정에 능했으며 많은 명품을 소장하고 있었다.

하게 되어 기타무키 도친 아래서 다도를 배웠다. 기타무키 도친의 소개로 다케노 조오의 제자가 되었던 것이다. 대자를 다루는 법이나, 서원차書院茶에 관한 것은 대개 기타무키 도친에게서 듣고 배웠다. 작은 다실에서 하는 다도는 다케노 조오와 상담해가면서 거의 내가 지어낸 것이다"라고 했다.

이 슈운암의 창설자인 기오 쇼테이岐翁紹禎[41]는 처음에는 잇큐一休 스님[42] 밑에서 참선하던 중, 잇큐와 사이가 나빠졌으나 여러 사람들이 나서서 화해시키자 다시 잇큐의 불문에 들어갔다. 잇큐가 그때까지 슈운암이라고 칭하던 호를 바꾸는 것이 좋겠다고 하여 난보南方라고 고쳤다. 그 후 암자를 지었는데, 암자의 이름을 슈운암이라고도, '난보'라고도, 기오岐翁라고도 했다. 다케노 조오와도 사이가 좋았기에 평생 함께 차 이야기 나누기를 낙으로 삼았다.

나 난보 소케이는 그 암자의 제2대 주인으로 난보라 칭하며 다도의 수행에만 힘쓰는 은자라오. 이건 우스갯소리입니다.

41 기오 쇼테이는 유명한 선승인 잇큐 소준의 동생 혹은 아들이라고도 한다.

42 잇큐 소준一休宗純, 1394~1481은 무로마치 중기의 황족 출신 임제종臨濟宗 승려로, 시와 그림에 뛰어났으며 전설적인 기행奇行으로 유명하다. 무라타 주코의 스승으로, 그의 글씨로 된 족자는 다인 사이에 매우 소중한 다도구로 여겨진다. 일본에 선禪 사상을 넓히며 중세의 예능에 사상적인 영향을 끼쳤고 많은 사람을 불도에 귀의하게 했다. 그의 영특하고 뛰어난 기지는 후세에 많은 일화로 전해지고 있다.

해설

이 대목은 센 리큐의 차 계통을 밝히는 동시에 센 리큐의 다도가 획기적인 것임을 말해주고 있다. 당시 일본인들은 계보를 밝히는 것을 중시했는데, 이는 단지 사제관계를 밝히려는 데 그치지 않고, 어떤 전통을 이어받았는가에 따라 그 사람의 능력을 평가하려 했던 사회적 분위기와 관련되어 있었다.

센 리큐의 차 전통은 두 계보를 이어 받아 종합한 것이었다.

하나의 계보는 '무라타 주코–소친·소고–다케노 조오–센 리큐'로 이어진다.

또 하나의 계보는 '노아미–구카이–기타무키 도친–센 리큐'라 할 수 있다.

기타무키 도친에게서 배운 서원차와, 다케노 조오에게서 배운 작은 다실의 와비 다도를 바탕으로 센 리큐는 창의력을 동원하여 자신의 다도를 확립했다는 것이다.

여기서 『남방록』의 저자 난보 소케이는 잇큐의 뒤를 이어서 자신의 이름도 난보라 하며 다도를 전수하고 있다고 은근히 자랑을 하면서도, 이는 농담이라고 하며 재치 있게 말꼬리를 돌려버렸다.

4. 손님과 주인은 순수한 마음가짐으로 마주해야 한다

내가 어떤 다회에서 센 리큐에게 "손님과 주인은 서로 어떤 마음가짐을 가지는 것이 좋겠습니까"라고 물었다. 센 리큐가 말하기를 "정말로 서로의 마음과 마음이 통하는 것이 가장 좋다. 그렇다고 해서 마음이 통하지 않는 사람과 무리하게 영합하여 마음이 통하는 척하는 것은 좋지 않다. 다도를 충분히 습득한 손님과 주인이라면 자연히 마음이 통하여 서로가 흡족해할 것이다. 미숙한 사람들끼리 서로 상대방의 마음에 들게 보이려고 꾸민다면, 어느 한편이 다도에서 벗어나게 되어 이윽고 서로 어긋난 방향으로 흘러가 버리고 만다. 그러기에 자연스럽게 마음이 통하게 되면 좋지만, 의식적으로 상대의 마음에 들게 하려고 억지로 꾸며내는 것은 좋지 못하다"라고 했다.

해설

다도란 사람과 사람이 만남으로써 시작되기 때문에 만남의 예술이라고도 한다. 손님과 주인 혹은 손님과 손님이 좁은 다실에서 정면으로 마주 대하게 되는데, 이렇게 한정된 시간과 공간에서 특별한 인간관계가 전개된다. 이런 다회를 일컬어 '**일기일회**一期一會', 즉 한 만남이란 일생에 단 한 번밖에 없는 만남의 공간이요 시간이라고 한다.

그러므로 이 만남의 의미를 소중히 여기며, 한자리에 모인 사람들의 마음을 서로 이해하고 존중해야 한다는 것이다. 만남의 의미가 중요하면 할수록 순수하고 진실한 마음으로 상대를 대하는 것이야말로, 다회를 여는 다인들의 기본적인 마음가짐이라는 것이다.

이 대목에서는 한 다회에서 만난 손님과 주인이 혹은 손님과 손님이 가식 없는 마음으로 함께해야 좋은 자리가 된다며, 다회 참석자 사이의 마음이 무엇보다 중요하다는 점을 논하고 있다.

07 | 일기일회

일기일회一期一會란 매 찻자리를 소중히 여겨야 한다는 뜻으로, 다회에서의 만남을 소중하게 생각해야 한다는 말이다. 인생은 무상할 뿐만 아니라, 오늘 이 자리는 일생에 단 한 번밖에 없다는 점을 명심하여 주인과 손님 모두가 진지하게 다회에 임해야 한다는 의미로, 일본 다도의 정신세계를 이해하는 데 매우 중요한 개념이다.

일기일회는 야마노우에 소지山上宗二가 전반부에 명물 다도구와 센 리큐의 다도 이론을 기록한 『산상종이기山上宗二記, 야마노우에노 소지키』 '차탕자각오십체茶湯者覺悟十體'에 나오는 개념이다. 여기에 "새로운 다도구를 선보이는 다회나, 새로운 차호를 개봉하는 다회의 경우는 말할 것도 없고, 평소의 일상적인 다회에서도, 로지에 들어와서부터 다실을 나갈 때까지 일생, 즉 일기一期에 단 한 번밖에 없는 만남一會과 같이 진지한 마음으로 주인을 공경하며 손님을 공경해야 한다"라는 말이 있다. 차탕에 관한 많은 저서를 낸 이이 소칸井伊宗觀, 1815~1860도 이 정신을 발전시켜 『차탕일회집茶湯一會集, 차노유이치에이슈』에서 "모름지기 일기일회의 각오로 다회를 열어야 한다"고 역설했다.

이이 소칸

이이 소칸이 쓴 〈일기일회〉

5. 로지에는 물을 세 차례 뿌린다

로지에 물을 뿌리는 일을 소홀히 해서는 안 된다. 다도에서 매우 중요한 사항으로 삼탄삼로三炭三露가 있다. 여간한 달인이 아니고는 다회를 열 때마다 이렇게 하기란 힘든 일이다. 간단히 말하자면 로지에 물을 뿌리되, 손님이 로지에 들어오기 전에 한 차례, 다회가 시작되고 중간 휴식이 시작되기 전에 한 차례, 다회가 끝나고 손님이 돌아가려고 자리에서 일어날 무렵에 한 차례, 모두 세 차례가 된다. 아침 다회, 점심 다회, 저녁 다회 등을 개최할 때, 각각 세 차례씩 물을 뿌리는 일에는 깊은 의미가 있음을 명심해야 한다. 맨 나중에 뿌리는 물을 입수立水라 한다. 쓰다 소규 등은 말하기를 "입수란 납득할 수 없는 일이다. 어쩐지 손님에게 빨리 돌아가 달라고 재촉하는 것 같기 때문에, 왜 굳이 그렇게 하지 않으면 안 되는지 모르겠다"라고 했다.

이 일에 대하여 센 리큐에게 물었더니, "쓰다 소규는 본래의 뜻을 전혀 이해하지 못했다. 와비 다도의 다회는 시작해서부터 끝내기까지 전체 진행을 네 시간 이상 걸리지 않도록 한다. 네 시간 이상을 진행하면 아침 다회는 점심 다회 시간에 걸리게 되고, 점심 다회는 저녁 다회 시간에 걸리게 된다. 그뿐만 아니라 와비 다회를 좁은 다실에서 여는 것이기에, 시간을 끌며 질펀하게 벌어지는 여흥의 자리와는 그 작법이 다른 것이다. 그러니까 농차濃茶, 고이차가 끝나고 박차薄茶, 우스차[43]까지

43 다회에서 차는 대개 두 잔을 마신다. 먼저 과자를 먹고 농차를 마신 후에 시간이 지나면, 다시 과자를 먹고 두 번째 차로 박차를 마신다.

나온다면 그 뒤에 다시 무슨 순서가 있겠는가. 손님도 오랫동안 눌러 앉아서 너스레를 늘어놓기를 그만두고 서둘러 돌아감이 마땅하다. 그 돌아가야 할 시간을 잘 헤아려서 로지의 물그릇에 물을 채워두는 일에 소홀함이 없어야 하며, 초목에도 물을 뿌려두어야 한다. 손님도 그런 시간을 잘 헤아려서 자리에서 일어나야 한다. 주인은 로지의 입구까지 나와서 배웅해야 한다"라고 했다.

농차

박차

해설

여기서는 다도에서 불과 물이 매우 중요한 의미를 지닌다는 점을 말한다. 즉, 다실에 숯불 피우는 일과 로지에 물 뿌리는 일이 중요하다는 것이다. 삼탄三炭이란 다실에서 하루에 세 번, 각각 이른 아침에 여는 다회曉茶事, 정오에 여는 다회正午茶事, 저녁에 여는 다회夜茶事를 위해 숯불 피우는 일을 뜻한다.

주인이 로지의 바닥에 물을 뿌려 차분한 분위기를 만드는 일과, 손님이 물로 손을 씻는 일은 서로 호응된다. 손님을 맞이하는 주인은 로지에 물을 뿌리고 손님은 손을 씻음으로써, 속세의 부정을 씻어내고 깨끗한 심신으로 다회를 진행하자는 상징성과 실용성을 겸하는 일종의 의식이라고 할 수 있다.

여기서 알 수 있는 센 리큐의 다도관 가운데 주목되는 점은 다회의 진행 시간에 제한을 두어야 한다는 것이다. 즉, 다회는 네 시간 이상으로 길게 끌어서는 안 된다는 것이다. 네 시간 이상을 끌게 되면 다음 식사 시간이나 다음 다회 시간에 걸리게 되어, 남에게 폐를 끼치게 되기 때문이다. 또 하나의 이유는 와비 정신을 중시하는 다회에서는 네 시간을 넘겨가면서까지 대접할 필요가 없다는 것이다. 농차와 박차를 마시고 중간에 로지에서 잠시 쉬고 간단한 음식을 먹는 등의 전체 과정을 진행하면 다회는 약 네 시간은 걸린다. 그러나 당시 풍속에는 다회에 뒤이어 주연을 베푸는 경우도 있었는데, 이렇게 되면 와비 다도 본래의 차분한 정신세계가 연회宴會 분위기로 이어지며 와비의 공덕이 일순에 모두 무너져 버릴 위험이 있었다. 센 리큐는 이 점을 걱정하여 다회는 다회로서 완결되어야 와비 다도의 정신을 오래 간직할 수 있다고 한 것이다.

쓰다 소규는 세 번째 물 뿌리는 소리를 들은 손님은 빨리 돌아가기를 재촉하는 무언의 표현으로 받아들일 수 있으므로, 이는 실례가 아니겠느냐며 스승에게 질문했다. 그러나 센 리큐는 이런 절차 자체가 정해진 약속임을 아는 다인이라면 아쉬움이 남더라도, 섭섭해할 것 없이 자리를 정리하는 자세가 필요하다는 점을 역설했다.

6. 센 리큐는 로지에서 신는 나막신을 고안했다

로지를 출입할 때는 손님도 주인도 반드시 나막신을 신어야 한다고 다케노 조오가 정한 바 있다. 초목이 물을 흠뻑 머금고 있는 로지를 지나야 하기 때문이다. 다인은 나막신 소리만 듣고도 다도에 숙련된 사람인가 아닌가를 헤아려낸다고 한다. 발뒤꿈치를 들고 걷는 것이 아니라 차분하게 사심 없는 마음으로 걸어서 딸깍딸깍 소리가 나지 않도록 하는 것이 숙련된 다인의 걸음이라고 할 수 있다. 다도의 달인이 아니면 판단해내기 어려운 일이다.

셋타

이 때문에 센 리큐는 최근에는 짚신 바닥에 쇠가죽을 덧대어 셋타雪駄[44]라는 신을 고안했다. 이 셋타를 사카이 이마이치今市의 장인에게 만들도록 하여 로지에서 쓰고 있다. 이런 것을 보면 센 리큐는 "나막신을 신는 일이 새삼스레 나쁜 일이라는 건 아니다. 그러나 다케노 조오도 나도 모두 나막신에 대하여 만족스럽게 생각하지 못했다고 말했다. 요즈음 교토·사카이·나라 등지에서 차

44 센 리큐가 고안한 신발인데, 짚신의 바닥에 쇠가죽을 덧씌워 물이 스며들지 않고 딸그락거리는 소리를 완화하도록 만들었다. '雪踏'로 표기하기도 한다.

를 즐기는 다인들, 즉 스키샤數奇者[45]가 수십 명이나 있지만, '나막신을 제대로 신을 줄 아는 사람은 당신을 포함해서 다섯 명도 되지 않을 거요'라고 하면서 손을 꼽아 세어보기도 했다. 아무튼 숙련된 사람들에게는 말할 필요가 없는 일이지만 나막신을 신기에 아직 미숙한 다인은 나막신보다 셋타를 신는 편이 낫다. 굳이 나막신이 더 좋다는 사람은 일부러 요란스러운 것을 즐기려는 사람과 같다"라고 하면서 웃었다.

해설

다도에서 걸음걸이는 매우 중요하다. 다도에서뿐만 아니라 걸음걸이를 보고 사람의 됨됨이를 알 수 있다고 할 정도로 중요하게 여겼다. 여기서는 로지에서 요란하지 않게 차분하고도 무심無心하게 걸어야 함을 말했다. 그러나 차분하게 소리를 죽여서 걸을 수 없는 사람이라면 걸을 때 소리가 나지 않는 셋타를 신는 편이 오히려 낫다고 권했다.

비가 내리거나 물을 뿌려두어 축축한 로지를 짚신을 신고 걸으면 물이 배어들어 버선이 젖는 일이 많았기에 센 리큐는 바닥에 가죽을 댄 셋타를 고안해냈다. 이 신은 주로 다인들이 신었으나 풍류객들 사이에서도 애용되었다. 현대에는 남자가 전통의상인 기모노着物를 입을 때 대개 셋타를 신는다.

45 다도를 매우 좋아하며 스스로 다회를 여는 사람.

7. 다실의 꽃은 가볍게 장식함이 좋다

"작고 좁은 다실에서는 한 가지 꽃을 한두 송이 정도로 가볍게 꽂는 것이 좋다. 물론 꽃의 종류에 따라서 탐스럽게 담뿍 꽂는 것이 좋을 때도 있다. 꽃을 가볍게 장식해야 한다는 것은, 차분하고 소박한 다실과 눈에 보기 좋은 것만을 추구하는 마음가짐은 잘 어울리지 않는다는 뜻이다. 이보다 넓은 다다미 4장 반의 다실이라면 두 가지 꽃을 써도 좋을 것이다."

해설

작은 다실에서 여는 소박한 다회에는 장식하는 꽃송이나 잎사귀, 가지 등의 분량도 그와 어울려야 한다. 이때 한 가지 꽃을 조촐하게 장식하여 화려함을 피하는 게 좋다. 다회란 꽃의 아름다움을 감상하려는 모임이 아니라 어디까지나 차와 사람이 중심이 되어야 하는 자리이므로, 와비 다도의 정신에 어울리는 꽃꽂이를 해야 한다. 꽃꽂이는 다실의 넓이에 잘 어울리는 크기로 해야 한다. 또한 자연 속에 피어 있는 꽃처럼 요란하지 않고 자연스럽게 보이도록 해야 한다는 미학을 그대로 다실에 재현해두고, 이를 감상하도록 해야 한다.

8. 다실의 꽃꽂이에 쓸 수 없는 꽃에 대한 시

다실의 꽃꽂이에 써서는 안 될 꽃에 대한 시가 있다.

꽃병에 꽂아서는 안 될 꽃은 서향瑞香**과 붓순나무,**
맨드라미, 마타리, 석류, 개연꽃, 금잔화,
그리고 선려화鮮麗花[46]**도 쓰지 말아야 한다네.**

해설

다회의 자리에 쓰지 말아야 하는 꽃의 종류에 대해서는 엄한 규정이 있다.

예를 들어 맨드라미는 오래 두어도 쉽게 시들지 않고 모양이 그대로이기 때문에, 싱싱함이나 신선함을 느낄 수 없다. 맨드라미처럼 변화가 없는 꽃은 언제부터 피어 있는지 알 수가 없고, 피어 있는 시간이 짧을 경우에 느끼는 무상감無常感도 맛보기 어렵다. 반대로 나팔꽃처럼 쉽게 시드는 꽃은 그만큼 신선한 느낌이 강하다. 또한 향기가 너무 짙거나 가시가 있는 꽃은 '금화禁花'라 해서 다회에서는 쓰지 않는다. 향기가 너무 진하면 차의 향기를 묻어버리게 되므로 좋지 않고, 꽃에 가시가 있으면 보는 사람에게 불필요한 긴장감을 주기 때문이다. 이 밖에도 너무 화려한 꽃은 와비 다도의 정신과 어울리지 않는다고 하여 금지하기도 한다.

46 일본어의 표음 표기에 한자를 적용한 말로, 선료과仙蓼果라고도 한다.

이 부분의 원문은 일본의 시문학詩文學 양식의 하나인 교카狂歌[47]로 되어 있는데, 교훈적이거나 혹은 풍자적인 내용을 31글자로 압축하여 7·5조 리듬으로 위트 있게 표현한 것이다.

47 와카和歌와 같이, 31음절로 이루어지는 일본의 대표적인 정형시이다. 우아하고 귀족적인 분위기를 노래하는 와카가 먼저 뿌리를 내린 뒤에, 일상생활을 가볍고 유머러스하게 그려내는 교카가 나왔다. 교카는 비유와 풍자로 사물이나 사건을 재치 있게 그려낸다는 특징을 지닌다.

9. 야회에서도 하얀 꽃에 한해서는 장식해도 좋다

밤에 여는 다회인 야회夜會[48]에서는 예전부터 꽃꽂이를 하지 않았다. 그러나 다케노 조오와 센 리큐가 여러모로 생각한 끝에, 야회에서도 꽃의 종류에 따라서 꽃꽂이를 할 수 있도록 했다. 대체로 색깔이 짙은 꽃은 쓰지 않는다. 하얀 꽃은 괜찮다. 그때마다 쓰는 꽃의 종류, 혹은 등잔 심지가 불꽃처럼 타는 모양[49] 등에 관한 사항은 구전口傳[50]으로 전할 수밖에 없는 중요한 약속이다. 등화燈火를 가상하게 여기는 일은 멋을 아는 마음가짐에서 나온다고 하겠다.

해설

앞의 구절에 이어서 다실의 꽃에 대해 규정한 대목이다. 낮이 짧은 계절에 열게 되는 야회에서는 등잔이나 촛대 등의 조명기구를 써서 불을 밝혀야 한다. 이렇게 밝힌 불빛 아래서는 꽃이 그 색채를 제대로 드러내지 못하여 오히려 감흥을 해칠 수도 있다. 따라서 예로부터 야회에는 꽃을 쓰지 않기로 되어 있다. 그러나 찻

48 밤이 긴 계절인 겨울에 주로 열리는, 오후 6시경부터 시작하는 다회.

49 타고 남은 심지 끄트머리의 빨간 불꽃, 즉 등화에 불꽃의 혼이 담겨 있다고 해서 그 모양을 중시했다. 심지의 타다 만 끄트머리가 뭉쳐져서 다시 타는 빨간 불꽃을 등화라 한다. 이는 두보杜甫가 그의 시 「독작성시獨酌成詩」에서 "등화를 보니 매우 기쁘구나燈花何太喜"라고 한 구절에서 보듯이 길조로 여겨졌다.

50 일본의 전통예능에서는 비전秘傳을 극히 중요시해서 중요한 비전은 남에게 알려질 염려가 있는 비전서秘傳書에 기록하지 않고 구전에만 의존하기도 했다. 『남방록』에도 구전으로 보아야 할 부분이 있다.

자리, 즉 차석茶席에 꽃이 없다는 것은 너무 쓸쓸하게 여겨지기에 다케노 조오와 센 리큐가 상의하여 하얀 꽃에 한해 밤 다회에서 장식할 수 있도록 했다.

또 하나의 문제는 등화에 관한 전승이다. 등화란 타서 둥글게 말리며 일단 검어졌던 심지에 다시 빨갛게 불이 붙은 모양을 가리킨다. 등화를 길조로 여기며 그 모양을 보고 길흉을 점치는 일도 있었다. 매우 작은 현상에도 주의를 기울여, 등화의 모양에 관심을 가지고 심미적인 감상의 대상으로 삼으려 했다는 점이 흥미롭다.

10. 여름에는 서늘하게 겨울에는 따뜻하게

어떤 사람이 센 리큐에게 **로**爐[51]를 쓸 때와 **풍로**風爐를 쓸 때, 즉 여름의 다회와 겨울의 다회에서 각각 주의해야 할 점과 비결을 가르쳐주십사고 했다. 센 리큐가 답하기를 "여름에는 아주 서늘하게 겨울에는 아주 따뜻하게 해야 한다. 숯은 물이 알맞게 끓을 정도로, 차는 마시기 좋을 정도로 해야 한다. 이것이 비결의 전부일세"라고 했다. 그러자 물었던 사람은 어처구니가 없어 "그 정도는 누구나 다 알고 있는 것입니다"라고 하자, 센 리큐는 "그렇다면 자네가 내게 이런 마음을 담은 차를 마시게 해주게나. 내가 손님으로서 자네의 제자가 되어보겠네"라고 했다. 마침 그 자리에 함께 있던 쇼레이 화상笑領和尚[52]이 말하기를 "센 리큐가 말한 바는 참으로 지당하다. '그 어떤 악이라도 행치 말며 모든 선을 행하기에 힘쓰라諸惡莫作 諸善奉行' 했던 **도림도사**道林道士의 마음이 바로 센 리큐의 말과 같은 것이다"라고 했다.

51 다실의 다다미 바닥을 가로세로 각각 45센티미터 크기로 파내어 찻물을 끓일 숯불을 피울 수 있도록 만든 화덕. 로에 맞추어 다다미도 한쪽 귀퉁이를 45센티미터 넓이로 잘라낸다.

52 법명은 쇼레이 소킨笑領宗訢, 1505~1583. 교토에 있는 다이토쿠사의 주지로서 당시에 많은 사람을 귀의시켜 명성이 높았다.

해설

로와 풍로는 찻물을 끓이는 데 쓰는 장치로서, 계절에 따라 구분하여 쓴다. 로는 그 자체로 난방의 역할을 겸하기 때문에 겨울에 써야 하며, 풍로는 로와 달리 솥釜[53]에만 열을 집중시킬 수 있는 구조로 만들어져서 다실의 온도를 덜 올려주기 때문에 여름에 써야 한다. 센 리큐는 이런 식으로 도구를 계절적 분위기에 맞추어 써야 함을 말하되, 선의 교리를 비유로 들어 차를 설명하고자 했다.

여기서 주목되는 사항은 "여름에는 아주 서늘한 느낌이 들도록 진행해야 하며, 겨울에는 따뜻한 느낌이 들도록 해야 하고, 숯은 적절한 분량을 넣음으로써 물을 떠서 쓸 시간에 알맞게 끓기 시작하도록 해야 하며, 차의 온도는 너무 차거나 뜨겁지 않고 마시기 좋을 정도로 해야 한다"는 것이다. 이 세 가지 사항은 오늘날 널리 알려져 있는 '센 리큐의 교훈 7조'의 원초적 형태라 할 수 있다.

곧 '리큐칠조利休七條' 혹은 '**리큐칠칙**利休七則'이라고 하는 다도의 교훈이란 '① 꽃은 들에 피어 있는 것과 같이 ② 숯은 물이 끓을 정도로 ③ 여름에는 아주 서늘하게 ④ 겨울에는 아주 따뜻하도록 ⑤ 정해진 시간보다 좀 일찍 마치며 ⑥ 날씨가 좋을 때도 우산을 준비하며 ⑦ 자리를 함께한 손님들에게 마음을 쓸 것' 등이다.

---

53 찻물을 끓이기 위해서 로나 풍로 위에 얹는 솥. 대부분이 금속 제품이지만 간혹 도자기 제품도 있으며, 동그란 고리環를 끼울 수 있도록 양쪽에 구멍 뚫린 귀가 있고, 금속제 뚜껑이 딸려 있다.

08 | 로와 풍로

다실에서 찻물을 끓이는 설비로는 로爐와 풍로風爐가 있다. 오늘날 일반적으로 하절기(5월부터 11월)에는 풍로를 쓰고, 동절기(11월부터 4월)에는 로를 쓴다. 풍로는 이동할 수 있고 로는 고정식이라는 점이 큰 차이점이다. 따라서 애초에 다실로 만든 방에는 로가 반드시 설치된다.

로

오늘날에도 일본 민가의 실내에서 난방이나 취사를 하기 위해 이로리囲爐裏를 설치하는 경우가 있다. 이로리는 로보다 규모가 크고 형식도 다양하지만, 로는 크기가 작고 정형화되어 있다. 로의 바닥에는 재를 깔고 그 위에 숯을 놓으며 삼발을 걸어 솥을 건다. 로 위에는 천정에서 쇠고리나 막

풍로

이로리

대를 늘어뜨리고 솥을 매달기도 한다. 로는 찻물을 끓이는 것은 물론, 다실을 따뜻하게 해준다. 로에서 숯불이 피어 있는 모양은 감상의 대상이자 이야깃거리가 된다.

09 | 도림도사

도림도사道林道士, ?~824는 중국 항주杭州 사람으로 새가 나무 위에 둥지를 틀고 사는 것처럼 언제나 나뭇가지 위에서 살았기 때문에 조과선사鳥窠禪師 혹은 조소선사鳥巢禪師라 불렸는데, "세 살 먹은 어린이도 다 아는 말"이라고 한 유명한 일화가 전한다. 이 일화는 송나라 승려 보제普濟가 쓴『오등회원五燈會元』에 실려 있다.

백거이白居易라고도 하는 당나라의 대문장가 백낙천白樂川, 772~846이 어느 날 조과선사를 찾아갔다. 마침 조과선사는 나무 위에 앉아서 졸고 있었다. "선사님, 위험하게 나무 위에 계십니까. 내려오시지요" 하고 백낙천이 말하자 조과선사가 이렇게 답했다.

"땅 위에 있는 너보다 나무 위에 있는 내가 더 안전하다."

"그게 무슨 말씀이십니까?"

"너는 땅 위에 서 있어서 안전하다고 생각하겠지만, 욕망에 이끌리는 삶을 살다가 황제의 마음 한 번 바뀜에 목숨이 위태롭지 아니한가?"

이 문답으로 백낙천은 그만 기가 꺾기고 말았다. 그래서 다시 정중히 여쭙기를 "선사님, 저에게 한 말씀 가르침을 주십시오."라고 했다. 그러자 조과선사는 그 유명한 '칠불통계七佛通戒'를 알려주었다. 칠불통계란 일곱 부처님, 즉 석가모니 부처님과 그 이전의 여섯 분의 부처님이 한결같이 말씀하신 계율로서, 이 가르침을 따라 청정하고 맑은 마음으로 더러운 생각을 떨쳐버린 사람은 절대 평화와 대大자유의 경지인 해탈과 열반에 도달한다고 한다.

"모든 악을 짓지 말고, 모든 선을 받들어 행하라. 스스로 자신의 마음을 깨끗이 하는 것, 이것이 모든 부처님의 가르침이다諸惡莫作 衆善奉行 自淨其意 是諸佛敎

이 말을 들은 백낙천은 무언가 대단한 가르침을 받으리라고 기대했던 터라 크게 실망하여 말했다.

"그건 세 살 먹은 어린이도 다 아는 말 아닙니까?"

이에 조과선사는 답했다.

"세 살 먹은 어린이도 다 알지만 팔십 노인도 실천하기 어려우니라."

정진하기의 어려움을 비유한 이 말 한마디에 백낙천은 크게 깨우치고 열심히 수행하여 유명한 불자가 되었다고 한다.

10 | 리큐칠칙

다회를 진행하는 데 어떤 마음가짐을 지녀야 하는가에 대한 리큐의 가르침은 에도 중기 이후에 리큐칠칙利休七則 혹은 리큐칠조利休七條라는 형태로 정리되어 다도의 실천적 교훈으로서 중요시되었다. 다회는 어디까지나 손님을 중심으로 하여 원만하게 진행해야 한다는 정신이 리큐칠칙에 제시되어 있다.

① 꽃꽂이의 꽃은 들에 피어 있는 것과 같이 자연스러운 모습으로 해야 한다.
② 숯불의 세기는 잘 조절하여 알맞은 시간에 물이 끓도록 해야 한다.
③ 여름에는 다도구나 다실의 분위기에 서늘한 느낌이 들도록 해야 한다.
④ 겨울에는 손님이 다실에서 따뜻한 느낌을 느낄 수 있도록 해야 한다.
⑤ 다회의 진행은 예정된 시간보다 조금씩 일찍 준비를 마쳐두어야 한다.
⑥ 날씨가 좋을 때도 소나기를 대비하여 우장을 마련해두어야 한다.
⑦ 무엇보다도 찻자리를 함께한 손님들이 편안한 마음을 가질 수 있도록 진행해야 한다.

비가 오지 않아도 우장을 준비한 모습

11. 다회를 여는 날 아침에 하는 일

이른 아침에 여는 다회曉茶會에서 숯불의 상태는 중요한 의미를 지닌다. 이는 삼탄三炭 가운데 하나로 매우 각별한 것이다. 센 리큐가 이르기를 "새벽에 쓸 찻물이라 해서 전날 저녁부터 물을 끓이는 사람이 있는데 결코 그럴 일이 아니다. 새벽에 첫 닭이 울 무렵에 일어나서 로를 살펴보고 나서 불씨를 넣고 숯을 조금 넣어두고, 우물에 가서 맑은 물을 길어온다. 다실에 딸린 부엌에서 솥을 씻고 물을 가득 채워서 솥을 불에 건다. 이런 일은 매일 아침마다 다실에서 해야 하는 습관이 되어야 한다. 손님은 이 불 피우는 상황이나 물이 끓는 상태를 헤아려가며 로지로부터 다실로 들어가야[54] 한다. 손님 가운데는 일부러 일찍 다실에 도착해서 불씨가 숯을 달구는 모양이나 솥의 둘레에 잔뜩 묻었던 물[55]이 차츰 말라가는 동안 솥 거죽에 얼룩 모양으로 증발되어가는 모습을 보려는 사람도 있다. 주인도 손님도 이른 아침에 여는 다회에 관한 독특한 사항을 잘 익혀놓지 않으면 다회가 제대로 진행되지 않는다"라고 했다.

54 로지로부터 다실로 들어갈 때, 손님이 모여 옷을 여미고 마음을 가다듬는 등 준비를 갖출 무렵 주인이 나와 손님을 맞이해주면 인사를 나눈 뒤에 다실로 들어가게 된다. 이때 손님들은 다실로 들어갈 시간을 잘 맞추어 대기하고 있어야 한다.

55 이른 아침의 다회에서 쓰는 찻물을 끓이기 위해서는 정화수라 할 수 있는 새 물을 떠다가 차 솥에 넘치도록 담아야 한다. 이때 솥의 표면은 물이 젖은 상태로 두어서 아침의 싱그러운 분위기가 잘 드러나도록 한다.

해설

이른 아침에 다회를 열기 위한 준비에는 여러 가지 정해진 법도가 있었다. 센리큐는 하루가 시작되는 시간에 여는 다회의 준비를 매우 중요시했다. 찻자리에서는 로 가운데서 피어나는 숯불의 불꽃 모양이나 재가 무너지는 모양뿐만 아니라 처음 불씨를 넣는 모양까지도 다인들을 감동시키는 아름다움의 대상이 될 수 있다는 것이다.

다인 가운데는 주인이 차를 준비하는 수고스러운 과정부터 보아야 한다며 차가 다 준비되기 전에 다실로 들어가는 사람도 있다. 이런 손님은 주인이 불을 일구는 모습이나 젖은 솥이 열로 차츰 뜨거워지면서 그 표면에 묻었던 물이 말라갈 때 생기는 얼룩의 변화를 보며 자연이 만들어내는 변화무쌍함을 감상할 수 있다. 마치 연극 무대 뒤에서 벌어지는 일이라고 할 만한 이 정경을 즐기기 위해서는 이런 경지를 깊이 공감할 수 있는 감상 능력, 즉 감각을 갖추고 있어야 한다. 어찌 보면 아무런 의미가 없어 보이는 것에서도 아름다움을 발견할 수 있는 감성이 다도의 세계를 심화시킨다는 의미이다.

다실에 딸린 부엌

12. 찻물은 이른 아침에 길어온 정화수를 써야 한다

모든 다회, 즉 아침 다회에도 낮 다회에도 밤 다회에도 물은 언제나 이른 아침에 길어둔 물을 써야 한다. 이는 다인의 기본적인 마음가짐이어야 하며, 그러기 위해서 아침부터 밤까지 각 다회에서 쓸 물이 모자라지 않을 정도의 분량을 준비해두어야 한다. 밤 다회라고 해도 오후에 길어온 물을 쓰지는 않는다. 저녁 무렵부터 밤까지는 음기가 왕성한 시간이기 때문에 물의 생기는 가라앉아 버리고 독이 어리게 된다. 새벽녘에 길어온 물은 새로운 양기가 돌고 생기가 넘치는 이른바 정화수井華水[56]라 한다. 다도에서는 찻물이 중요하기 때문에, 다인은 항상 이런 물을 준비해두려는 마음가짐을 지녀야 한다.

해설

이른 아침에 뜨는 물, 특히 설날 아침에 뜨는 물을 귀하게 여기는 풍습은 한국·중국·일본 등에 두루 있다. 민간에서는 정화수를 신성하다고 여기며, 신에게 바치는 제물이나 인간에게 생명력을 주는 중요한 음료로 취급한다. 이런 사상이 음양 사상과 결부되면서 찻물로는 생기가 넘치는 정화수를 써서 신성함을 유지해야 좋은 차를 만들 수 있다고 생각하게 되었다.

다도에서는 차를 만들 때 쓰는 물을 어디서 어떻게 떠왔는가, 즉 어떤 물인가

---

56 불가佛家에서 나온 말로 인시寅時, 오전 4시경에 뜬 차고 맑은 물을 말한다. 신이나 불전에 공양할 때 쓰거나 조제용으로 쓴다.

에 대해 매우 민감하다. 물이 차 맛을 결정하는 중요한 요소임은 말할 것도 없거니와, 어디서 어떻게 떠왔는가에 따라서 주인의 정성이 드러난다. 물은 다회에서 이야깃거리가 되기도 한다.

13. 밤 다회에서 쓰는 등불에 관한 규칙

셴 리큐가 말하기를 "밤 다회와 새벽에 여는 다회 때에는 반드시 로지의 걸상 옆에 등을 밝혀두라고 했다. 주인도 제등提燈을 들고 어귀까지 나와서 손님들께 인사를 하고 맞이함이 좋다. 손 촛대를 들고 나오는 경우도 있지만 바람이 부는 밤에는 꺼질까 봐 조심하게 되어 성가신 일이 될 뿐만 아니라, 손 촛대는 그윽한 맛이 없고 상대방의 얼굴이 너무 확실하게 보여서 정취가 없다"라고 했다.

해설

밤에 여는 다회에 손님들이 오고 갈 때 불을 밝히는 것은 너무 당연하지만, 바람에 불이 꺼질까 신경을 쓰다 보면 오히려 손님에게 폐가 된다. 셴 리큐는 바람이 불어도 불이 쉽게 꺼지지 않는, 종이를 바른 제등을 권하고 싶다고 하면서 불을 너무 밝게 켜면 주위가 지나치게 또렷히 보여서 그윽한 분위기를 낼 수 없게 된다고 강조한다.

밤이면 밤답게 차분하고 은은한 정취를 즐길 수 있도록 조명에도 신경을 써야 한다는 가르침은 지나치게 세세하다고도 할 수 있지만, 주인은 손님을 위하여 이런 점도 배려해야 한다는 것이다.

14. 눈이 내리는 날에는 눈경치를 잘 살리도록

센 리큐가 이르기를 "눈 내리는 날에 여는 다회에서는 눈 위에 발자국이 많이 남지 않도록 주의해야 한다. 바닥에 깔아놓은 디딤돌 위에만 물을 살짝 뿌려 눈을 녹여두는 것이 좋다. 손 씻는 물그릇을 비워놓을 수는 없으니까, 물그릇 위에 내린 눈은 물을 뿌려서 보기 좋게 녹여두는 것이 좋다. 그러나 돌로 만든 손 씻는 물그릇인 **조즈바치**手水鉢 주변의 돌이나 나무 위에 눈이 보기 좋게 쌓인 경우에는 그대로 두는 것이 더 좋고, 손 씻을 물은 다른 그릇에 담아 손님들의 대기석 앞에 내어놓아도 괜찮다"라고 했다.

해설

눈이 내린다고 하여 다회를 열지 않는 것이 아니라, 오히려 그 정취를 적극적으로 즐긴다. 뜻밖에 내린 눈이 만들어낸 경치의 아름다움을 한껏 즐길 수 있어야 한다. 눈경치는 가능한 한 그대로 두어서 어지럽히지 말아야 하지만, 디딤돌 위의 눈은 미끄러지지 않을 정도로 가볍게 치워두도록 한다. 다회에 온 손님들이 로지에서 손 씻는 일은 매우 중요하지만 그보다 아름다운 눈경치를 더 중요시해서 눈을 치우지 말고 그대로 두어 아름다움을 감상할 수 있도록 배려해야 한다. 이 자세야말로 다인이 지녀야 할 소중한 감각이다. 로지의 조즈바치 위에도 눈이 내려앉아 있다면 그 경치를 유지시키기 위해, 물그릇을 따로 준비하여 손님들이 손을 씻도록 한다는 것이다. 손님이 눈경치를 즐기도록 주인이 어떤 배려를 해야 하는가에 대한 가르침이라 할 수 있다.

조즈바치

쓰쿠바이

11 | 조즈바치

로지에 설치한 돌로 만든 절구 모양의 물그릇인 조즈바치手水鉢는 '손 씻을 물을 담아두는 큰 그릇'이라는 뜻이다. 모양이나 크기는 각기 달라도 다인이 지녀야 할 네 가지 마음가짐인 화경청적和敬淸寂 가운데 청淸을 추구하는 데 쓰이는 매우 중요한 도구이다. 이 가운데서도 몸을 낮추어 쭈그려 앉은 자세로 물을 떠서 쓰도록 낮게 만든 것을 쓰쿠바이蹲踞라고 하는데, '겸손한 자세로 쭈그려 앉는다'는 뜻이다.

로지에는 반드시 조즈바치를 설치해두어야 하며 주위는 물이 잘 흘러내려 갈 수 있도록 한다. 사람이 앉을 자리에는 평평한 돌을 놓고, 밤에 모시는 손님을 위하여 등불을 올려놓을 자리도 마련해둔다.

15. 눈 내리는 밤의 다회에는 등에 불을 켜지 않음이 좋다

눈 내리는 밤에 여는 야회에는 로지의 등에 불을 켜지 않음이 좋다. 하얀 눈빛 때문에 빛을 제대로 밝히지도 못하고 등불의 정취도 느낄 수 없다. 그러나 로지에 심은 나무의 모양에 따라서 등불을 켜는 편이 더 좋은 경우도 있으니까, 한마디로 말하기는 어렵다.

해설

센 리큐가 활동하던 교토는 눈이 매우 적게 내리는 지역이다. 그러므로 모처럼 눈이 내리면 그 정취를 적극적으로 즐기려는 다인의 센스가 필요하다. 눈 내리는 밤의 다회는 눈 자체를 즐기는 데 목적을 두기에 눈의 아름다움을 방해하는 것은 피하고 눈의 아름다움을 더욱 강조할 수 있도록 찻자리를 연출해야 좋다고 했다. 계절에 따라 달라지는 자연의 아름다움을 있는 그대로 다회의 분위기와 잘 조화시키는 것이 다인이 지녀야 할 중요한 마음가짐이라는 가르침이다.

다도는 사계절의 변화를 적극적으로 인식하고 계절의 특징을 다회에 잘 응용하여 행동에 옮기도록 지도한다. 일본인의 이런 계절감은 일상생활에도 중요시되며 다도에도 적극적으로 반영하여 활력을 북돋우고 미의식을 심화시킨다.

16. 심삼첩과 장사첩의 차이에 대하여

다다미疊의 배치 방식인 심삼첩深三疊 방식과 장사첩長四疊 방식[57]의 근본을 잘 구별해야 한다. 그림을 보면 잘 알 수 있다. 도구 다다미의 맞은쪽 귀퉁이를 45센티미터 폭으로 도려내고 그 부분에 마루를 깔고, 마루 위에는 풍로·물 단지·구기·퇴수기 등을 두는 방식을 심삼첩이라 하는데, 오래전부터 전해진 형식이다. 농차기濃茶器나 다완을 가져다 내어놓고 차를 탄다. 그 후에 향로식向爐式[58]으로 다다미를 도려내게 되고부터는 45센티미터 두께의 널쪽을 깔고 사방 42센티미터 되는 로爐를 설치한다. 여름에는 다다미 옆의 마루 위에 흙으로 만든 토풍로土風爐를 올려놓기도 했다. 장사첩은 도구 다다미 옆에 1.5센티미터 두께의 널을 까는 방식이다. 보통 향로向爐는 로 옆에 7.5센티미터 다다미 사이에 폭이 기다란 널을 끼워 넣기도 하나 9센티미터 되는 널을 끼워 넣어도 괜찮다. 단지 대자의 곡척曲尺을 주의해서 배치하지 않으면 안 된다.

---

57 다실에 까는 다다미는 매수와 배열 양식에 따른 명칭을 지닌다. 심삼첩과 장사첩은 각각 작은 다실에 다다미를 배치하는 양식을 말하며, 다다미의 매수는 다실의 넓이를 나타내기도 한다. 일본에서는 다다미를 세는 단위로 '첩疊'을 쓰지만, 한국에서는 얇고 넓적한 물건을 세는 단위인 '장張'을 쓴다. 이 책에서는 일본의 고유명사인 경우에는 '첩'을 쓰기도 한다.

58 숯불을 피우는 로爐를 설치하기 위해서 다다미의 귀퉁이를 가로세로 각각 45센티미터씩을 도려내야 하는데, 다다미 2장짜리 다실에서 도려낸 부분이 향하는 방향은 두 가지이다. 도려낸 부분이 방의 한쪽 구석 쪽에 오게 하는 방식을 '구석을 향한 로 방식', 즉 '우로식隅爐式'이라 하고, 도려낸 부분이 가운데 쪽을 향하여 다른 다다미와 마주 닿는 부분에 오게 하는 방식을 '마주 보는 로 방식', 즉 '향로식向爐式'이라고 한다.

해설

이야기가 바뀌어 다회론茶會論에서 갑자기 다실론茶室論이 전개되고 있다.

센 리큐는 다실의 제한된 공간 안에 로를 설치하기 위하여 다다미의 한 귀퉁이를 사각으로 도려내는 경우, 그 위치에 따라 주객 간 대화 공간의 각도와 의미가 달라진다고 보았다. 다실에서 다다미를 오려내고 로를 설치하거나, 다다미 옆에 풍로를 놓기 위하여 마룻바닥을 설치할 때도 넓이나 재료의 크기에 일정한 단위를 정해두고 이에 맞춤으로써 다실 공간의 양식화를 시도했다. 여기서는 다실의 다다미 배치 방식에 대하여 구체적인 규율을 제시하고 있다.

‖ 심삼첩의 다실 ‖

‖ 장사첩의 다실 ‖

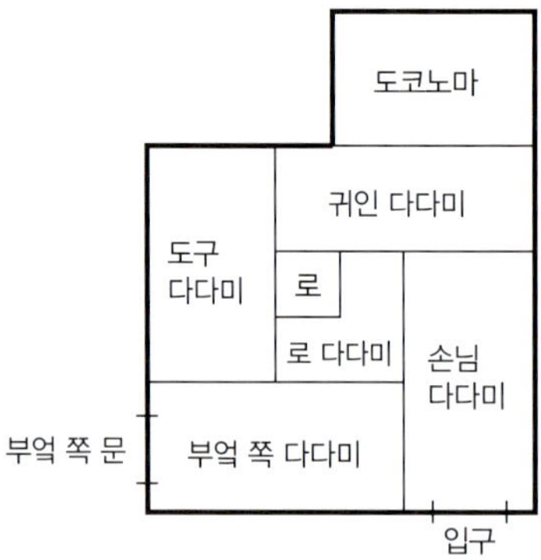

‖ 다다미의 명칭 ‖

‖ 방의 구석에 로를 설치하는 우로식隅爐式 ‖

‖ 옆의 다다미와 마주 향하게 설치하는 향로식向爐式 ‖

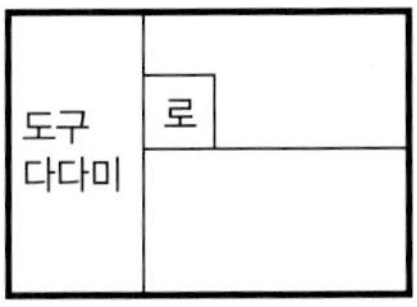

‖ 로를 위쪽에 설치하는 다실 ‖

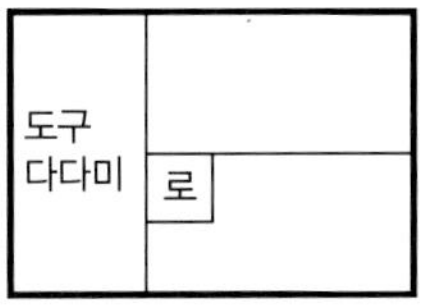

‖ 로를 아래쪽에 설치하는 다실 ‖

다실의 바닥에 다다미를 빈틈없이 까는 것이 아니라, 규격의 다다미를 도려내고 그 자리에 좁은 마루처럼 널판을 깔기도 한다. 이는 일종의 경계선 같은 느낌을 주면서 다실의 분위기에 변화를 준다. 다다미를 깐 다실 바닥은 푹신한 느낌이지만 부분적으로 다다미 대신 딱딱한 느낌을 주는 널판을 깔아서 강약의 대조적인 분위기를 연출할 수 있다. 널판 부분은 무게가 있는 풍로나 다도구를 얹어놓는 기능도 겸한다.

다다미 3장이나 4장이라면 1평 반 혹은 2평 넓이로, 숨이 막힐 정도로 매우 좁은 공간이지만 다다미의 배치 방식과 부분적으로 널판을 까는 방식을 통해 철저하게 활용된 공간이라는 느낌을 연출하려는 미의식이 내재한다고 생각된다.

초암의 다실 혹은 오늘날 일반적인 다실은 다다미 4장 반, 즉 2.25평을 최소한의 넓이로 한다. 이 넓이의 다실도 주인과 손님 사이 간격이 1미터에 불과하여 서로 숨소리까지 들릴 정도로, 여간 친근한 사이가 아니면 긴장감을 느끼게도 한다.

12 | 다다미

일본의 주택이나 사찰의 내부 바닥에 까는 짚으로 짠 깔개인 다다미疊는 두터운 돗자리와 비슷한 모양이다. 넓이는 약 180센티미터×약 90센티미터이기 때문에 2장을 마주 붙여놓으면 사방 6자, 즉 1평(약 3.3제곱미터) 넓이가 된다. 따라서 다다미 3장이면 1.5평, 4장이면 2평, 가운데 반 장짜리를 놓고 그 주위에 4장을 둘러놓으면 2.25평이 된다. 일정한 크기의 다다미를 어떻게 배치하는가에 따라서 다양한 다실의 모양이 나올 수 있다. 일본 건축에서 실내 면적을 말할 때 '다다미 몇 장을 깐 방'이라고 하면 곧 넓이를 파악할 수 있다.

다다미는 적당히 푹신하여 밟을 때 쾌감을 느낄 수 있고, 보온성이 뛰어나다. 습기에 약하고 쉽게 흠이 생기지만 잘 관리하면 오래 쓸 수 있다.

다실의 넓이는 다다미의 수효로 나타낼 수 있으며, 다다미 몇 장을 어떤 모양으로 배치했는가에 따라서 분위기가 달라지고, 주인이 추구하는 의도도 달라진다. 특히 로爐를 설치하는 위치에 따라서 다다미의 한 귀퉁이를 잘라내게 되는데, 그 방식에 따라 다른 의미와 명칭이 붙는다. 귀한 손님이 앉는 자리는 귀인 다다미貴人疊 혹은 도코 다다미床疊, 주인이 앉아 다도구를 다루는 자리는 도구 다다미道具疊, 부엌으로 나가는 문 앞에 깔린 갓테 다다미勝手疊, 귀인 이외의 손님이 앉는 자리에 깔린 갸쿠 다다미客疊 등 기능이나 위치에 따라 명칭이 달라진다. 이 명칭들은 다도를 배울 때나 다회를 진행할 때 위치를 지시하는 용어로 요긴하게 쓰인다.

17. 와비 다도의 다도구는 소박하게 갖춤이 좋다

작은 다실에서 여는 와비 다도의 도구는 부족하면 부족한 대로 쓰며, 소박하면 소박한 대로가 좋다. 다도구에 조금이라도 흠집이 있으면 쓰기를 꺼리는 사람이 있지만, 이는 참으로 납득할 수 없는 일이다. 새로 만든 신작新作 다도구[59]는 금이 가면 쓰지 않는다. 그러나 당물唐物, 즉 중국제 농차기[60] 등의 귀중한 다도구는 깨어지거나 흠이 가면 옻漆으로 땜질[61]을 해서라도 소중하게 써야 한다.

다도구를 조화롭게 갖추려면 신작 다완을 쓸 때는 당물 농차기를 쓴다는 식으로 신구新舊의 조화를 이루도록 해야 한다. 무라타 주코의 시대에는 격이 높고 호화로운 다도구를 이미 갖추고 있었음에도 불구하고, 비장품인 정호井戶다완[62]은 주머니에 싸서 보관했으며, 천목天目다

59 그때 즈음에 만든 다도구는 신작 다도구라 해서 오래된 다도구에 비해 격이 떨어진다고 여겼다.

60 도자기 다도구는 산지에 따라 당물과 화물和物, 와모노로 나누었다. 당물은 중국산이나 한국산 수입품으로 격식이 높다고 여겨졌다. 그러나 일본의 세토瀨戶 지방에서, 중국에서 수입해온 유약으로 구워낸 도자기 또한 당물이라고 말하기도 한다. 엄밀하게 말하자면 이런 일본제 도자기를 화물이라 하며, 중국으로부터 수입한 도자기는 당물 또는 한작漢作이라 해서 화물과 구별한다.

61 옻으로 땜질을 한다는 것은 갈라진 도자기를 옻으로 붙이거나, 이가 빠진 부분을 옻으로 때움질하는 일을 말한다.

62 조선에서 만든 다완. 이른바 고려高麗다완의 일종으로 매우 소중하게 여겨졌다.

13 | 금이 가고 흠이 생긴 다완

새로 만든 다완에 금이 가거나 흠이 있으면 처음부터 잘못 만든 것으로 평가하여 쓰지 않는다. 그러나 오래전부터 전해온 유서 있는 다완의 경우에는, 금이 간 부분을 옻칠로 때우고 흠집은 손질하여 쓴다. 다인은 다완의 때운 부분을 음미하면서 깨어지게 된 사연이나 수리한 과정 등을 흥미로운 이야깃거리로 삼는다. 금이 간 다완을 버리지 않고 공을 들여 옻칠로 때워서 쓰면 이전보다 더욱 소중히 여기게 되고 가치도 상승하지만, 격이 낮은 다완을 때우거나 수리해서 쓰면 오히려 웃음거리가 되기도 한다.

마황반은 중국에서 일본으로 전해진 청자다완을 대표하는 우수한 유물이다. 에도시대의 유학자, 이토 도가이伊藤東涯, 1670~1736가 쓴 『마황반 다구기馬蝗絆茶甌記』에는 흥미로운 일화가 실려 있다.

중국에서 일본으로 전해진 청자다완, 마황반(12세기 남송시대)

무로마치시대의 장군 아시카가 요시마사足利義政, 1435~1490는 소중히 여기던 다완에 금이 가자 중국에 사신을 보내서 똑같은 것을 찾아오도록 했다. 그러나 남송南宋 때 만들어진 이 다완은 이미 명明으로 시대가 바뀌었기에 그 명맥이 끊겼고 재고도 찾을 수 없었다. 그 대신 중국에서는 갖고 갔던 다완에 쇠로 만든 'ㄷ'자 꺾쇠를 박아 넣어 더 이상 틈이 벌어지지 않도록 수리하여 일본으로 돌려보냈다. 이렇게 '메뚜기蝗처럼 보이는 꺾쇠로 이어붙인 다완'이라는 의미에서 '마황반馬蝗絆'이라는 이름이 붙었다고 한다.

금이 간 다완은 옻칠로 때워 수리하는 방식이 일반적이었음에도 일부러 눈에 띄는 꺾쇠를 사용한 까닭은 다완의 가치를 과시하기 위해서였다고 추정된다. 일본인들과 중국인들의 다완에 대한 미의식을 말해주는 대표적인 작품으로 현재는 도쿄국립박물관이 소장하고 있다.

금이 간 부분에 꺾쇠를 박아 넣어 수리한 마황반

14 | 달도 구름과 함께 있는 달이 아니면 풍경이 되지 않는다

이 유명한 구절은 야마노우에 소지山上宗二가 쓴 『산상종이기山上宗二記, 야마노우에노 소지키』에 인용되어 있다. 잘 갖추어지거나 완전한 것을 아름답다고 하는 일반적인 미의식과는 달리, 당시에는 차갑게 시들어 있거나 불완전한 것 혹은 결여된 것에서 아름다움을 발견하여 이런 것에 긍정적인 의미를 부여하고 즐기려는 풍조가 있었다. 전체가 불완전하거나 조잡한 것은 논의나 감상의 대상조차 되지 않지만, 원래 아름다웠던 것에서 일부가 결여되었을 때 결여된 부분이나 완전했던 상태를 상상하는 즐거움을 누린다는 차원에서 성립하는 미의식이다.

같은 차원에서 '초가집 마당에 머물고 있는 명마名馬'라는 상황이 설정되어 있다. 불완전함·초라함·가난함을 상징하는 초가집이란 공간에 호화로움과 부유함을 뜻하는 명마를 세워둔 상황이다. 이는 초가집에 고귀한 사람이 머물고 있다는 뜻으로, 바깥에서 얼핏 보기에는 조출해 보이지만, 자세히 들여다보면 호화롭고 완전한 것이 자리 잡고 있음을 말한다. 다도에서 말하는 '불완전의 미'란 원래부터 없었던 것을 아름답다고 하는 것이라기보다, 있지만 다 드러내지 않는 것, 아름답지만 보이지 않는 부분을 상상하는 정신적인 활동에 대한 미의식을 높이 평가한다는 것이다.

15 | 서원차

일본에서 서원書院이란 한국이나 중국에서와는 다른 의미로 쓰인다. 한국이나 중국에서 서원은 학문을 논하거나 과거시험을 준비하는 교육기관이지만, 일본에서는 무사들의 저택 안에 따로 지은 서재나 도서실로 쓰이는 방 혹은 건물로서 사교장의 기능을 지닌다. 서원은, 즉 서원의 방은 비교적 넓게 지어서 벽에는 도코노마床間라는 장식 공간과 선반을 설치한다. 창문은 넓게 만들고 창문 아래에는 대를 만들어 문방구나 장식품을 장식해둘 수 있도록 한다.

서원은 호화롭게 꾸미는 것이 특징으로, 손님을 불러 풍류를 즐기며 연회를 여는 등의 다양한 목적으로 쓰인다. 원래 개방적인 분위기에서 연회의 일부로 차를 마시는 순서가 진행되는 공간이기도 하다. 서원에서 차를 마실 때는 대자를 가져다 놓고 대자와 그 주변에 다도구를 배치한 다음에 손님들이 둘러앉는다. 대자를 중심으로 앉아 차를 마시기는 하지만, 방이 넓고 호화롭게 장식되어 있기 때문에 자칫 서원 주인이 자신의 수집품을 자랑하기 위한 자리라는 느낌을 주기도 한다. 이처럼 서원은 규모가 크고 호화롭기 때문에 손님에게 방만한 느낌을 주기 쉬워, 주인과 손님이 진지하게 차를 나누는 자리가 되지 못할 수 있다는 한계가 있다.

이런 문제점에 대한 반발로서 새로운 다도 방식이 대두되었다. 서원의 다도와는 반대로, 최소한으로 장식하여 소박한 초암의 좁은 방에서 적은 인원만 참석하여 진지하게 진행하는 와비 다도가 등장하게 된 것이다.

18. 명물 족자에 맞추어서 도코노마를 만든다

명물名物[64]로 알려진 족자簇字를 가지고 있는 이들은 이런 족자를 걸어둘 다실의 **도코노마**床間에 대하여 주의를 기울여야 한다. 그 명물 족자가 옆으로 폭이 넓고 상하의 길이가 매우 짧다면, 도코노마의 천정을 낮게 함이 좋다. 반대로 족자의 길이가 매우 길면 천정을 높임이 좋다. 그러나 보통 족자와 도코노마의 조화에 대해서는 그다지 신경 쓸 것이 없다. 비장의 명물이라 해도, 잘 어울리면 그것으로 좋다. 그림에는 오른쪽 그림과 왼쪽 그림[65]이 있다. 다실의 방향에 따라서 도코노마의 배치를 잘 생각하여 만들어야 한다.

해설

다실에 걸어 감상하는 족자는 다실의 미술품으로서 매우 중요한 역할을 하는 구성 요소이다. 족자를 장식할 때는, 명물 족자가 있다면 그 족자를 걸어서 다실과 조화를 이루도록 각별히 주의해야 한다. 족자를 걸어두는 공간인 도코노마의 벽면 높이가 족자와 어울리지 않는 경우, 그 벽면의 높이를 조절해서라도 족자와

64 보통 다도구와 구별해서 쓰는 말로, '그 가치가 널리 알려져 있는 유명한 기물'이라는 뜻이다. 명물의 기준은 권위주의적인 사상을 바탕으로 이미 중세에 성립되었다. 센 리큐 당시에 이미 명물이라고 평가받는 다도구가 있었으며, 그 후에도 여러 차례에 걸쳐 명물 리스트가 제시되어 오늘날에도 명물 리스트를 만들어내는 전통이 이어지고 있다.

65 세 폭이 한 세트가 되는 그림에서 중앙의 그림을 본존本尊으로 여기고, 본존의 왼쪽에 있는 협불脇佛을 좌불이라 하고 오른쪽에 있는 협불을 우불이라 하듯이, 그림도 오른쪽 그림과 왼쪽 그림으로 구분한다.

벽면의 넓이가 조화를 이루도록 해야 한다. 족자의 늘어뜨린 길이가 너무 길어 바닥에 닿을 정도가 되면 보기 좋지 않기 때문에 도코노마의 공사를 해서라도 천정을 높여야 한다. 족자가 너무 커서 벽면이 꽉 찬 느낌을 주거나 너무 작아서 어울리지 않는 경우도 없도록 한다.

뿐만 아니라 소장하고 있는 명물 족자가 왼쪽에 두어야 할 족자인가 오른쪽에 두어야 할 족자인가에 따라서 도코노마의 위치를 결정해서 짓는다. 그림의 여백 또는 인물이나 풍경의 배치로 보아서 어느 쪽에 거는 것이 어울리는지 판단해야 한다.

이처럼 족자 그림의 크기나 족자를 건 방향이 공간과 조화를 이루어야 한다는 원칙을 먼저 염두에 두고 다실의 공간을 구성하기 위해서는 미의식을 갈고 닦아야 한다. 이것이야말로 다인이 수련자로서 지녀야 할 자세이다.

16 | 도코노마

도코노마床間란 다실은 물론 일반 주택의 객실에 설치하는 특별한 공간을 말한다. 벽면이 깊이 들어가도록 하여 세 벽면을 두고, 바닥을 한층 높여 다다미나 마루를 깔며, 안쪽 벽면에 족자나 화병 등의 장식물을 걸어둔다. 원래는 귀인이 앉는 자리였으나, 장식물을 두는 공간으로 변화되었다고 한다. 집 안에서 아름다움을 위해 절제된 장식물 이외의 것은 두지 않는 공간이자 여백의 미를 추구하는 신성한 공간이다.

일본국보 다이안待庵의 도코노마

19. 다도구의 제일은 족자이며 그 가운데서도 묵적이 제일이다

족자처럼 중요한 도구는 없다. 손님에게도 주인에게도 같은 감동을 주어 한마음이 되게 해주는 도구라 할 수 있다. 족자 가운데는 묵적墨跡66이 가장 좋다. 족자에 쓰인 말씀을 부처라 생각하고 존귀하게 여기며, 그 필자인 도인道人67 혹은 조사祖師68의 덕을 느낄 수 있다. 속인의 솜씨로 쓴 족자를 걸어서는 안 된다.

그러나 가인歌人이 도가道歌69에 관한 노래를 쓴 족자는 걸어두어도 좋다. 다만 이런 경우도 와비 다도에 한하며, 4첩 반의 다실 넓이라면 그보다 좁은 초암 다실의 경우와는 마음가짐도 달라진다. 다실의 넓이에 따라서 족자의 사용 방식을 달리하는 것이 좋다.

석가나 스승님들의 말씀과 필자의 덕德, 이 두 가지를 겸비한 묵적이야말로 으뜸으로 여겨야 하며, 소중히 해야 할 족자가 된다. 또한 족자의 필자가 큰스님, 즉 대덕大德이라고 여겨지지 않는 경우라 해도 그 글귀가 부처의 말씀이거나 훌륭한 조사의 말씀이라면 그다음으로 소중히 여겨야 할 족자가 된다. 그림의 경우에도 필자의 와비 다도의 정신

66 족자의 일종. 족자는 글씨와 그림으로 크게 나뉘는데, 묵적은 전자인 글씨를 가리킨다. 그러나 좁은 의미의 묵적이란 선승이 자신의 선禪의 경지를 글로 밝힌 휘호를 말하며, 이름 없는 고인古人의 편지글이나 노래 구절 혹은 속인이 쓴 글귀는 묵적이라 하지 않는다.

67 불도에 귀의한 재속승在俗僧.

68 불교 종파의 개조開祖.

69 불교나 다도에서 가르침을 주제로 하는 교훈적인 내용을 시가詩歌 형식으로 쓴 글.

20. 와비 다도의 음식은 국 한 그릇과 반찬 두세 가지면 족하다

와비 다도의 자리에서 나누는 간단한 식사인 **회석**懷石 요리는 국 한 그릇과 반찬 두세 가지[71], 술도 가볍게 하는 것이 좋다. 와비 다실에 호사스러운 요리란 어울리지 않는 것이다. 다도구를 갖출 때 조화를 중시함과 같이 물론 요리를 준비할 때도 진한 맛과 연한 맛이 조화를 이루도록 해야 한다.

해설

회석 요리란 다회에서 먹는 요리를 말한다. 회석이란 '따뜻한 돌을 가슴에 품는다'는 뜻인데, 선종禪宗의 '약석藥石'에서 나온 말이다. 약석은 공복을 견뎌내고 몸을 보하기 위해 먹는 야식夜食과 같은 의미를 지닌다. 따뜻한 돌을 품어 허기를 잊고 몸을 데운다는 '의사체험疑似體驗으로 쓰인 돌'[72]은 다도 음식의 대명사로 쓰이는 한편, 선종의 수행 과정에 활용되었다고 한다. 이렇듯 회석 요리란 선종의 영향을 받아 성립되었으며, 선종에서와 같은 의미로 쓰인다. 따라서 다인이 직접 차려서 내는, 호화롭지 않고 간단하며 양도 적은 차 요리를 뜻하게 된다.

원래는 교토 지방의 식생활을 바탕으로 해서 발전된 것으로, 재료 본래의 맛과 모양을 살려서 담백하고 아름답게 조리한다. 특히 상차림에서는 요리나 그릇의 색채 배합을 중시하며, 상차림 자체가 미적 감상의 대상이 되기도 한다.

71 국 한 그릇과 반찬 두세 가지一汁二菜 · 一汁三菜는 요리의 가짓수를 말한다.

72 筒井紘一『南方錄』p.126 講談社 2003

17 | 회석

회석懷石, 가이세키은 한자로 '會席'으로 표기되다가 『남방록』에 이르러 '懷石'으로 표기되기 시작한다. 회석은 승려들이 저녁밥을 지을 때 부뚜막에 적당한 크기의 돌을 넣고 데워두었다가 긴긴 겨울밤에 참선할 때 헝겊으로 감아서 아랫배에 눌러둠으로써 허기도 누그러뜨리고 몸도 따듯하게 한다는 풍습에서 나온 말이다.

이때 돌이 실제로 배를 채워주는 것이 아니라 허기를 잊게 해준다는 뜻에서 차를 마시기 전에 대접하는 음식은 허기를 잊을 정도의 적은 분량으로 한다. 그 분량이 너무 많으면 음식을 대접하기 위해 손님을 모신 것처럼 될 뿐만 아니라, 부담이 될 정도로 너무 많이 먹으면 차의 맛을 제대로 음미할 수도 없다. 때문에 적은 분량의 음식을 보기에도 좋고 맛있게 요리하는 것이 회석의 기본이다.

회석을 대접할 때 주인은 손님들과 함께 회석을 먹지 않는다. 주인은 밥과 국, 반찬 등을 내어주고 부엌에 가서 손님들이 다 먹을 때까지 기다린다. 이 점은 주

회석 요리

인과 손님이 한자리에 앉아서 음식을 먹으며 이야기도 나누는 일반적인 식사 방식과는 크게 다르다. 주인은 자리를 피해줌으로써 손님이 주인에 대해 신경 쓰지 않고 음식을 천천히 들면서 그 맛을 음미할 수 있도록 하는 것이다. 이처럼 회석은 손님을 배려하는 정신에서 나온 식사 작법이라고 생각된다.

오늘날 도회지에는 다도와 관계없이 회석 요리를 전문으로 하는 식당이 있으며, 회석 요리는 일본 전통 요리의 한 가지로 계승되고 있다.

회석 요리

21. 반대는 선가의 작법이며, 검소한 정진 요리가 어울린다

반대飯臺[73]는 두세 명, 많게는 네 명이 둘러앉아 함께 식사할 때 쓰는 밥상이다. 이것은 선종에서 쓰는 일상적인 작법에 사용된다. 다케노 조오나 센 리큐는 다이토쿠사나 난슈사의 스님들을 불러서 다회를 열 때, 가끔 반대를 썼다. 일첩대목一疊臺目[74] 다실은 너무 좁기 때문에 반대를 들여왔다가 내어갔다 하기가 어렵다. 다실의 넓이가 다다미 2장이나 3, 4장 혹은 4장 반인 경우는 반대를 써도 좋다.

반대를 쓰려면 차타테구치茶立口[75] 이외에도 출입구가 하나 더 있는 다실이어야 하며, 반대를 들고 차타테구치를 출입하기란 쉬운 일이 아니다.

주인은 먼저 다실에 반대를 들여놓고 행주로 닦아내며, 공기에는 밥

---

73 선종에서 어육魚肉을 피하여 만든 채식 요리를 정진精進이라 하는데, 반대는 정진 요리를 먹을 때 쓰는 상이다. 리큐는 이를 가로 45센티미터, 세로 42센티미터, 높이 14센티미터 크기로 만들고 타를 접었다 폈다 할 수 있게 했다.

74 대목이란 규격 다다미 넓이의 4분의 3 크기의 다다미, 즉 4분의 1을 잘라내어 135센티미터×90센티미터 넓이가 된 다다미이다. 잘라낸 부분에는 마루를 깔고 다도구를 올려놓거나 손님이 앉는 자리로 쓴다. 일첩대목이란 보통 다다미 1장과 대목 다다미 1장을 깐 방을 지칭한다. 결국 다다미 $1+\frac{3}{4}$장의 넓이, 즉 0.75평인 매우 좁은 다실이다.

75 차도구치茶道口 혹은 갓테구치勝手口라고도 하며, 다실에서 부엌으로 통하는 문이다. 다실에는 구조에 따라서 여러 가지의 문을 두는데 손님이 드나드는 작은 문인 니지리구치躙口라는 귀인구치貴人口와, 주인이 차 시중을 들기 위해서 드나드는 문인 차타테구치를 설치한다. 이 밖에도 주인의 도우미인 규지給仕가 쓰는 규지구치給仕口를 따로 두기도 한다. 규지구치 문틀의 윗문방은 둥글게 만들어 옻칠하기도 하기 때문에 가도구치花頭口라고도 한다.

을 펴 담아 뚜껑을 덮고, 밥공기 아래에 국을 담은 공기를 포개놓는다. 이렇게 하여 손님 수대로 쟁반에 얹어서 날라다가 반대에 가지런히 놓는다. 국은 국자로 푼다. 반찬은 냄비나 단지에 넣어서 내어놓는데, 반찬의 모양이나 색깔과 잘 어울리는 그릇을 써야 한다. 술은 한두 잔 정도로 끝내야 한다. 밥공기 뚜껑을 술잔으로 쓴다. 손님은 특히 음식을 깨끗하게 먹어야 한다. 모름지기 반대의 음식은 가볍게 먹도록 준비한다. 국 한 가지와 반찬 한 가지, 많아도 반찬 두 가지, 차우케茶請[76] 따위는 내어놓지 않아도 좋다.

이와는 또 다른 방식이 있다. 밥공기, 국그릇, 뚜껑 등을 한 사람 몫씩 각각 파란 명주 수건으로 싸둔다. 절에서 하는 것처럼 밥을 나무밥통에 담아두었다가 주인이 손님 한 사람 한 사람에게 퍼준다. 손님은 주인에게 밥공기를 내밀어 밥을 받는다. 물론 반대에는 생선이나 고기 요리는 올라가지 않는다.

〈기입記入〉[77]

밥공기나 국그릇의 뚜껑을 접시로 삼아, 반찬 한두 가지를 더 내어놓아도 좋다. 단, 반찬과 조화를 이루도록 해야 한다.

---

76 차를 마실 때 곁들여 먹는 과자나 채소절임.

77 기입은 최초의 본문에는 없던 것을 난보 소케이가 나중에 작은 글씨로 써넣은 부분이다.

해설

회석 요리를 드는 방식 가운데 밥상과 그릇을 쓰는 방식을 각각 설명했다. 여러 사람이 한 상에 둘러앉거나 늘어앉아서 밥을 먹을 때의 반대작법飯臺作法을 설명한 것이다. 절에서 쓰는 반대를 좁은 다실에서 쓸 경우에 조심할 점과 사용 방법을 설명하면서 청결하게 할 것, 식사의 분량과 밥과 반찬을 소박하게 할 것 등을 강조했다.

또한 회석을 대접할 때 주인이 밥통을 들고 손님 앞에 나아가서 각 손님의 밥그릇에 밥을 퍼주는 방법을 소개했다. 물론 이때에 밥을 기본으로 국 한 그릇과 나물 한두 가지로 소박하게 차려야 한다는 원칙을 재차 강조했다. 사찰에서 정진요리를 먹을 때처럼 주인이 밥공기, 국그릇, 밥공기 뚜껑 등을 1인분씩 파란 무명헝겊에 싸서 손님에게 건넨 다음, 손님 앞에 앉아서 밥통의 밥을 차례로 퍼주는 방법도 제시했다. 이때 반대의 음식으로 생선이나 고기 요리는 대접하지 않는다.

흥미로운 점은 밥공기 뚜껑을 반찬 접시로 대용하기도 한다는 것이다. 나물 반찬을 조금씩 더 대접할 때도 반찬의 모양이나 색깔이 그릇과 잘 어울려야 한다는 미의식에 대한 언급을 빠뜨리지 않았다.

다도의 작법 가운데 선종에서 쓰는 반대를 이용한다는 점, 나무로 만든 바리를 식기로 쓴다는 점 등은 중국 불교에게서 직접적으로 영향을 받은 것이다. 이는 불교의 작법을 다도에 철저하게 응용한 사례로서 중요한 의미를 지닌다.

22. 작은 다실에서의 차호 장식법

차호茶壺, 차쓰보를 다실의 장식품으로 쓰는 경우가 있다. 대개 찻잎을 보관해두었던 차호를 개봉하여 그 신선한 맛을 즐기려는 개봉開封 다회[78]를 열 때 차호 자체가 하나의 장식품 역할을 한다. **다회**의 초좌初座[79]에는 도코노마에 족자를 걸고 그 앞에 차호를 놓아두는 것이 좋다. 작은 다실에 차호를 장식할 때, 비단으로 만든 사각 모양의 항아리 덮개나 덮개를 묶는 끈[80] 등은 보관하던 때의 모양 그대로 두는 것이 좋다. 끈은 너무 길게 늘어지지 않게 해야 하며, 매듭이 너무 커서 눈에 거슬리지 않도록 해야 한다. 끈에 이런저런 매듭을 요란하게 엮어 솜씨를 과시하기라도 하듯이 치렁치렁 늘어뜨린 모습은 오히려 보기에 좋지 않다. 차호에 그물 장식은 작은 다실의 다회에서는 쓰지 않지만, 차호를 개봉하는 날이 아니라면, 경우에 따라서는 써도 좋다.

78 다인이 매우 중요하게 여기는 초겨울(11월)에 여는 다회. 초여름에 딴 신차를 넣고 밀봉해두었던 차호를 개봉해서 쓰기 때문에 개봉 다회라고 하며, 이날에는 차호가 다회의 주역이 된다.

79 다회는 전반부와 후반부로 구성되는데, 초좌는 다회의 전반부를 말하며 초입初入이라고도 한다. 개봉 다회 때 도코노마의 벽에는 족자를 장식하고 그 앞에 장식용 끈을 엮어둔 차호를 보기 좋게 장식한다.

80 차호의 주둥이를 덮는 사각형의 비단을 구복口覆이라 한다. 이 비단 덮개를 묶는 비단 끈을 구서口緖라 하는데 자주색이나 주홍색을 띠며, 매듭을 지어 묶는 격식이 따로 정해져 있다.

해설

이 대목에서는 다회에서 차호가 지니는 중요성과 작은 다실에 차호를 장식하는 방법을 말했다. 요즈음에는 찻잎을 보존하는 기술이 여러모로 발달하여 냉장고에 장기간 보관할 수 있지만, 센 리큐가 살았던 당시에는 초봄에 딴 찻잎을 겨울까지 보관해두기란 여간 어려운 일이 아니었다. 따낸 신차新茶를 닦고 말려서 정성스럽게 찻잎사귀와 줄기를 가려낸 뒤 찻잎을 종이봉투에 싼 다음, 차호에 넣고는 주둥이에 종이를 여러 겹 발라서 밀봉한다. 이 찻잎을 넣은 항아리는 더운 곳을 피해 서늘한 곳에서 여름을 나게 한다.

본격적인 다회의 계절인 초겨울이 되면 개봉 다회를 연다. 다실에 모신 손님이 보는 앞에서 도코노마에 장식해두었던 차호를 내린 후 빨간 끈을 풀고 밀봉했던 종이 뚜껑을 칼로 도려내어 개봉한다. 손님에게 그동안 소중히 보관해온 항아리를 아낌없이 개봉한다는 성의를 표현하는, 일종의 의식과 같은 절차라고 할 수 있다. 차호에서 꺼낸 찻잎은 곧 부엌에 마련해둔 차 맷돌로 갈아낸 후 더운물에 우려내어 대접한다. 이처럼 갓 개봉하여 우려낸 차는 초여름에 마시는 신차에 못지않게 좋은 향기를 지닌다.

개봉 다회에서는 차호의 장식 끈과 비단 헝겊 덮개, 밀봉한 모양 등이 손님들의 관심을 끌게 된다. 차호는 다실의 좁은 도코노마에 장식해두기에는 다소 부피가 크기 때문에 평소에는 장식해두는 일이 없다. 초겨울에 차호를 개봉하는 특별한 다회에서만 도코노마의 장식으로 써야 한다. 차호는 비단 덮개로 주둥이 부분을 싸고 풀로 종이를 여러 겹 발라서 밀폐하는데, 이때 쓰는 비단 끈은 매듭을 지어서 차호의 장식으로 삼는다. 유파나 가문에 따라서 이 매듭을 짓는 방식이 다르다. 매듭은 너무 복잡하게 하지 않는다. 간단한 모양이어야 소박한 다실의 분위기와 어울리므로, 솜씨를 자랑이라도 하려는 듯이 너무 화려하게 매듭을 짓지 말아야 한다는 기준을 제시했다.

18 | 차호

차호茶壺는 새로 따온 찻잎을 갈기 전까지 보관하는 도기 제품의 항아리로 높이는 대개 30센티미터 정도이다. 일본에서 차호라 하면, 중국과 달리 찻잎을 보관하는 항아리를 지칭하는 것이다. 중국의 차호에 해당하는 다도구를 일본에서는 '규스急須'라 하여 명칭이 전혀 다르다.

차호는 원래 말차나 잎차를 밀폐 상태로 보관하거나 운반할 때 쓰는 항아리의 총칭이었다. 그러나 말차를 넣는 작은 단지를 소호小壺 혹은 농차기차이레, 茶入라 지칭하게 되면서, 찻잎을 보관하는 단지를 대호大壺라는 이름으로 구분하게 되었다. 지금은 대호 대신에 차호가 찻잎을 보관하는 단지라는 의미로 쓰인다.

차호의 높이는 작은 것은 20센티미터, 큰 것은 50센티미터에 이른다. 주둥이의 지름은 7~9센티미터이며 어깨 부분에 2~6개의 구멍 뚫린 귀를 만든다. 대개 귀는 4개를 만들어 덮개를 조여 매는 끈을 달 수 있게 하는데, 이런 형식을 사이호四耳壺라 한다.

차호에 찻잎을 넣을 때는 우선 농차용 찻잎을 넣은 20~30개의 종이봉투를 가운데에 넣고 주위를 박차용의 찻잎으로 메운다. 주둥이는 풀을 바른 종이로 여러 겹 싸서 밀봉하고 주둥이 부근을 비단 헝겊으로 다시 싼 후, 끈을 그물처럼 엮어 감싸고 끈을 귀에 꿰어서 조여 맨다. 이때 끈을 단단히 감아서 쉽게 풀어지지 않도록 해야 함은 물론, 보기 좋은 매듭 장식이 되도록 해야 한다. 집안마다 독특한 매듭 방식으로 개성을 추구하기도 한다.

차호

음력 5월에 새 찻잎을 넣은 차호는 다시 나무 상자에 담아 서늘한 곳으로 옮겨 보관해두었다가 음력 10월에 손님 앞에서 개봉한다. 이처럼 차호는 의례적인 다회인 개봉 다회 때 중심이 되는 중요한 다도구이다.

14세기 중국 남부 지방에서 음식 보관용으로 생산되었던 것을 다도에 응용해서 사용하게 된 것이 차호이다. 차츰 일본의 단바丹波, 세토瀨戶, 비젠備前, 시가라키信樂 등지에서도 같은 양식으로 차호를 생산하기 시작했고, 이후로 일본 각 도요지에서 널리 생산되고 있다.

19 | 다회

손님을 맞이한 주인이 절차에 따라 식사와 과자 및 차를 내며 이야기를 나누는 전체의 과정을 다회茶會 혹은 다사茶事라 한다. 규모가 큰 다회에서 수백 명을 대접하는 경우도 있으나, 다실에 들어갈 수 있는 손님의 수에는 한계가 있기 때문에 네다섯 명 정도 대접하는 다회를 이상으로 삼으며, 이를 다사라고 한다. 손님이 많아지면 일일이 신경을 쓸 수가 없고 대접도 소홀해지기 때문이다.

다회의 진행

제1부	초좌(初座)	족자 감상 숯 다루기 회석 요리	墨跡 炭手前 懷石
휴식	**중립**(中立)	손님 : 휴게	주인 : 준비
제2부	후좌(後座)	농차 과자 박차	濃茶 菓子 薄茶

다회는 휴식 시간을 가운데 두고 전반과 후반 등 전체가 3부로 구성된 연회라 할 수 있다. 전반전과 후반전, 그리고 그 사이에 휴식 시간을 두는 축구경기와 유사한 면이 있다.

전반은 초좌 또는 초입이라 하며, 손님은 다실에 들어와 도코노마의 장식과 숯불 피우는 모습을 감상하고 회석 요리 등을 대접받는다.

그 후 손님은 일단 다실 바깥의 로지로 나가서 쉬고, 그 사이에 주인은 후반을 준비한다.

후반은 후좌後座 또는 후입後入이라 하며, 손님은 과자를 맛본 뒤에 차를 마신

생과자

건과자

다. 먼저 진하게 탄 농차를 마시고, 다시 과자를 먹은 다음에 옅게 탄 박차를 마신다. 농차는 한 잔을 여러 손님이 조금씩 나누어 마셔야 하고, 박차는 손님마다 한 잔씩을 마신다. 과자도 두 차례에 나누어 먹는데, 생과자生菓子와 건과자乾菓子, 干菓子, 히가시로 각기 다른 종류를 준비한다. 두 가지 과자 중에서 방금 만들어낸 생과자를 보다 중요시하기 때문에, 생과자를 주과자主菓子, 오모가시라고도 한다.

다회를 정식으로 진행하면 약 네 시간이 소요된다. 주인의 지극한 정성과 손님의 감사하는 마음이 잘 어우러져야만 서로 즐겁고 보람 있는 다회가 될 것이다. 다인이 언제까지나 다도를 배우기만 하는 데 머물지 않고, 손님을 불러 다회를 여는 데 다도의 궁극적인 의의가 있다. 다회에 손님으로 참석하는 일, 다회를 스스로 개최하는 일을 반복적으로 실천함으로써 자신의 다도가 완성되어갈 수 있기 때문이다.

23. 버려둔 차호의 가치

사호捨壺, 즉 '버려둔 차호'라는 말이 있다.

고지마야 도사쓰小嶋屋道察[81]가 유명한 필리핀산 차호인 마쓰보眞壺, 眞茶壺[82]를 구입하자, 사람들은 그 차호를 보고 싶어 했다. 그러나 고지마야 도사쓰는 아직 이름도 알려지지 않은 차호를 대단한 장식품처럼 장식하기를 부끄럽게 여기는 겸손한 마음에서 다회에 장식하지 않았다.

언젠가 이런 일이 있었다. 고지마야 도사쓰가 초대한, 다회에 온 손님들이 다실 정원의 걸상에 모여 앉아서 주인이 맞이해주기를 기다리는 시간이었다. 손님들은 주인에게 사람을 보내서 "오늘 우리들은 주인님의 차호를 꼭 보고 싶습니다. 만일 보여주시지 않겠다면 다실에 들어가지 않겠습니다"라고 전했다. 고지마야 도사쓰도 하는 수 없어, 차호에 덮개를 덮어서 좁은 입구 옆의 다다미 한구석에 대수롭지 않은 물건을 버려둔 것처럼 놓아두고 손님들을 맞이했다. 손님들이 문을 열고 들여다보자 문 옆에 차호가 뒹굴고 있었다. 손님들이 놀라서 "부디 어서 도코노마에 올려놓아 주십시오"라고 부탁하자, 고지마야 도사쓰가 나와서 "모처럼 받은 부탁이기에 내어놓기는 했습니다만 도코노마에

---

81 센 리큐와 동시대인이자 유명한 다인으로, 사카이에 살았으며 다케노 조오의 문하생이었다.

82 14세기 초에 생산된 사이호四耳壺로 '네 귀가 달린 단지'라는 뜻이며, 매우 소중하게 여겨지는 차호의 한 종류다. 생산지는 필리핀 또는 중국 남부 지방이라고 하는데, 14세기 중반부터 일본 제품이 나오기 시작하자 중국 제품에 대해 '진귀한 진짜 차호'라는 뜻으로 마쓰보라는 이름을 쓰기 시작했다. 당시 많은 다인들이 앞다투어 마쓰보를 가지고 싶어 했다.

장식할 정도의 차호는 못 됩니다. 기껏해야 지나가는 길에 잠깐 스쳐 볼 정도에 지나지 않는다고 생각해서 팽개쳐두었습니다. 자, 놓은 그대로 보시지요"라고 인사말을 했다. 그러나 손님들의 요구가 심해서 몇 번이고 그렇게 한 까닭을 이야기한 뒤에야 비로소 도코노마에 장식했다. 바로 이 차호가 후에 '고지마야 도사쓰의 시구레時雨[83]'라는 이름이 붙은 유명한 차호이다.

네 귀가 달린 차호四耳壺

이런 취향에 감동한 후세 사람들은 이 차호를 '버려둔 차호'라고 명명했다. 센 리큐가 이르기를 "때에 따라서는 그렇게 해볼 수도 있겠지만, 모처럼 보고 싶다는 부탁을 받고 차호를 내어 보일 때는 처음부터 도코노마에 장식해두는 것이 가식 없는 일이 될 것이다. '버려둔 차호'란 참으로 미묘하고 어려운 일이다. 물론 이런 일을 흉내 내는 것은 결코 바람직하지 않다"라고 말했다.

83 늦가을에서 초겨울에 걸쳐 오락가락하는 비라는 뜻인데, 차호의 표면이 시구레가 내리는 모양과 같다고 해서 붙인 이름이다. 차호의 모양에서 오는 계절감과 잎차를 개봉하는 계절이 일치한다는 점이 더욱 흥미를 끌어 다인들 사이에서 소중하게 여겨졌다.

해설

명물로 알려진 차호를 직접 보고 싶어 하는 다인들의 부탁을 받은 고지마야 도사쓰는 일부러 별로 훌륭한 물건이 못 된다는 듯한 연출演出을 통해서 자신의 차호를 손님들에게 보여주었다. 차호를 도코노마에 장식해두지 않고 별것 아닌 것처럼 다실 한쪽에 뒹굴려놓은 일이 사실은 주인이 치밀하게 계산한 계획이라고 할 때, 자칫하면 손님들이 오히려 역겹게 여길 수도 있다는 점을 센 리큐는 경계했다.

명물 다도구를 감상의 대상인 미술품으로 여기는 다인 세계의 전통은 이미 초창기 다도에 뿌리를 내리고 있었다. 차호는 10세기에 이미 중국에서 수입된 용기의 일종으로 처음에는 대수롭게 여겨지지 않았다. 그러나 14세기 초기에 찻잎을 보관하는 데 적합한 모양과 크기를 지녀서 다도구로 활용되기 시작하자 "실용 가치의 20배가 되는 감상 가치를 부여했고, 차호에서 느낄 수 있는 미의식은 와비의 일종으로 발전되었다"[84]고 한다.

여기서 센 리큐는 명물을 소장한 다인이 그 명물을 어떻게 선보여야 하는지에 대한 가르침을 예시했다. 즉, 아무리 진귀한 소장품이라 하더라도 너무 자랑하듯이 내놓는 자세는 좋지 않고, 너무 겸손하게 평가하여 억지로 꾸며내려는 자세 또한 좋지 않다는 점을 말했다.

84 德川義宜 '茶壺'『茶道聚錦』10 p.140 小學館 1986

24. 풍로를 쓰는 찻자리에서는 숯불을 보여달라고 하지 않는다

풍로를 써서 차를 달일 때는 풍로 안의 숯을 보여달라고 하지 않는다. 찻물을 다 끓이고 난 뒤에, 재가 이루어놓은 모양이나 불꽃이 변화되어가는 모양을 보는 것이 좋다.

해설

다회에서 **숯 다루기**는 매우 중요한 일이다. 숯 다루기란 풍로에 재를 깔아두는 일, 숯을 적절한 모양으로 재어놓는 일, 불을 붙이는 일, 재를 잘 펴는 일, 솥을 올리고 내리는 일 등을 적절하게 하여 숯불이 제대로 타게 하고 알맞은 시간에 물이 끓도록 하는 과정 전체를 말한다. 숯 다루는 일들을 하나의 과정으로 정리한 것은 센 리큐였다. 나아가 숯이 타들어가는 모양이나 타고 남은 숯이 이루어내는 여러 가지 조형적인 모양에 자연 경치를 추상화한 갖가지 이름을 붙여서 감상의 대상으로 삼았다.

주인이 풍로를 다루는 모습을 보려고 손님들이 풍로 주위에 다가앉는 관습이 있었다. 그러나 이는 로에 불을 피우고 하는 겨울 다회에 한하는 일이었다. 겨울 이외의 계절에는 다회를 서늘한 분위기 속에서 진행해야 한다는 원칙이 있기 때문에 로를 쓰지 않고 풍로를 쓴다. 풍로를 쓰는 다회에서는 풍로 안의 숯을 감상하지 않는다. 로를 쓸 때와 달리, 손님과 주인이 둘러앉을 수가 없기 때문이다.

풍로는 다실의 한쪽 구석에 놓아두므로 그 주변에 손님들이 둘러앉을 수 없다. 게다가 풍로는 그 둘레가 솟아올라 있는 모양으로 제작되기에 그 안은 들여다보

숯 다루기

이지 않는다. 따라서 주인은 풍로에 미리 숯을 얹어둔 뒤에 손님들을 맞이하며, 손님들은 숯을 보고자 해도 풍로의 모양과 얹어놓은 솥 때문에 가려져서 잘 볼 수 없다. 따라서 보이는 부분인 재의 모양이나 솥의 밑바닥에서 타고 올라오는 불꽃의 모양을 감상하게 된다.

20 | 숯 다루기

다회에서 주인은 손님 앞에서 숯을 다루는 과정을 진행하는데, 이 모습은 손님에게 감상의 대상이 된다. 주인은 군더더기 없이 능숙한 손놀림으로 알맞은 크기의 숯을 요령 있게 배치하여 불이 잘 타오르도록 한다. 이때 숯의 검정색, 불꽃의 빨간색과 파란색, 재로 변한 숯의 하얀색 등의 색깔과 타오르는 불꽃의 동적인 모습에서 아름다움을 느낄 수 있는 감각이 손님에게 요구된다.

숯 다루기의 최종적인 목적은 제시간에 물이 잘 끓도록 타이밍을 맞추는 데 있다. 손님을 모시고 차를 대접하는 것이 다회의 궁극적인 목적이므로, 숯을 잘 배치하고 공기가 적절히 통하게 하여 찻물을 뜨는 시점에 물이 반드시 끓고 있도록 해야 한다. 아무리 숯을 보기 좋게 놓고 회석을 잘 대접했다고 하더라도 정작 물을 떠서 차를 우려내는 시점에 물이 덜 끓는다든지 너무 끓어 졸아서 바닥나 있다면, 제대로 수련한 다인이라 할 수 없기 때문이다.

이처럼 숯 다루기는 오랜 경험과 주의를 요하는 매우 어려운 수행 과제이다. 숯불을 제대로 피우기 어렵기에 숯의 굵기나 길이 및 모양에 이르기까지 규격화가 되어 있다. 따라서 규격화된 숯 한 덩이 한 덩이에 이름을 붙이는 것은 물론, 배치법에 대한 절차가 다도 수행 과정의 일부를 이루고 있다.

숯불

숯 바구니

25. 두레박 모양의 물 단지

두레박을 찻물에 쓸 물을 담아두는 **물 단지**로 쓰는 경우에는 일단 한쪽에 자리를 잡아두면 그 자리를 옮기지 않는다. 다회가 끝날 때까지 그대로 두는 것이 좋다. 손님들이 자리에서 떠난 다음에 정리해야 한다. 두레박 물 단지를 다루는 법에 대해서는 여러 가지 구전과 관례가 있다.

두레박 물 단지

해설

두레박을 물 단지水指, 미즈사시로 쓴다 함은, 우물에서 쓰는 두레박을 그대로 물 단지로 대용代用한다는 것이다. 물 단지는 대개 도자기 제품이지만, 이 다회에서 지금 쓰는 찻물은 우물에서 방금 길어온 싱싱한 물이라는 사실을 나타내기 위해서 굳이 나무로 만든 두레박을 다실 안에 가져다놓고 물 단지로 쓴다. 나무로 소박하게 만든 물 단지는 눈에 잘 띄지 않는 곳에 놓아 시선을 끌지 않도록 한다. 이는 금속제나 도자기로 된 물 단지 대신에 일부러 나무로 만든 소박한 물 단지를 씀으로써 한가롭고 차분한 와비 다도의 정신을 구현하려는 미의식에서 나온 대용 방법이라고 하겠다.

두레박을 쓴다고 하지만 그대로 쓰는 것은 아니고 다실 다다미 위에 놓아 잘 어울릴 수 있도록 모양을 약간 손질하여 안정감이 있게 하며 뚜껑도 만들어 덮어 둔다.

두레박을 물 단지로 대용한다는 것은 다도가 지닌 응용 정신의 일종이라 생각된다. 다완도 원래부터 차를 마시기 위해 만든 그릇이 아니었으나 다도에 응용하여 쓰이게 되었다. 차호도 원래 찻잎을 넣기 위한 목적으로 만든 것이 아니었다. 이렇듯 어떤 용기나 도구의 모양과 크기가 다도에 적절하다면 다인들은 이를 다회에 활용하며 새로운 미의식을 즐기려는 경향이 있었으며, 이런 미의식은 현대의 다도에도 계승되고 있다.

21 | 물 단지

물 단지水指, 미즈사시는 다실 안에서 쓰는 다도구로, 솥의 물을 보충하거나 다완과 찻솔을 씻을 때 쓰는 물을 담아두는 단지의 총칭이다. 재질은 금속, 도기나 자기, 나무, 대나무 등이며 형태는 원통형, 감자 모양, 병 모양 등으로 다양하고 개성 있는 형태를 지닌 것이 많다. 크기는 15~20센티미터 높이에 지름이 15~17센티미터인 것이 일반적이지만, 다양한 크기로 제작된다. 반드시 뚜껑이 있어야 하고 뚜껑에는 손잡이를 만든다.

물 단지의 몸체를 도자기로 만들면 뚜껑은 나무로 만들어 강약의 조화를 이루게 하고, 표면이 거친 도자기라면 옻칠하여 광택이 나는 나무 뚜껑을 써서 거친 느낌과 매끄러운 느낌의 조화를 즐길 수 있도록 한다. 이렇게 다채로운 기법을 써서 물 단지를 하나의 미술품으로 만들어서 감상의 즐거움을 추구한다.

물 단지

26. 검정 옻칠 물통과 두레박 물 단지의 차이

검정 옻칠을 한 물통眞水桶[85]은 손잡이가 세로로 놓이도록 놓으며, 두레박 물 단지는 가로로 놓이도록 한다는 사람들이 있다. 또는 반대로 검정 옻칠 물통은 손잡이가 가로로 놓이도록, 두레박 물 단지는 세로로 놓이도록 해야 한다는 사람이 있다. 센 리큐는 이 두 가지를 모두 세로로 놓는 것이 좋다고 했다.

가로로 놓아두면 우선 차구기가 물통의 손잡이에 걸리적거려서 불편하다. 그러나 세로로 놓아야 한다는 법이 이미 있었다면 어쩔 수 없지만, 정해진 법이 따로 없다면 동작에 무리가 없는 쪽을 택함이 좋다. 물통은 로를 쓰는 다회에서만 쓴다. 풍로를 쓰는 다회 때 써서는 안 된다. 두레박 물 단지는 사철에 두루 쓸 수 있지만, 특히 새로운 차호를 개봉하는 다회나 아침 다회 때에 쓰면 더욱 좋다.

해설

퍼온 물을 넣어서 들고 다니는 나무 물통의 손잡이는 일一자 모양인데, 그 모양이 주인이 앉은 자리에서 보았을 때 가로로 놓아 '一'로 보이게 하는가 세로로 놓아 'l'로 보이게 하는가에 대해 논했다.

오늘날 다회에서 대개 물통은 손잡이를 가로로, 두레박 물 단지는 세로로 놓아

85 손잡이가 달려 있어서 들고 나르기 편한 나무 물통으로, 다실에 딸린 부엌의 항아리에 물을 길어 나를 때 쓴다. 여기서 말하는 검정색 옻칠을 한 물통이란 센 리큐가 애용하던 것으로, 로를 쓰는 겨울 다회에 어울린다는 명품이다.

두는 것이 일반적이다. 센 리큐는 보기를 중시하기보다는 쓰기 편하도록 물통이나 물 단지 손잡이의 자리를 잡아두는 것이 좋다고 했다.

검은 옻칠을 한 물통은 풍로를 쓰는 계절보다는 로를 쓰는 계절에 잘 어울리는, 품격이 높은 다도구이다. 두레박 물통은 사계절에 두루 잘 어울리지만 특히 나뭇결 위에 물이 흘러넘치는 모양은 시원한 느낌을 주므로 여름에 쓰는 것이 더 좋다. 센 리큐는 자연스럽고 소박한 나뭇결의 아름다움을 즐길 수 있는 나무 두레박 물 단지가 와비 다도에 어울린다고 해서 소중하게 여겼다.

다회에서 물 단지는 손님이 들어와 자리를 잡은 뒤 솥의 물을 보충할 때야 비로소 다실 안으로 가지고 들어오는 것이 일반적인 순서이지만, 나무 두레박을 쓸 때는 손님들이 들어오기 전에 솥의 옆에 놓아둔다. 이를 들고 들어올 때 바닥에 물이 떨어지면 보기 좋지 않기 때문에 미리 자리를 잡아두는 것이다. 이때 나무 두레박 물 단지는 청량감을 느낄 수 있도록 둘레에 물기가 그대로 묻어 있는 상태로 둔다. 다도를 아는 손님이라면 물기를 머금은 나무 두레박을 보고, 우물에서 두레박으로 물을 퍼 올리는 모습을 상상하며 맑고 신선함, 주인의 정성에 감사하는 마음을 느끼지 않을 수 없을 것이다.

물통 손잡이의 방향이 어떠해야 하고, 물 단지를 가져다두는 시간은 언제가 좋고, 나무 두레박 물 단지의 둘레에는 물기가 묻어 있어야 좋다는 등, 센 리큐의 말들은 때로 너무 시시콜콜하다는 느낌이 든다. 매우 미시적微視的인 것까지 신경을 쓴다는 것은 어른스럽지 않고 대범하다고도 할 수 없지만, 다도가 추구하는 정신의 단면을 잘 드러내주는 매우 뜻깊은 대목이다.

27. 갑자기 열게 된 다회에서는 비장의 다도구를

불시에 다회를 열게 되었을 때에는 비장秘藏의 다도구를 한 가지 혹은 두 가지를 내어서 쓰며, 차를 내는 격식은 한층 엄하게 지켜야 한다.

그러나 마음가짐은 격식에 얽매이지 않고 초草의 정신[86]으로 손님을 맞이해야 한다는 말이 전해진다.

해설

다회는 서로 시간을 약속하고 난 후 여는 것이 일반적이지만, 준비가 갖추어지지 않은 상태에서 불시에 열어야 하는 경우도 생긴다. 이런 불시의 다회를 임시다회라고도 하는데, 이때는 자리가 어지러워지기 쉽고 도구도 제대로 갖추지 못하게 된다. 그렇기에 비장해두었던 소중한 다도구를 내어 씀으로써 다회의 진지함을 추구하며, 차를 타는 자세를 더욱 진지하게 함으로써 다회가 너무 간략해지거나 그 순서가 어그러지지 않도록 해야 한다. 갑자기 찾아온 손님을 위하여 불시에 여는 다회이기 때문에 회석 요리나 과자는 준비하지 못했지만, 순서와 격식은 보다 엄격하게 함으로써 부족한 부분을 대신한다는 것이다. 이런 다회에서만 맛볼 수 있는 분위기를 잘 살려서, **진행초** 중에서 엄격한 형식인 진眞을 완화시킨 초草의 형식을 통해 자유로움을 한껏 즐길 수 있도록 진행해야 한다.

---

86 격식을 떠난 자유로운 분위기를 설정하여 이를 즐기려는 정신. 초草는 엄격하게 형식을 지킨다는 뜻의 진眞과 대조되는 것으로, 엄격한 형식을 알고는 있지만 형식을 초월하여 간략하게 하면서 이를 즐기는 경지를 말한다.

갑자기 찾아온 손님이라도 마다치 않고 받아들여, 비록 회석이나 과자는 내놓지 못해도 그 대신 깊이 감추어두었던 다도구를 꺼내 쓰는 등 온 정성을 다하여 손님을 대접한다면, 그것으로 좋은 다회가 되고 즐거움을 누릴 수 있다는 가르침이다.

다회를 열 때는 초대할 손님에게 초대의 목적이 무엇이며 동석할 사람은 누구인지, 시간은 언제인지 등을 미리 알려서 동의를 구하는 것이 원칙이다. 그래야만 주인은 다회를 철저히 준비할 수 있다. 그러나 때에 따라서는 예정에 없던 손님이 찾아와 차를 대접해야 할 경우가 있다. 이런 불시의 다회 혹은 임시 다회는 다회를 여는 일곱 가지 기본 방식, 즉 **다사칠식**茶事七式 가운데 한 가지로, 다인은 항상 이를 익히고 실천해야 한다.

22 | 진행초

원래 서예書藝에서 서체를 분류하는 명칭인 진서·행서·초서를 묶어서 진행초眞行草라고 한다. 진서는 격식을 완전하게 갖추어 또박또박 쓰는 서체이고, 초서는 진서를 터득한 단계에서 점과 획을 줄여서 흘려 쓴 서체이며, 행서는 그 중간 단계이다.

다도에서 진행초란 진형眞形·행형行形·초형草形을 말하는데, 다도구의 모양이나 여러 가지 격식의 정도를 3단계로 분류한 것이다. 3단계 중 어느 단계가 절대적인 가치를 지닌다거나 좋다 나쁘다 하기보다는 상황에 따라 달리 선택하는 안목과 미의식을 지니고 즐기는 경지를 다인의 이상으로 삼는다. 즉, 처한 상황이나 갖추고 있는 다도구, 모신 손님 등에 따라 적절한 분위기를 연출해내는 것이 다인의 기량이라고 할 수 있다.

다도구의 재질이나 모양에 따라 진행초로 분류하며, 다회의 진행 과정도 상황에 맞추어 격식을 어느 정도로 엄격하게 하는가에 따라 분류한다. 인사하는 방법에도 진행초의 3단계 분류법이 있다. 예를 들어 처음 만나거나 헤어질 때 혹은 깊이 감사한다는 뜻을 나타낼 때는 진지한 표정으로 고개를 깊이 숙여서 진의 인사를 해야 하지만, 다회가 진행되는 동안 감사의 뜻을 가볍게 표할 때는 고개를 약간만 숙이는 초의 인사를 한다.

23 | 다사칠식

다회 가운데서도 적은 손님만 모시고 격식을 갖추어 대접하는 경우를 다사茶事라고 한다. 다사는 유파에 따라 내용에 다소 차이는 있지만 개최 시기와 목적 등에 따라 일곱 가지 방식으로 구분하며, 이를 다사칠식茶事七式이라 한다.

①낮 다회

회석이 점심식사가 되도록 정오에 시작하는 다회이며 격식을 철저하게 갖추어 의례적인 요소가 강하다.

②밤 다회

밤에 모여 이야기하며 차를 나눈다는 데 뜻을 두며, 주로 겨울밤에 열어서 긴 겨울의 정취를 이야깃거리로 삼는다.

③아침 다회

주로 여름날 아침에만 열며, 이른 아침에 느끼는 청량감을 즐기고 이를 이야깃거리로 삼는다.

④새벽 다회

추운 계절에 새벽 4시경부터 동이 트는 풍경을 보면서 그 정취를 이야깃거리로 삼기 위하여 연다. 어두운 다실에서 시간의 흐름과 더불어 주위가 따듯해지고 사물이 뚜렷하게 보이는 과정의 정취를 즐긴다.

⑤자취 다회

다실에 신분이 높고 귀한 손님이 다녀간 직후에 여는 다회이다. 비록 함께 차를 마시지는 못했으나, 그 손님과 같은 자리에 앉아서 그 손님이 쓰던 다도구로 차를 마시며 그분의 정취를 느껴보기 위한 것이다. 이 다회는 귀한 손님의 자취를 음미하며 감상에 젖어보는 데 의미가 있다.

⑥ 불시 다회

미리 알리지 않고 불쑥 찾아온 손님을 위하여 여는 다회로, 임시 다회라고도 한다. 이 경우에는 정식 절차를 갖추지 못하며, 손님도 이를 탓하지 않는다.

⑦ 식후食後 다회

손님이 이미 점심식사를 마친 후인 2~3시에 여는 다회이기 때문에 회석을 먹는 순서는 없다. 도코노마의 장식과 숯불 등을 감상하고 다실의 분위기를 즐기며 과자를 먹고 차를 마신다.

이 일곱 가지 이외에도 다회에는 여러 가지 방식이 있다.

그해에 새로 딴 찻잎을 농차기에 넣어 봉해두었다가 11월에 손님을 모신 자리에서 개봉하고, 그 자리에서 찻잎을 갈아 차를 달여 대접하는 다회를 '개봉 다회'라 한다. 손님이 보는 앞에서 개봉하는 일은 그 손님에게 소중한 것을 드린다는 정성의 표시가 된다. 뿐만 아니라 모든 정성을 다한다는 뜻에서 손님을 한 분만 모시고 여는 '독객獨客 다회', 밤새 다실에 피워둔 숯불의 타다 남은 불꽃을 감상하기 위하여 아침에 손님을 모시고 여는 '잔불을 감상하는 다회' 등 다회는 그때그때 목적에 따라서 다채롭게 전개된다.

28. 작은 다실의 꽃병은 대나무병·바구니·조롱박 등이 좋다

작은 다실에 장식하는 꽃 그릇, 즉 화기花器는 대나무병·바구니·조롱박[87] 등이 좋다. 금속제 꽃병은 대체로 다다미 4장 반 정도의 비교적 넓은 다실에서 쓰는 것이지만, 작은 다실에서도 잘 어울린다면 쓸 수 있다.

해설

당시에 명물로 여겨지는 꽃 그릇花入, 하나이레은 대개 청자 꽃병이나 구리 꽃병이었다. 따라서 대나무를 잘라서 만든 꽃 그릇이나 나무 덩굴로 짠 바구니, 조롱박을 잘라서 만든 꽃 그릇은 격이 낮다고 여겼다. 그러나 센 리큐는 작은 다실을 좋아했고, 여기서 자연의 정취를 그대로 맛볼 수 있는 초草의 분위기를 자아내는 도구를 써서 와비 다도의 깊은 맛을 더할 수 있다고 했다.

다실에서 꽃 그릇은 도코노마의 바닥에 놓거나 벽에 건다. 꽃 그릇의 재료나 모양이 긴장감을 주는 정도에 따라서 진행초의 3단계로 분류한다. 다회의 목적이나 다실의 분위기에 맞추어 꽃병을 적절하게 구분하여 쓸 수 있는 안목을 길러야 한다.

87 조롱박으로 꽃병을 만들 때는 가늘고 긴 것을 말려서 속을 파내어 쓴다. 주걱 모양으로 된 것, 달걀 모양으로 된 것 등도 그 모양을 활용하여 꽃을 꽂을 부분을 도려내서 쓴다.

29. 다도구는 주인의 정면을 향하도록 놓는다

다실에서 얇은 널판을 구부려서 만든 퇴수기[88]를 놓을 때는 판자의 이음매 부분이 주인 쪽을 향하도록 놓는다. 대나무로 만든 솥뚜껑 받침[89]을 놓을 때도 주인이 정면[90]에서 보도록 놓아야 한다고 센 리큐가 말했다.

그러나 도안道安[91]은 퇴수기의 이음매 부분도 대나무의 마디 부분도 모두 손님 쪽을 향하도록 놓아야 한다고 했다. "도대체 어떻게 하도록 정해야겠습니까" 하고 물으니 센 리큐가 이르기를 "언제나 도구 다다미 위에 다도구를 놓아둘 때도 그렇고, 선반에 도구를 장식할 때도 그렇고, 숯을 피우고 차를 달일 때도 그렇다. 도구는 언제나 정면이 차를 타는 사람을 향하도록 해야 한다.

소장한 다도구는 손님들에게 보여주기 위해서 있는 것이 아니다.

---

88 가루를 곱게 치거나 액체를 바르거나 거르는 데 쓰는 기구인 체는 얇은 나무로 쳇바퀴를 만들고 말총·헝겊·철사 따위로 쳇불을 씌워 만든다. 여기서 말하는 퇴수기는 얇은 판자를 둥그렇게 구부려서 쳇바퀴를 만들고 쳇불 대신 나무로 바닥을 만들어 물을 담을 수 있도록 만든 다도구의 일종이다.

89 찻물 끓이는 솥의 뚜껑을 열고 물을 넣거나 떠낼 때, 뚜껑을 얹어두는 받침을 말한다. 구리 제품의 고리 모양이나 도자기 제품의 여러 가지 모양이 있으며, 문구의 모양을 본떠서 만들기도 한다.

90 다도구에서 가장 아름답게 보이는 부분 혹은 특징적인 요소가 잘 드러나는 부분을 '정면' 혹은 '얼굴面'이라 한다. 대나무 솥뚜껑 받침에서 정면이란 대나무 마디에서 순이 나온 부분을 말하며, 순을 모양새 있게 다듬어낸 쪽을 정면으로 삼았다.

91 센 도안千道安, 1546~1607은 다인으로 센 리큐의 친동생이며, 도요토미 히데요시의 다도 코디네이터로 활동하기도 했다.

하물며 차를 타는 과정에서 손님 쪽을 향해 보이도록 놓아두는 일이 있어서는 안 된다. 혹시 주인도 다완의 정면의 옆쪽을 향하도록 놓는다면, 손님들에게도 다도구의 측면이 보이게 될 것이다. 손님들이 굳이 다도구의 정면이 보이도록 놓아달라고 부탁할 경우에는 손님들이 정면을 볼 수 있도록 놓아야 한다. 이런 마음가짐을 가장 소중히 여겨야 한다.

특히 노아미는 중국의 임제臨濟 스님[92]이 쓰던 인장印章[93]을 소중히 지니고 있었는데, 이 인장을 솥뚜껑 받침으로 쓰는 다회에서도 인장의 글자가 정면으로 보이도록 놓고, 차구기의 자루를 받쳐두도록 하라고 전수했다. 동식물이나 사람 모양을 본떠서 만든 솥뚜껑 받침도 이와 같이 한다. 대나무 솥뚜껑 받침의 마디 부분이 손님 쪽을 향하도록 한다면 마땅히 손님들이 그 글을 읽을 수 있는 곳에 놓아야 하는데, 그렇게 하면 역시 차를 타는 일이 불편해진다. 퇴수기의 이음매 부분이 점다하는 사람 쪽을 향하게 놓는 것이 바른 마음가짐이다"라고 했다.

92 임제臨濟, ?~867는 중국 당나라의 승려로 임제종의 개조이며 임제의현臨濟義玄 혹은 혜조선사慧照禪師라 불린다. 언행록인『임제록臨濟錄』이 전한다.

93 여기서 말하는 인장은 구리로 만든 낙관落款이지만, 후에는 도기陶器로 낙관 모양의 솥뚜껑 받침을 만들어 썼다.

해설

오늘날에는 다회에서 다도구를 놓아두는 방향에 대한 법식이 완전히 정해져 있다. 그러나 센 리큐 당시에 이 법식에 대한 논의는 현재진행형이었다.

'다도구를 놓아두는 방향에 관한 문제'는 센 리큐에게는 매우 중요한 과제 중 하나였다. 솥뚜껑 받침이나 퇴수기는 그 모양에 따라서 정면이 정해지는데, 그 정면을 주인이 볼 수 있게 해야 하는가 혹은 손님이 볼 수 있게 해야 하는가 하는 문제는 기능상의 문제일 뿐만 아니라, 주객 사이의 신분적 위상을 상징적으로 표현하는 문제가 되기도 한다는 것이다. 다실에서는 주인과 손님이 주종관계가 아닌 주객관계여야 함을 전제로 하되, 차를 타는 사람의 편이와 차를 타는 데 집중할 수 있는 여건을 우선해야 한다고 센 리큐는 주장했다.

다도구 중에서 원래부터 누가 보아도 정면이라고 여기도록 만든 것이 있다면 문제가 없지만, 그렇지 않은 경우에는 다인 스스로 정면으로 인식하는 부분을 정면으로 삼아 다회를 진행할 수 있다. 손님도 정면을 정면으로 인정해주며 그 미의식을 함께 즐기려고 노력해야 한다.

나무로 만들어 이음매가 있는 퇴수기를 놓을 때는 이음매 부분이 손님의 눈에 띄지 않도록 해야 한다는 것은 매우 섬세한 지적이다. 이처럼 세세한 부분까지 이해하고 실행하는 것은 다인다운 미의식의 표현이자 이상적인 다인의 취향이라 할 수 있다.

30. 농차기 주머니를 다루는 법

키가 높은 **농차기**는 자루의 아래쪽으로 벗겨내며, 작은 농차기는 위쪽으로 들어올린다.

해설

말차 가루를 담은 농차기는 비단 주머니에 넣어서 보관해두는데, 여기서는 손님 앞에서 농차기를 주머니에서 꺼낼 때 어떻게 해야 안전한가를 설명했다.

키가 높은 농차기는 일단 왼손 손바닥에 올려놓았다가, 오른손으로 농차기의 위쪽을 잡고 왼손으로 자루를 아래쪽으로 벗겨낸다. 키가 낮은 농차기는 자루에 싼 채로 왼손 위에 놓았다가 농차기만을 오른손으로 집어 올린다.

다도구들 중에서도 농차기를 매우 소중히 여기는 마음은 비단 주머니로 싸둔다는 행위나 주머니에서 꺼낼 때 엄격한 격식을 설정하는 과정에 잘 나타나 있다. 농차기는 비록 크기는 작지만 모양이 다양하며 형태나 유래를 이야깃거리로 삼을 수 있어 다회를 풍성하게 해주는 중심적인 역할을 하는 다도구이다. 예를 들어, 유서 깊은 농차기는 전쟁 중에 여러 장수들의 손을 거치는 과정에 얽힌 전설적인 이야기나 모양과 색깔에 대한 품평이 곁들여져 다회에서 화제로 삼곤 한다. 이렇듯 일종의 스토리텔링story telling이 이루어지므로 다도 세계에 대한 흥미를 북돋우는 효과가 있다.

24 | 농차기·박차기

농차기濃茶器란 차를 넣어 보관하는 작은 단지인데 '차이레茶入'라고도 한다. 다회 때 손님에게 대접하는 두 가지 차 중에 먼저 대접하는 농차의 가루를 담아두는 작은 단지이다. 나중에 대접하는 박차의 가루를 담아두는 작은 용기는 박차기薄茶器라 한다.

농차기는 12세기부터 중국에서 수입되었으며 나중에 일본에서도 도기 제품으로 생산되었다. 중국에서는 액체나 알갱이 등을 넣어 뚜껑을 닫아두는 용기로 쓰였다고 추정되는데, 일본에서는 향신료 용기로 수입했던 것이라고 전해진다.[94] 이후에 다도가 중요한 문화 활동으로 평가받기 시작하자 농차기는 다도구 가운데서도 매우 중요한 위치를 차지하게 되었으며, 독특한 유서由緖를 지니거나 크기와 모양이 좋은 것은 특별한 가치를 인정받게 되었다. 오다 노부나가나 도요토미 히데요시의 시대(1570~1598)에는 전쟁에 공을 세운 장수에게 주는 족자, 솥, 다완 등과 더불어 농차기도 중요한 하사품이었다. 농차기는 한 지역의 영주로 책봉한 것과 같은 가치를 지니는 보물로서 매우 소중하게 여겨졌다.

농차기

94 林屋晴三「茶入の賞翫」『茶道聚錦 10』p.178 小學館 1986

박차기(나쓰메)

농차기는 높이 7~12센티미터, 직경 6~7센티미터 정도의 크기이며, 공처럼 동그란 모양, 어깨 부분이 벌어진 모양, 호박처럼 중간 부분이 벌어진 모양, 원통 모양 등 다양한 모양을 지닌다. 윗부분의 주둥이는 상아나 뿔로 만든 뚜껑으로 봉한다.

매우 소중한 다도구로 취급되는 농차기를 반드시 주머니에 넣어 다시 나무 상자에 보관하는 관습이 있는데, 이때 쓰는 주머니를 '시후쿠仕服'라 한다. 시후쿠는 무늬와 색깔이 있는 비단으로 만들며, 윗부분에는 매듭을 지어 조여 맬 수 있도록 끈을 꿰어둔다.

박차기는 재질과 모양이 농차기와 다르며 대추 열매 모양이 기본으로, 통칭 '나쓰메棗'라 한다. 농차기가 견고한 재질의 도기 제품인 것과 대조적으로 박차기는 나무나 대나무 혹은 종이로 만들어지는 데다 옻칠을 하여 부드러운 분위기를 자아낸다.

비단으로 만든 농차기 주머니 시후쿠仕服

31. 야외 다회에서의 마음가짐에 대하여

들놀이나 사냥을 하는 도중에 다회를 열 경우가 있다. 센 리큐가 다이젠사산大善寺山에서 도요토미 히데요시[95]를 위해 다회를 열던 때, 마침 나도 함께 자리해서 찻일을 거들었기 때문에 센 리큐가 어떻게 하는지 자세히 볼 기회가 있었다.

센 리큐가 말하기를, "들놀이 등에서는 따로 법식이 있지 않지만 다회 진행의 근본적인 골격은 하나하나 잘 갖추어져 있어야 한다. 첫째, 주위의 풍경에 마음을 빼앗겨서 차분하고도 진지한 다회가 되지 못하기 쉽다. 때문에 각별히 손님들의 마음을 다회에 집중시키도록 해야 한다. 그러기 위해서는 다도구도 비장의 다도구를 쓰는 것이 좋다. 다이젠사산의 다회 때는 특별히 내가 소중하게 여기는, 아랫부분이 볼록하게 생긴 농차기를 다도구 상자茶箱[96]에 넣어 가지고 와서 다른 다도구와 함께 썼다. 잘 헤아려서 분별해 써야 한다.

여러 가지 다도구는 청결한 느낌을 주도록 물에 잘 씻어서 다루어야 한다는 것을 우선 염두에 두어야 한다.

또한 흥취가 있어야 하지만 지나치면 다회가 아니라 잡담을 나누는 자리가 되어버리고, 모인 사람들 사이가 너무 서먹서먹하면 풍경에만

95 도요토미 히데요시(1536~1589)는 무모한 침략 전쟁인 임진왜란을 일으킨 장수로, 충성한 부하에게 다도구를 하사하거나 스스로 다회를 열고 다회에 즐겨 참석하는 등 다도에 많은 관심을 지녔었다. 자신의 정치적 위치를 과시하기 위하여 당대 최고의 다인을 측근에 두고 다회를 열면서 다도를 정치에 적극적으로 활용했다.

96 야외 다회에서 쓸 다도구 한 벌을 넣어 가지고 다니는 상자.

흥미를 빼앗겨버리게 된다. 상당히 능숙한 다인이 아니라면 좋은 야외 다회를 진행하기란 쉬운 일이 아니다"라고 했다.

해설

야외 다회라면 다소 가볍고 들뜬 분위기를 자아내기 쉬울 것 같지만, 센 리큐는 오히려 진행하기가 어려운 다회라고 했다.

귀족들이 사냥터에서 말을 달리고 짐승을 쫓느라 땀을 흘리고 목마를 때 마시는 차의 맛은 대단한 것이었다. 그래서 귀족들은 다인을 대동하고 사냥에 나섰으며, 적당한 곳에 자리를 잡고 차를 준비시켰다. 이럴 경우에는 미리 자리를 잡아둘 수 없고, 차를 마실 시간을 미리 정할 수도 없다. 이런 시간과 공간에서는 전체를 화려하게 꾸밀 수도 없다. 그 대신에 다도구 가운데 어느 한 가지만이라도 명품을 씀으로써 전체적인 중량감을 추구할 수 있다는 것이다. 즉, 어느 한 가지는 매우 호화롭게 한다는 일점명품주의一點名品主義를 말한다.

이때에 쓴 명품이란 원문에 '시리부쿠라尾膨' 농차기라 했는데, 몸통의 아랫부분이 윗부분보다 불룩하게 바깥쪽으로 부풀어 올라와 있는 모양이라서 '시리바리尾張'라고도 한다.

『남방록』의 저자 난보 소케이는 센 리큐가 주재한 다이젠사산의 야외 다회를 예로 들었다. 그러나 실제로는 사냥터에서 연 다회가 아니라, 전쟁 중에 다가와田川[97]의 전쟁터[98]에서 연 다회였다고 한다.

---

97 현재 후쿠오카현福岡縣 중앙부에 위치하는 다가와시田川市.

98 이 전쟁터란 도요토미 히데요시가 1587년에 규슈九州 지방의 시마즈島津 씨를 공략하여 규슈 지방을 평정하던 전쟁이 일어난 곳이다. 센 리큐와 난보 소케이는 다인 자격으로 함께 종군했다.

센 리큐는 다실에서 여는 다회와는 달리 야외 다회에서는 손님들이 주변 풍경에 정신을 빼앗기거나 차를 타는 다인의 모습에 집중하기 어렵기 때문에 각별한 주의가 필요하다는 점을 강조했다. 하나의 방법으로서 특별히 좋은 다도구를 준비하여 손님들의 관심을 집중시킨다는 사례를 제시한다는 점이 흥미롭다.

필자는 실제로 한국에서 야외 다회에 참석해본 바가 있다. 이때 적당한 곳을 찾아 자리를 깔고 다도구를 넣은 바구니를 풀어 차를 준비하고 마시기까지, 실내에서 여는 다회와 달리 여러 가지로 어려움을 체험할 수 있었다.

32. 야외 다회의 바른 법도란

야외 다회를 여는 장소는 각별히 청결하게 해야 한다. 대체로 소나무 그늘, 개울가, 잔디밭 등이 좋다.

주인이나 손님 모두가 청결하고 결백한 마음가짐을 가져야 한다. 그렇다고 해서 이때만 청결하게 하라는 것은 아니다. 다도란 본래 불교에서 깨달음을 얻는 것과 같다. 때 묻지 않고 속세를 떠난 사람이 아니면 다도를 안다고 할 수 없다. 미숙한 사람이 야외 다회에서 나뭇가지를 그을려 연기만 내다 마는 다회는 흉내 내기일 뿐 참된 다회가 될 수는 없다.

야외 다회에서 차를 타거나 도구를 갖추는 데 정법定法은 없다. 그러나 정법을 따르지 않는다는 것은 정법이 엄연히 존재한다는 반증이기도 하다. 야외 다회에서 지녀야 할 여러 가지 소양은 오로지 득도한 뒤에 스스로 깨달아 얻는 것이다. 즉, 형식을 뛰어넘은 곳에 있는 경지의 소양인 것이지, 서툰 다인에게는 결코 소용이 되지 않는 소양이다. 자연스럽게 야외 다회를 주재할 수 있을 때까지 준비하며 기다려야만 한다는 것이다.

해설

야외 다회를 열 장소나 시간은 미리 정해둘 수 없다. 그때그때의 상황에 맞추어 임기응변으로 다회를 이끌어가야 한다. 자연 풍경에 마음이 흩어지기 쉬운 상황에서 다회에 마음을 집중시키려면, 차를 얼마나 잘 타내는가 하는 기술적인 문제보다는 다회에 사람들의 마음을 집중시킬 수 있는 불교적인 깨달음이 선행되어야 한다.

여기서 말하는 정법이란 '다회에서 지켜야 할 일정한 규칙'을 뜻한다. 그러나 정법은 잘 갖추어진 다회 자리가 아니면, 예를 들어 야외라는 변화무쌍한 상황에서는 제대로 지킬 수 없다. 그렇다고 해서 야외 다회에는 법도가 없다는 말이 아니다. 정법을 쓸 수 없는 야외 다회이고 보면 오히려 응용의 기본이 되는, 전체를 통일시키는 정법이 요구되는 것이다. 따라서 정법을 포함하는 보다 큰 법이 존재한다고 할 수 있다.

먼저 법을 지키는 단계가 있고 이것을 뛰어넘는 파격이 있어, 이 단계에 이르는 것은 종교적인 깨달음의 경지에서야 가능하다. 깨달음의 경지에 이르지 못한 사람들은 흉내만 낼 수 있을 뿐, 도달할 수 없는 다른 세계의 법이 있다는 것이다.

야외 다회를 제대로 진행하기란 매우 어렵기 때문에 우선 기본적인 소양을 잘 다지는 과정이 필요하다는 센 리큐의 생각은 오랜 경험에서 우러난 것이다. 야외 다회의 예를 들어 다인들이 각 단계에서 배울 바, 즉 정법을 차근차근 익히지 않고 너무 서둘러 앞서 가려는 현상을 경계했던 것이다.

33. 와비 다도의 마음

다케노 조오는 『신고금화가집新古今和歌集, 신코킨와카슈』[99]에 실려 있는 후지와라노 데이카藤原定家[100]의 다음과 같은 와카를 빌려서 와비 다도를 즐기는 이의 심정을 그려냈다.

건너다보면 봄의 벚꽃도 가을의 단풍도 보이지 않고
그저 바닷가의 뜸집[101]만이 보이는 가을의 저녁 무렵[102]

다케노 조오는 이 와카와 같은 분위기 속에 머물고 싶다고 했다.

꽃이나 단풍은 서원차에서 좋은 다도구를 갖추고 여는 다회를 비유한 말이다. 내다보이는 앞산의 꽃이나 단풍이 아름답기는 하지만, 무일물無一物의 경지에 이른 사람에게는 저녁노을이 비추고 있는 물가의 외딴 작은 집에서 한층 더 깊은 정취를 느낄 수 있다. 즉, 꽃과 단풍의 화려한 아름다움을 체험하고 이를 초월한 사람이야말로 조촐한 뜸집에서 느낄 수 있는 또 하나의 정취를 깨달을 수 있다는 것이다. 이러한 정

99 1205년 왕명에 의해서 간행된 유명 와카의 선집으로 약 1,900편의 와카가 수록되어 있다. 당시의 가단의 흐름을 반영하여 우아하고 인상적인 작풍을 지니며, 고전을 빈번히 인용하고, 용언을 생략하는 등 당시로서는 새로운 와카 형식을 시도한 것이 특징이다.

100 후지와라노 데이카(1162~1241)는 가마쿠라시대 초기의 와카 시인으로, 당시 가단의 중추적인 인물이었다. 『신고금화가집』의 편찬자이며 고전 문학의 교정본을 집필한 대가이다.

101 산이나 물가 혹은 들판에 떠나 부들 땅 위로 지붕을 이어 간단하게 만든 집.

102 원문: 見ワタセバ花モ紅葉モナカリケリ / 浦ノトマヤノ秋ノタグレ

취를 느낄 수 있는 사람이야말로 와비의 경지를 이해하고 즐길 수 있으며, 이러한 심정이야말로 다도가 본래 지니는 경지라 할 수 있다.

지금 센 리큐는 와비 다도의 심경을 그려낸 후지와라노 데이카의 와카를 찾아내고, 이어서 후지와라노 이에타카藤原家隆[103]의 와카 한 수를 또 찾아내어 글로 써서 걸어두고, 이를 차의 심정이라 해서 신봉했다.

꽃이 피기를 애타게 기다리는 이에게 산마을의
봄눈 녹은 틈 사이에 피어난 새싹을 보여드리고 싶구나![104]

이 와카 또한 후지와라노 데이카의 와카와 더불어 마음에 새겨두어야 한다. 세상 사람들은 이 산 저 산, 이 숲 저 숲으로 벚꽃이 어디에 피었을까 찾아 나서지만, 참된 꽃 참된 단풍은 자신의 마음속에 있다는 것을 알지 못한다. 뿐만 아니라 눈에 보이는 형체가 있는 세계만을 즐기려 한다. 작년 한 해 동안 피어 있던 꽃도 단풍도 모두가 눈 속에 파묻혀서 아무것도 보이지 않는 한적한 산마을은 물가의 뜸집과 같은 경지인 것이다.

그러나 그 아무것도 없는 세계, 즉 무일물의 세계 가운데서 자연의 감흥을 불러일으키는 움직임이 사람의 손을 빌리지도 않고 여기저기

103 후지와라노 이에타카(1158~1237)는 가마쿠라시대 초기의 관리이자 와카 시인으로 『신고금화가집』의 편찬자들 가운데 한 사람이기도 하다. 서정성이 풍부한 작풍을 지니며, 가을·빛·바람·달 등의 자연물을 소재로 한 유명한 와카를 남겼다.

104 원문 : 花をのミ待らん人に山ざとの / 雪間の草の春を見せばや

를 바탕으로 전개되는 아름다움이야말로 참된 와비라고 주장했다.

우리는 자연 가운데서 불가사의한 섭리를 발견한다. 우리가 봄이 오기를 아무리 재촉한다고 하여 달라지는 것은 없다. 섭리에 따라서 시간이 흐르면 겨우내 쌓였던 눈이 녹기 시작하고 그 사이로 뾰족하게 내밀고 올라오는 새싹을 보게 된다. 자연의 힘에 따라 돋아나는 작은 생명, 소박한 새싹에서 깨달을 수 있는 우주의 질서와 절대 가치란 와비 정신과 상통한다고 할 수 있다.

『남방록』의 서문에 해당되는 '각서'는 와비의 정신을 다시 정리하는 내용으로 마무리되었다. 특히 와비라는 무형적이며 추상적인 정신세계를 설명하되 와카를 인용하여 지론을 펼치는 논법이 절묘하다. 와카 두 편에 등장하는 '꽃, 단풍, 물가, 뜸집, 가을 저녁, 산마을, 눈, 새싹, 기다리는 이' 등의 시어는 한결같이 눈으로 볼 수 있고 만질 수도 있는 구체적인 것, 구상적具象的인 것이다. 이처럼 구상적인 소재를 노래한 와카를 예로 들어서 추상적인 와비의 세계를 설명한 센 리큐는 다도의 명인일 뿐만 아니라, 문학과 사물에 대한 깊은 이해와 통찰력까지 지니고 있는 인문학자이기도 했다.

34. 간기刊記

센 리큐 스승님께 드리는 글

위의 각서 가운데 스승님께서 생각하고 계신 바와 다른 곳이 있으면 지적해주십시오. 스승님의 말씀을 들을 때마다 그 말씀을 기록해두느라고는 했습니다만, 제가 잘 이해하지 못하여 엉뚱하게 적은 곳도 있을 것입니다. 게다가 너무 간략하게 기록했습니다. 그러나 새삼 고쳐 쓰는 일도 본래의 뜻은 아니기에 이대로 보여드립니다.

11월 5일
난보 소케이 올림

난보 소케이에게

위에 여러 가지 잡담같이 했던 말을 일일이 기록한 것을 보고 스스로 후회되는 것이 많습니다. 그러나 틀린 곳은 없습니다. 굳이 글을 썼지만, 이 종이는 벽에 바르는 초배지로나 써버리는 것이 좋지 않을까 생각합니다.

센 리큐 씀

『남방록』의 원문과 이 사본寫本을 대조해보니, 원문과 다름없습니다.

다치바나 지쓰잔立花實山105

105 다치바나 지쓰잔(1655~1708)은 하카타 지방의 무사武士로서 여행길에서 우연히 발견한 글을 빌려서 사본을 만들었는데, 후에 이를 바탕으로 『남방록』이 정리되었다. 서도와 그림 및 시작詩作에 능했으며, 다도에 관한 글인 「호중로담壺中爐談」「기로변의岐路弁疑」 등을 남겼다.

해설

이 부분은 각서의 권말에 쓴 간기로, 『남방록』을 발견하여 필사한 다치바나 지쓰잔이 썼다. 이 간기는 스승에게서 전해 받은 비전秘傳을 제자가 글로 남기려는 경우에 나타나는 전형적인 형식을 따르고 있다. 일본에서는 불교의 불립문자不立文字 정신에 따라서 명인名人 스스로 비전을 글로 남기기보다는 제자들이 스승의 언행을 듣고 본 대로 기록하는 경우가 대부분이다. 그리고 이렇게 기록한 글을 스승께 보여드려서 내용에 틀림이 없음을 증명해달라고 부탁한다. 즉, 스승에게 전수 허가를 겸한 교열을 받는 것이다.

센 리큐는 난보 소케이가 이런 기록을 남기는 일 자체가 '후회되는 것'이라고 했다. 자신이 다도에 관하여 했던 말이나 지도 내용에 대하여 후회된다고 하면서 겸손함을 나타낸 것이다. 그러니 기록을 남기는 일은 바람직하지 못하다고 하여 글은 없던 것으로 하고, 글 쓴 종이는 도배지로 써서 없애버리라고 글을 쓰고 서명을 했다. 그러나 아이러니하게도 이 글은 없어지지 않았고, 다치바나 지쓰잔의 손에 의해 도배지로 쓰라는 말까지 그대로 전해지게 되었다.

이 부분은 비전서秘傳書에서 상투적으로 쓰는 표현 양식을 보이기는 하지만, 무일물을 추구하는 와비 정신의 연장에서 나온 센 리큐의 정신이 반영되었다고도 생각할 수 있다.

제2권 다회 會

제2권 다회는 센 리큐가 주최했던 다회 가운데 어느 1년간에 걸쳐 개최했던 다회의 진행 과정을 기록한 보고서 형식의 글이다. 이렇게 다회를 마치고 다회의 목적, 모신 손님의 이름, 다실의 장식, 회석의 메뉴, 다도구의 명칭 등을 정리한 기록을 다회기茶會記라 한다. 다회기는 주최자가 기록한 자회기自會記와 손님으로서 기록한 타회기他會記로 구분한다.

다회는 앞의 각서에 기록되어 있는 다회에 임하는 마음가짐이나 양식에 대한 구체적인 실천 사례를 보여준다는 점이 특징이다. 초좌에 이어 휴게, 후좌 등의 진행 과정을 시각적으로 설명해주고 있다.

1. 머리말

이 글은 센 리큐의 다회[106] 중에서 작년 10월부터 금년 9월 29일 사이에 열렸던 다회 가운데 다도구에 대하여 적어놓은 다회 기록을 부분적으로 발췌한 것이다.

해설

센 리큐는 다회를 열 때마다 관련 기록을 남겼는데, 앞서 열렸던 다회와 다른 다도구를 사용했을 경우에는 다도구에 대한 구체적인 기록을 남기곤 했다. 따라서 이 기록은 실제 1년간의 다회기라고 하기보다는 여러 해분의 다회기를 발췌하여 1년간의 다회기 형식으로 정리한 것이라고 해석할 수 있다.

여기 기록된 다회를 연 날짜는 모두 음력 그대로 썼다. 굳이 양력으로 바꾸지 않음으로써 계절의 변화나 세시풍속, 즉 연중행사와의 관계를 한층 명료하게 연상시켜주기 때문이다.

106 원문에는 '차탕일기茶湯日記'라 했는데, 여기서는 차탕을 다회라는 용어로 쓴다.

2. 도요토미 히데요시를 모신 오나리御成 다회[107]

10월 초하룻날 도요토미 히데요시를 대접하는 다회.

다실은 다다미 2장짜리 방.

도코노마의 족자는 원오圓悟의 글[108]. 솥은 실타래 무늬絲目 솥[109].

찻장[110]에는 깃털로 만든 비와 향합香合을 갖추어놓았다.

- 회석 - 국은 채소와 버섯, 생선구이는 연어, 다시마조림.
- 과자 - 군밤, 표고버섯조림.

중간에 쉬고 나서, 도코노마의 족자를 바꾸어 걸고, 손바구니만 내

---

107 당대 최고 권력가인 쇼군을 모시는 행사를 '귀인의 왕림'이라는 뜻으로 오나리라 한다. 차와 음식을 대접하고 연극을 공연하며 미술품이나 문방구를 감상하는 순서 등으로 구성된다. 귀인을 모시는 것은 지극한 영광이며, 선물을 헌상하거나 하사하는 자리가 되기도 한다. 오나리는 쇼군의 권위를 과시하고, 이를 통하여 주종관계를 확인하며 친밀도를 높이고 함께 즐긴다는 의미를 지닌다.

108 원오극근圓悟克勤, 1063~1135은 중국 북송에서 남송에 걸쳐 활약한 임제종의 승려. 『원고불과선사어록圓悟佛果禪師語錄』『원오심요圓悟心要』 등의 저술이 있으며, 그의 친필 족자가 일본에 전해졌다. 이 족자는 와비차의 창시자인 무라타 주코가 임제종의 승려 잇큐 소준의 지도를 받아 득도했다는 징표로서 받았다고 한다. 센 리큐가 거액을 주고 입수하여 소중하게 여겼던 이 원오극근의 친필 족자는 다인들 사이에서 매우 소중한 족자로 받들어져 왔다. 현재도 일본의 국보로 전해지고 있다.

109 찻물 끓이는 솥의 일종으로, 바깥 둘레에 실타래를 누르며 굴린 듯한 무늬 문양을 새긴다는 특징이 있다.

110 다나棚를 번역한 말이며, 다실 안에 이동해서 쓴다. 다도구를 장식해두는 선반을 지닌 찻장은 대자臺子, 다이스와 같은 용도로 쓰이나 대자보다 구조가 약간 더 복잡하고 크기도 크다.

밑이 불룩하게 생긴 농차기

어두고, 나지막한 네모 쟁반에 여러 가지 꽃을 담아내어 놓았다. 즉, 도요토미 히데요시에게 마음에 드는 꽃을 바구니에 담도록 한 것이다.

도요토미 히데요시는 하얀 꽃만 골라 담았다.

밑이 불룩하게 생긴 농차기尻膨茶入를 쟁반에 담아 장식으로 찻장 위에 올려놓았다.

물 단지는 조지로長次郎111가 만든 것을 썼다. 찻물을 뜨는 물구기에 대나무로 만든 솥뚜껑 받침이 갖추어져 있었다.

다완은 굽이 높은 할고대割高臺112를 쓰고, 대나무를 굽혀서 만든 찻숟가락 등은 얇은 널판을 휘어서 만든 퇴수기에 담아 가지고 나왔다.

다회가 끝난 뒤에 도요토미 히데요시가 그 자리에 있던 사람들에게 "여러분도 꽃꽂이를 해보시오" 라고 권했기에 꽃을 더 내어 가져왔다. 그러나 국화는 제외했다. 도요토미 히데요시가 직접 만든 꽃꽂이 바구니는 도코노마에 걸어 장식하고, 이

실타래 무늬 솥

111 초대의 조지로는 도요토미 히데요시와 같은 시대의 도공陶工으로, 조지로 일가는 오늘날까지 대대로 명기인 라쿠樂다완을 굽는 가문으로 유명하다.

112 굽을 다소 높게 만드는 제작 기법의 명칭이자 이 기법으로 만든 다완을 지칭한다. 높게 만든 굽에 칼로 파낸 자리를 몇 군데 남긴다는 데서 생긴 명칭으로, 조선다완의 대명사로 불리기도 한다.

어서 시가라키信樂 도자기113 꽃병을 내어 각각 꽃꽂이를 했다.

꽃꽂이가 끝난 뒤 도요토미 히데요시는 숯불을 일구어 차를 끓이는 작법114에 따라서 박차薄茶를 두세 잔 마신 후에 자리를 떴다.

해설

이 글은 도요토미 히데요시를 위해 10월 1일에 열린 오나리 다회에 관한 기록이다. 매우 좁은 다실에서 열었지만 센 리큐가 주재한 이 다회에는 도요토미 히데요시 이외에도 손님이 더 있었다.

이 다회에서 다실에 들어가자마자 가장 먼저 눈에 들어오는 족자는 원오의 묵적이었다. 이 묵적은 센 리큐가 가장 소중하게 여긴 것으로, 귀한 손님인 도요토미 히데요시를 대접하는 자리에 걸맞은 족자였다.

초좌에는 회석 요리가 준비되었는데, 국 한 그릇과 나물 두 가지一汁二菜의 소박한 식사였다. 차에 곁들이는 과자는 군밤과 표고버섯조림이었다.

숯불이 다 탔을 때, 중간 휴식에 들어갔다.

후좌에 들어가자 묵적은 말아서 거두고, 그 자리에 꽃꽂이를 하는 바구니를 준비했다. 바구니 곁에 놓인 쟁반에는 꺾어둔 꽃이 가득 쌓여 있었다. 이는 손님들

---

113 시가현滋賀縣의 시가라키 지방에서 생산되는 도자기인데, 일본에서 가장 오랜 역사를 지닌다는 점에서 유명하다. 표면이 약간 거칠고 작은 알갱이가 분포되어 있다는 특징을 지닌다.

114 다실에서는 찻물을 끓이기 위해 풍로나 로에 숯을 보충하여 물의 온도가 적절하도록 하고, 은은하게 향을 피워 차분한 분위기가 되도록 한다. 불이 적절히 일어나게 하는 작법을 숯불 다루기炭手前, 스미데마에라 한다. 다회의 전반부에 하는 숯불 다루기前炭手前와 후반부에 하는 숯불 다루기後炭手前, 쟁반에 담은 향합의 향을 즐기기盆香合, 다회의 흥취를 더하기 위해서 손님들에게 숯을 넣도록 하는 작법炭所望 등으로 진행한다.

4. 새벽에 여는 다회

10월 3일 새벽부터.

다다미 2장짜리 좁은 다실.

손님은 호소카와 유사이細川幽齊[119], 쓰게 사쿄柘植左京.

■ **초좌**

장식으로 걸어둔 도코노마의 족자는 동서덕해東嶼德海[120]의 유묵遺墨. 등불을 내걸었고, 솥은 실타래 무늬 솥.

찻장에는 솥 고리環[121]와 깃털로 만든 비를 갖추어놓았다.

숯은 바가지에 담고, 참새 그림이 그려진 향합을 썼다.

회석 요리는 날이 밝을 무렵인 묘시卯時의 후반인 6시 반경에 냈다.

- ㅁ 회석 - 국은 순무, 살짝 데친 도미, 다시마조림, 유자 된장.
- ㅁ 과자 - 밀개떡[122], 삿갓버섯.

■ **중간 휴식**

■ **후좌**

---

119 호소카와 유사이(1535~1610)는 쇼군 가문인 아시카가足利 씨의 무사로서 문학과 다도에 조예가 깊었다. 센 리큐와 시詩를 통해서 교제하기도 했다.

120 동서덕해(1245~1317)는 중국 원元 대 임제종의 선승으로 초암에 머물며 좋은 글을 많이 남겼는데, 일본의 이와자키가岩崎家에 글 한 폭이 전해지고 있다.

121 뜨거운 솥을 올리고 내릴 때, 손이 데지 않도록 솥의 귀에 걸어 쓰는 지름 7~8센티미터 크기의 동그란 쇠고리. 한쪽 끝이 벌어지게 해서 걸기 쉽게 만든다.

122 반죽한 밀가루에서 녹말을 빼내어, 이를 구워서 부풀린 식품.

미시마다완

후좌에서는 도코노마의 족자를 바꾸어 걸고, 대나무 꽃병에 국화를 꽂았다. 농차기는 작은 것123을 썼다. 다완은 미시마三島 도자기124를 썼다.

물 단지는 새로 만든 세토瀬戸 도자기125를 썼다.

찻장에는 깃털로 만든 비를 장식해놓았다. 얇은 널판을 둥그렇게 휘어서 만든 퇴수기, 대나무로 만든 솥뚜껑 받침을 썼다.

---

123 작은 농차기란 센 리큐가 즐겨 쓰던 것을 기준으로 한다. 뚜껑의 지름 5.7센티미터, 높이 5.8센티미터 정도의 크기다.

124 조선시대 초기에 만들어진 도자기의 총칭. 짙은 회색의 바탕 위에 흰 화장토를 발라서 만들어, 반자반도질半磁半陶質인 점이 특징이다.

125 세토 도자기 혹은 세토모노瀬戸物란 아이치현愛知縣 세토 지방에서 생산되는 도자기의 총칭이다.

6. 아침 다회

10월 11일 아침에 연 다회.

다다미 4장 반의 다실.

손님은 요쥬良壽와 소노宗能.

■ **초좌**

초좌의 장식은 고케이 소친古溪宗陳[131]의 일행一行짜리 글. 그 밖의 장식으로는 지난번의 다회(즉, 10월 5일에 연 불시의 다회)와 같다.

- □ 회석 - 청국장 국, 기러기구이, 산초山椒, 다시마조림.
- □ 과자 - 밀개떡, 표고버섯조림.

■ **휴식**

■ **후좌**

후좌에서 도코노마의 장식은 고케이 소친의 족자를 걷어내고 대나무로 만든 꽃병에 백동백白冬柏을 꽂았다. 그 밖의 것은 모두 지난번 다회와 같다.

---

131 고케이 소친(1532~1597)은 임제종의 선승으로, 궁중의 다회에서 시중을 들기도 했으며, 센 리큐와는 각별한 사이였다. 도요토미 히데요시에 의해서 그가 유배를 떠나게 되었을 때, 센 리큐는 송별하는 의미로 다회를 열기도 했다.

해설

센 리큐는 고케이 소친이 자신을 불문에 귀의시킨 선승이었다는 이유로, 그의 족자를 다회 때 자주 썼다. 이는 자신이 이른 선禪의 경지를 나타내기 위해서이기도 했다. 센 리큐는 이미 각서에서 밝힌 바와 같이, 다실의 도코노마 장식 가운데서 묵적을 가장 중요하다고 생각했다.

회석 요리는 청국장으로 끓인 국, 기러기구이, 다시마조림 등이었다. 기러기구이는 삼나무의 향기가 고기에 배어들도록 삼나무 널판 위에 올려서 구운 요리이다. 과자는 일반적인 형식으로 밀개떡과 표고버섯조림을 썼다. 이 메뉴는 매우 소박한 회석의 전형이 된다.

7. 다케노 조오를 추모하는 다회

10월 29일 아침.

다케노 조오의 기일忌日에 공양하는 마음으로 다회를 열었다.

다다미 4장 반짜리 다실에, 손님은 쇼레이 화상, 쓰네常 수좌, 난보 소케이, 이마이 소큐, 미즈오치 소케이.

■ **초좌**

초좌의 장식은 다이코쿠암大黑庵의 시구를 다케노 조오가 친필로 쓴 족자를 걸었다. 솥은 구름을 타고 하늘로 올라가는 용의 그림이 새겨진 운룡 솥. 천정에서부터 줄을 늘어뜨리고 줄 끝에 갈고리132를 달아 솥을 걸었다.

찻장의 장식은 소용돌이 모양의 향합, 깃털로 만든 비, 물 단지는 세토 도자기를 썼다.

운룡 솥

- 회석 - 된장국, 칡 두부, 우엉, 유자 된장.
- 과자 - 밀개떡, 삿갓버섯.

■ **휴식**

■ **후좌**

후좌에서 도코노마의 족자는 그대로 두고, 오

132 실내의 화덕 위 천정에서부터 줄을 내려뜨리고 갈고리를 달아 높이를 조절할 수 있도록 하여 솥을 거는 방식은 전통 주택에서 널리 쓰였으며, 다실에서도 솥을 걸 때 쓰인다. 길게 늘어뜨린 솥이 좌우로 천천히 흔들리면 동적인 분위기를 맛볼 수 있으며, 이렇게 내려뜨려서 쓰는 가마의 형식을 쓰리가마釣釜라 한다.

쓰리가마

리 모양의 바구니를 올려놓았다. 따로 쟁반에 여러 가지 꽃을 담아두었다. 귀빈貴賓인 쇼레이 화상이 꽃꽂이를 했다.

찻장의 장식은 향로 모양의 솥뚜껑 받침, 깃털로 만든 비, 세토 도자기 물 단지, 작은 짚방석 모양의 받침에 차호를 올려놓고, 검은색 다완, 대나무를 굽혀서 만든 찻숟가락, 얇은 널판을 둥그렇게 휘어서 만든 퇴수기, 대나무로 만든 솥뚜껑 받침을 썼다.

해설

다케노 조오는 센 리큐의 스승으로 1559년 10월 29일에 타계했다. 센 리큐는 다케노 조오의 선禪의 스승인 쇼레이 화상을 정객正客으로 모시고 스승을 추모하는 다회를 열었다. 참석한 손님들은 스님 외에도 다케노 조오를 따르던 사람들이었다.

족자의 내용은 다케노 조오가 지은 다이코쿠암의 시구인데, 이 책의 제3권 '찻장棚'에 다음과 같이 실려 있다.

다이코쿠암大黑庵이라 불리는 내가
즐겨 쓰는 후쿠로다나에는
차茶의 소중한 비법이 가득 담겨 있다네.

회석 요리는 스승을 추모하는 다회답게 정진精進 요리로 하여 소박하게 차렸다. 회석 요리를 든 뒤에 중간 휴식을 하고, 도코노마의 족자를 바꾸어 다는 것이 보통이지만, 추모의 대상인 다케노 조오의 족자이기 때문에 그대로 걸어두었다. 뿐만 아니라 쇼레이 화상이 위패를 모셔두고 공양을 올린다는 의미로서 위패로 꽃꽂이를 대신했다. 향을 피운 향로 또한 불교적인 측면에서 공양을 올린다는 의미를 지니게 되었다.

다회의 도코노마 장식은 초좌에서는 족자, 후좌에서는 꽃꽂이란 정해진 형태를 띠기도 하지만, 이 대목은 다회의 목적이나 상황에 따라서 얼마든지 탄력적으로 변형시킬 수 있다는 사례를 보여준다. 이 다회의 목적이 추모이니만큼 추모의 대상인 스승이 쓴 족자를 초좌와 후좌에서 두루 장식해둠으로써 위패와 같은 역할을 하도록 한 것이다. 이렇게 격식을 바꾸어 꽃꽂이 대신에 족자를 써서, 추모의 뜻을 심화시키는 연출 효과를 볼 수 있었다.

다회 진행 과정에는 엄격한 형식이 정해져 있지만, 상황에 따라서는 이 형식에 구애받지 않고 취지를 살릴 수 있는 대안을 찾는 정신이 중요하다는 점을 역설한 사례라고 생각된다.

8. 고케이 소친의 묵적

11월 3일 낮.

다다미 2장의 좁은 다실에, 손님은 야지마 히사자에몬矢嶋久左衛門과 구사베야 도에쓰草部屋道悅.

▪초좌

초좌에서 도코노마에 건 족자는 고케이 소친이 가느다란 붓으로 쓴 묵적. 솥은 구름을 타고 하늘로 올라가는 용의 그림이 새겨진 솥. 찻장에는 숯을 담은 바가지와 깃털로 만든 비가 갖추어져 있었다.

□ 회석 - 야채를 썰어 넣은 된장국, 전복 꼬치, 유자 된장, 산초 열매 열 알 정도.

▪휴식

▪후좌

후좌에서 쓴 농차기는 천하일天下一이라는 명물, 다완은 나가타비長旅, 물 단지는 시가라키 도자기를 썼다.

찻장의 장식은 깃털로 만든 비를 썼다.

11. 중국 고사와 흡사한 다회

11월 18일 새벽에 열린 다회. **밤새 내리던 눈**이 멎고 새벽하늘에는 아직 지지 않은 달이 모습을 드러냈다.

다다미 2장의 좁은 다실.

손님은 야마오카 소무와 **후루타 오리베**古田織部.

▪초좌

초좌에 장식한 족자는 목계牧谿137의 그림인데 대규戴逵138의 화찬畵讚이 있는 것이다. 솥은 오동 솥. 등잔불을 밝혔다. 찻장에는 솥 고리와 깃털로 만든 비를 갖추어 장식했다. 숯불을 일구어 차를 끓이고, 숯 그릇은 나물 바구니를 썼다.

- ㅁ 회석 - 채소와 무더기버섯으로 끓인 국, 종달새를 그린 질그릇.
- ㅁ 과자 - 밀개떡과 표고버섯조림.

▪휴식

▪후좌

후좌에서는 작은 농차기를 장식으로 썼다. 다완은 쓰쓰이筒井의 정

137 목계는 중국 남송南宋의 선승화가禪僧畵家로 중국 수묵화의 완성자라고도 하며, 일본 무로마치 시대의 수묵화에 많은 영향을 주었다. 그의 작품 〈관음觀音〉〈원학도猿鶴圖〉〈소상팔경도瀟湘八景圖〉 등은 일본의 국보로 현존한다.

138 대규(?~395)는 중국 동진東晋의 화가로 자字는 도안道安이다. 거문고의 명인이기도 했으며 학식도 뛰어나 불교의 인과응보설에 대응되는 석의론釋疑論 등을 써서 승려 혜원慧遠과 논쟁을 벌이기도 했다. 그림과 조각에 뛰어났던 대규는 불교예술을 중국화한 인물로 평가된다.

호井戶다완[139]을 썼다. 찻숟가락은 대나무를 굽혀서 만든 찻숟가락, 물 단지는 시가라키 도자기 물 단지, 대나무로 만든 대롱 모양의 솥뚜껑 받침, 퇴수기는 얇은 널판을 둥그렇게 휘어서 만든 그릇을 썼다.

해설

이 다회는 중국의 고사 '설야방대雪夜訪戴'에서 연유한다. 센 리큐는 눈 내리는 밤에 흥취에 이끌려서 벗을 찾아 길을 나섰던 대규의 고사를 염두에 두고, 그런 흥취를 기대하며 다회를 열었을 것이다. 그래서 눈 내리는 밤에 찾아온 손님을 맞이하고 환대하는 의미에서, 목계가 그리고 대규가 화찬을 쓴 소중한 족자를 걸었던 것이다.

즉, 센 리큐 자신은 왕자유王子猷가 눈길을 즐기며 찾아가려 했던 대규에 빗대었으며, 눈 내리는 밤에 찾아온 소중한 손님인 야마오카 소무와 후루타 오리베를 왕자유에 빗대어 감흥을 고조시키려 했다.

다회는 모인 사람들의 풍류 정신이 없으면 그저 숯불을 감상하고 음식을 먹고 차를 마시고 헤어지는, 공허하고 삭막한 자리가 되어버리고 만다. 풍류의 세계란 때로는 가공의 세계, 공상의 세계를 현실에 재현하는 데 의미를 둔다는 점을 생각할 때, 센 리큐는 자신과 손님을 1,000년 전의 중국 고사 속 인물들이라고 상상하면서 다회를 즐기고자 했던 것이라고 볼 수 있다.

그러나 바꾸어 생각해보면 다회의 취향을 고사에 짜 맞춘 듯한 느낌도 든다. 앞에서 11월 12일 첫눈 오던 날에 고림청무의 그림을 걸었고, 11월 17일에는 후

139 명물名物 정호다완의 하나로, 쓰쓰이 준케이筒井順慶, 1549~1584가 소장하고 있었기에 쓰쓰이의 정호다완이라는 이름이 붙여졌다.

센 리큐의 찻숟가락

지와라노 데이카의 눈에 관한 시를 걸었고, 다음 날인 11월 18일에는 '설야방대' 고사를 바탕으로 다회를 진행했다. 이 부분은 실제 사실을 기록한 것인지, 가상의 다회기인지, 혹은 전혀 다른 시기에 열렸던 다회를 편집하여 연속해서 수록한 것인지 좀 더 생각해볼 문제다.

26 | 밤새 내리던 눈

이 구절은 중국 남북조시대의 송宋나라 문인인 유의경劉義慶, 403~444이 후한後漢 말기부터 동진東晋 사이의 저명인들 관련 일화를 모은 소설집인 『세설신어世說新語』「임탄편任誕篇」에 나오는 '설야방대雪夜訪戴'라는 고사에서 연유한다.

중국 동진 때의 서예가로 유명한 왕희지王羲之, 303~361의 다섯째 아들 왕자유王子猷, ?~383년경는 회계會稽에서 살았는데, 어느 날 밤 큰 눈이 내렸다. 문득 잠에서 깨어난 왕자유가 문을 열고 술상을 보아오라 이른 뒤 사방 천지를 둘러보니 몹시도 밝고 깨끗했다. 그는 일어나 이리저리 거닐며 좌사左思가 지은 「초은시招隱詩」

명明대 화가 주문정周文靖의 〈설야방대도〉

명대 화가 사시신謝時臣의 〈산음귀도〉

를 읊었다. 이 시는 벼슬을 버린 은자가 은자를 초청하여 자연을 더불어 즐기자며 그 홍취를 노래한 것이다.

문득 친구인 대규戴逵가 생각난 왕자유는 마침 대규가 그리 멀지 않은 섬계剡溪에 살고 있었기에 바로 작은 배를 타고 찾아갔다. 그리고 날이 샐 때쯤 도착했으나 그는 무슨 생각을 했는지 대규의 집에 들어가지 않고 천천히 발길을 돌렸다. 사람들이 그 까닭을 물으니 왕자유는 이렇게 대답했다.

"홍에 겨워 갔다가 홍이 다해 돌아오는데, 굳이 만날 필요가 있겠는가乘興而行興盡而返."

그때 만약 왕자유가 친구 집 문을 두드려 친구와 마주하고 담소를 나누면서 아침을 얻어먹고 돌아왔다면, 그 홍은 그것으로 끝나고 말았을 것이다. 그러나 왕자유는 이처럼 스스로 홍을 즐기며 여운을 남기려는 마음가짐을 소중하게 여겼다.

홍이란 즐겁고 좋아서 저절로 일어나는 감정이다. 그렇기 때문에 홍은 합리적이고 이해타산적인 득실이 아니다. 홍처럼 문득 일어나는 순수한 감정이야말로 사람에게 가장 소중한 아름다움이라는 점을 말해주는 일화이다.

이 일화를 소재로 한 여러 그림이 〈설야방대도雪夜訪戴圖〉〈설중방대雪中訪戴〉〈산음귀도山陰歸棹〉등의 제목으로 전해지고 있다.

27 | 후루타 오리베

후루타 오리베古田織部, 1543~1615는 오다 노부나가의 부하로, 여러 전투에서 공을 세워 신임을 얻었다. 오다가 죽은 후에는 도요토미 히데요시의 부하로서 여러 전투에 공을 세우고 영주가 되었다. 센 리큐의 가장 큰 제자였던 그는 스승이 죽은 후에 다도 지도자로서 높은 평판을 얻어 도요토미 히데요시의 다두茶頭가 되어 활약했다. 도요토미가 죽은 후에는 에도시대가 시작되어 초대 장군 도쿠가와 이에야스德川家康에게서 영주로 임명받았으나, 아들에게 영지를 물려주고 은퇴하여 다도를 즐겼다. 제2대 장군 도쿠가와 히데타다德川秀忠, 1579~1632는 후루타의 다도를 좋아하여 그를 초빙하여 배우기도 했으며 여러 영주에게 다도를 가르쳤다. 그 후 후루타의 가신이 반란에 가담했음이 발각되어 후루타 가문은 몰락하게 되었다.

후루타가 다인으로서 활동했다는 여러 기록은 물론, 그의 독특한 취향이 반영된 다도가 많이 남아 있다. 그가 쓰던 다완은 '표경물剽輕物'이라 하는데, 표경이란 '가볍고 날래다. 매우 경솔하다. 거칠고 경박하다'는 뜻이다. 즉, 디자인이 매우 개성적이고 자유분방했다는 의미로 그만큼 후루타의 다완은 대담한 생김새나 독특한 색채를 띠고 있다.

예를 들면 다완 윗부분이 매우 일그러져서 마치 찌그려놓은 신발 같다고 할 정도였으며, 녹색과 검정색 유약으로 대담하게 그린 무늬는 당시로서는 첨단적인 디자인이었다. 이와 같은 디자인은 오늘날에도 '오리베야키織部燒'라는 명칭으로 전승되고 있으며, 현대인이 보아도 '이국적이다' 혹은 '모던modern하다'는 평가를 받을 정도이다.

후루타 오리베는 다도의 네 조상, 즉 '다도사조茶道四祖' 혹은 센 리큐 다도의 계승자로서 '리큐칠철利休七哲'의 한 사람으로 추앙받는 다도 명인이다. 후루타에 관해서는 센 리큐와 얽힌 일화가 여러 편 전해진다. 센 리큐가 유배지로 떠날 때,

모두가 두려워하며 나서지 않았으나 후루타가 호소카와 산사이細川三齊와 함께 선착장까지 송별하러 갔던 이야기, 센 리큐에게서 하사받은 찻숟가락을 대나무 대롱에 넣어 위패로 삼아 '눈물의 대나무 통泪の筒'이라 하며 매일 밤마다 절했다는 이야기는 다인들 사이에 오늘날에도 끊임없이 회자된다.

후루타 오리베가 센 리큐에게 받은 찻숟가락

후루타 오리베 스타일의 다완

12. 정호다완을 쓴 다회

12월 5일 낮에 여는 다회. 눈이 내렸다.

다다미 2장의 다실에서, 손님은 이시다 모쿠石田木工[140]와 기노시타 한스케木下半介 두 사람.

■ **초좌**

초좌에서 도코노마에는 고림청무가 '설중상당雪中上堂'이라고 쓴 묵적을 걸었다. 솥은 덴묘의 싸라기눈霰 모양의 솥[141]을 썼다. 찻장에는 숯을 담은 나물 바구니와 깃털로 만든 비를 장식해두었다.

- ㅁ회석 - 야채와 작은 새의 고기[142]를 다져 넣어 끓인 국, 대구구이, 다시마조림.
- ㅁ과자 - 밀개떡과 표고버섯조림.

싸라기눈 모양의 솥

■ **휴식**

■ **후좌**

후좌의 장식으로 농차기는 검정색의 것, 다완은 쓰쓰이의 **정호다완**, 물 항아리는 비젠 도자기를 썼다. 족자는 말아서 거두고, 매화를 꽃병에 꽂았다.

---

140 도요토미 히데요시를 섬기던 모모야마시대의 무사이자 다인으로, 진중陣中에서 다회를 주재하기도 했다.

141 솥의 둘레에 싸라기눈 모양의 작은 돌기를 많이 양각하거나 그 위에 다른 무늬를 넣은 솥을 말한다.

142 참새·종달새·휘파람새 등의 작은 새의 고기를 단자로 만들어 넣고 끓여 만든 국이다.

해설

도요토미 히데요시의 가신인 이시다 모쿠와 기노시타 한스케를 손님으로 모시고 연 다회이다. 눈 내리는 가운데 열었기 때문에 이와 어울리는 족자인, 고림청무가 쓴 '설중상당'이라는 묵적을 걸었다.

쓰쓰이의 정호다완은 도요토미 히데요시가 쓰던 것인데, 시중드는 아이가 잘못하여 떨어뜨렸을 때 금이 갔다고 한다. 때문에 도요토미 히데요시가 아이를 크게 꾸짖으려 하다가 주위의 만류로 참았다는 일화가 있어서 이 다완은 더욱 유명해졌고 소중한 다완으로 여겨지게 되었다. 조선에서 만들어진 이 다완은 도요토미 히데요시가 휘하의 장수인 쓰쓰이 준케이에게서 헌상받아 비장하고 있던 일품이었다. 옅은 갈색 바탕에 금이 간 모습 그대로 전해지고 있으며, 오늘날에는 일본의 중요문화재로 지정되어 있다. 정호다완은 조선 초기부터 중기 사이에 조선 남부의 한정된 지역에서 제작되어 모양과 색깔에 공통된 특징을 지닌다.

28 | 정호다완

최근 한국에서도 정호井戸다완이란 이름이 널리 통용되고 있는데, 정호란 '우물'이라는 뜻의 일본어 이도井戸의 한자를 음독한 것이다. 조선시대에 일본으로 전해진 다완 가운데 일본 다인들의 미의식에 가장 잘 호응되어 소중하게 여겨졌다. 우물처럼 깊숙한 느낌을 주기 때문에 이 명칭이 붙었다고도 하고, 소장하던 사람의 성이 이도였기 때문이라고도 하나 확실한 어원을 단정할 수 없다.

제작 시기는 조선 중기인 15~16세기이며, 작풍에 일정한 양식이 고수되는 모습을 볼 수 있다. 이런 점에서 정호다완은 단기간에 집중적으로 경상도 지역을 중심으로 제작되었다고 할 수 있다. 일본인들은 '정호다완' 하면 대개 비파나무 열매 색깔의 유약이 특징이라고 하지만 노란색에 가까운 것, 벚꽃 색깔에 가까운 것 등으로 그 색이 다양하다. 크기나 양감 혹은 유약의 색이나 표면의 모양에 따라서 대정호, 소정호, 청정호, 소관입 등으로 분류한다.

특히 대정호다완 중에는 전해지는 사연과 더불어 명물로 평가받는 것이 많다. 물레를 돌릴 때 남긴 도공의 자연스러운 손자국과, 굽과 밑동에 흘러내리다가 뭉쳐져서 굳어진 유약의 우툴두툴한 모양에서 일본 다인들은 특별한 에너지를 느낀다고 한다.

오늘날 여러 정호다완이 중요 문화재로 지정된 것을 보아도 알 수 있듯이, 정호다완이 지닌 독특한 미적 요소는 와비 다도와 조화를 이루면서 높은 평가를 받고 있다.

일본국보 기자에몬 정호다완

13. 아침식사 직후에 열린 다회

12월 11일 조반 후 임시로 연 다회.

다다미 3장의 다실. 손님은 도다 민부戸田民部와 이케다 히추池田備中.

■ **초좌**

도코노마에는 동서덕해의 묵적을 걸었다.

초좌에서는 우선 박차를 한 잔씩 마셨다. 물 단지는 비젠 도자기를 썼다. 박차의 찻잎을 담아두는 박차기는 나카쓰기中次[143]를 썼다.

□ 과자 - 구운 다시마와 밤.

나물 바구니로 숯을 담아다가 숯불을 다시 피우고 운룡 솥을 걸었다. 찻장에는 향합과 깃털로 만든 비를 장식해두었다.

● 나카쓰기

■ **휴식**

■ **후좌**

묵적을 거두어 넣고, 대나무병에 매화를 꽂아서 걸었다. 밑동이 불룩한 농차기를 **천목다완**과 어울리게 사각 쟁반에 얹어놓았다. 물 단지는 계속해서 비젠 도자기를 썼다.

143 박차를 담아두는 용기. 즉, 박차기의 종류명이다. 원통형에 허리 중간 부분까지 뚜껑이 덮인 모양에서 명칭이 유래했다.

해설

아침식사 직후에 갑자기 열게 된 다회였기 때문에, 다른 다회와는 진행 순서가 크게 달랐다. 이미 식사를 마치고 찾아온 손님을 대접했기에 회석 요리는 내지 않고 박차만 먼저 내었다. 그 뒤에 농차와 과자를 대접했는데, 과자도 감칠맛이 나는 것으로 준비했다. 일반적으로는 농차를 먼저 마신 뒤에 박차를 마시지만, 이 순서를 바꾸었다. 다시 한 번 숯불을 일구고 소중한 천목다완을 내어 씀으로써, 정식을 따르지 않았지만 순서를 바꾸어 손님에게 정중함을 표하려 했다.

천목다완은 중국에서 수입한 다완으로, 격식이 매우 높게 평가되며 진행초 가운데서 진에 해당된다. 때문에 귀한 손님을 모시는 자리에서 정성을 다한다는 표현으로 소중히 아껴두었다가 썼다.

29 | 천목다완

중국에서 수입한 물건은 당나라 이후의 제품이라고 해도 당물唐物이라 했는데, 그중에서도 천목天目다완은 매우 격이 높은 다완으로 소중히 취급되었다. 천목이란 명칭은 중국 안휘성과 절강성에 걸쳐 있는 산의 이름이자 산지의 지명에서 유래한다. 14세기 전반에 천목산天目山의 절에서 수행하던 일본의 유학승들이 가지고 왔다는 기록이 있다.

기본적으로 검은 유약을 바르고 굽이 낮으며, 바깥으로 벌어지면서 올라가던 울의 윗부분이 일단 안쪽으로 굽었다가 다시 바깥을 향한다는 외형상의 특징을 지닌다. 매우 견고하고 완벽한 곡선을 이루며 유약을 빈틈없이 발라 긴장감을 준다. 검은색 안쪽 바닥이나 울에 무지갯빛 얼룩 반점이 있는 것, 토끼털같이 가는 선이 무수히 나타나는 것, 매화나 국화, 용이나 봉황 모양을 그린 것, 회색 재를 씌운 모양의 것 등 다양한 기법을 활용하여 만들어진다.

천목다완은 진행초 가운데서 항상 진의 분위기를 표현하려는 다회에서 쓰이며, 반드시 받침을 얹어서 쓰는 전통을 지녔다. 특별히 의식성을 강조하거나 긴장감을 추구할 때 천목다완에 받침을 곁들인다.

천목다완(요변)

천목다완(토끼털 모양)

14. 오다 노부나가를 위한 다회

12월 16일 조반 후 임시로 연 다회.

다다미 2장의 좁은 다실.

오다 노부나가織田信長[144]를 대접하기 위해서 연 다회.

오다 노부나가가 다이토쿠사 참배를 마치고 돌아가는 길에 갑자기 센 리큐를 방문했다. 쇼레이 화상과 쓰다 소규가 함께 자리했다.

■ **초좌**

초좌의 장식으로 도코노마에 건 족자는 요암청욕了庵清欲[145]의 묵적. 솥은 운룡 솥을 썼다. 찻장에는 솥 고리環와 깃털로 만든 비를 가지런히 놓고, 향반香盤에 향로·향합·향 젓가락·재를 담는 그릇 등 향도구를 갖추어서 내어놓았다. 곧 향을 피워서 향을 즐겼다.

□ 과자 - 삼나무로 만든 그릇 위에 군고구마, 물 밤.

■ **휴식**

---

144 오다 노부나가(1534~1582)는 전국시대에 전란의 혼란 가운데서 여러 세력을 평정하여 패권을 차지한 장수였다. 뛰어난 무술과 전술을 구사하는 한편, 다도를 좋아하여 신뢰하는 부하들에게 다도를 허락하고 다도구를 하사하는 등, 다도를 정치의 수단으로 활용했다. 센 리큐를 다도 코디네이터로 임명하여 다도를 총괄하게 함으로써 다도가 무사들의 정치 활동이자 문화 활동의 한 가지로 자리매김하게 했다. 부하의 반란으로 죽음을 당하자 부하였던 도요토미 히데요시가 권력을 계승했다.

145 요암청욕(1288~1363)은 원나라의 선승. 유명한 선승 고림청무의 제자로 여러 사찰에서 주지를 역임했고, 많은 일본 승려들이 그에게서 수행했다. 일본 승려가 수행을 마치고 귀국할 때 청한 데 응해 써준 그의 묵적은 여러 영주의 손을 거쳐서 전해지다가 일본국보로 지정되어 도쿄국립박물관에 소장되어 있다.

■ **후좌**

후좌에 들어서는 걸어두었던 묵적을 떼어내고, 대나무 꽃병에 매화를 꽂았다. 농차기는 짚으로 동그랗게 짠 작은 깔개에 얹어두었고, 다완은 시마스지구로島筋黑[146], 물 단지는 세토 도자기를 썼다.

위와 같이 작은 다실에서의 다회를 끝낸 뒤, 오다 노부나가는 서원으로 자리를 옮겨 새로 점심상을 받았고, 그 후에 쇼레이 화상은 절로 돌아갔다.

■ **서원으로 자리를 옮겨 대접하기**

- ㅁ 요리 - 국은 학鶴 고기, 생선회, 생선의 알, 우엉, 감자조림. 두 번째 국은 대구, 질그릇에 작은 새 구이를 내었다. 두릅, 생선회는 잉어와 병어, 무짠지, 안주는 삿갓조개와 메추라기, 연근蓮根, 조개관자와 순무를 넣어 끓인 된장국.
- ㅁ 과자 - 밀감, 부꾸미, 석류石榴, 곶감, 배.

서원의 장식은 마원馬遠[147]이 그린 두 폭의 산수화山水畵. 승냥이 모양의 향로를 소용돌이 모양의 향로대香爐臺에 얹어 장식했다.

서원의 도코노마 위에 장식한 문방구는 조자앙趙子昂[148]의 벼루, 거북 모양의 연적硯滴, 붓걸이, 말아서 얹어놓은 조자앙의 족자.

---

146 세토 지방에서 만든 명물 다완. 센 리큐가 소중히 여겼으며, 후에 제자 난보 소케이에게 전해졌다.

147 중국 남송南宋의 화가로, 특히 수묵산수水墨山水에 뛰어났다. 약 1189년부터 1224년까지 궁정화가로 활동했다. 주로 자연의 경관을 대각선 구도법으로 그렸으며, 여백이 많은 화면을 특색으로 한다. 일본 미술에도 큰 영향을 미쳤으며 실물이 전한다.

148 조맹부趙孟頫, 1254~1322, 자字는 조자앙趙子昂는 남송 말·원나라의 화가로, 힘찬 필법을 구사했으며 일본의 서도에 많은 영향을 끼쳤다. 송나라의 왕족이었으나 재주를 인정받아 원나라의 고관이 되었으며, 특히 산수·인물·화조에 탁월했다.

칸을 어긋나게 만든 붙박이 선반에는 바구니와 분재를 장식했다. 분재는 산 모양의 돌에 나무를 심고 '기로紀路'라는 이름을 붙였다. 오다 노부나가의 명령에 따라서 센 리큐는 대자를 사용하여 다회를 진행했다. '대해大海'라는 이름이 붙은 농차기를 썼다.

해설

이 다회는 전형적인 오나리御成의 사례이다. 당시에 권력의 절정에 있었던 오다 노부나가를 손님으로 맞이하여 불시에 연 아주 특별한 다회였다. 절에서 참배를 마치고 돌아가는 길에 쇼레이 화상과 함께 예고도 없이 센 리큐를 찾아왔기에 갑자기 열리게 되었다.

먼저 격식대로 좁은 다실에서 초좌와 후좌를 진행한 뒤에, 특별히 장식한 서원으로 자리를 옮겼다. 그곳에서 장식을 감상하며 과자와 차를 드는 순서로 이어져서, 여느 다회와는 달리 호화롭게 진행되었다. 회석 요리도 여러 가지가 마련되었고, 안주도 다양했다.

이처럼 다실에서 시작한 다회를 다실에서 완결하지 않고, 도중에 넓은 서원으로 자리를 옮겨 자유로운 분위기에서 연회를 계속 진행하는 방식은 에도시대에 계승된 오나리 양식의 원초적인 모습이다.

서원은 호화롭게 장식해두었고, 상 위에 문방사우도 갖추어두었다. 서원으로 자리를 옮긴 후에는 오다 노부나가의 명에 따라 다도구를 얹어두는 이동식 다도구 선반인 대자를 써서 다회를 진행했다. 도코노마에는 산수화 두 폭을 걸었고, 바닥은 받침대에 올려놓은 향로로 장식했다. 뿐만 아니라 서원에 있던 또 하나의 도코노마는 유명한 화가인 조자앙이 쓰던 벼루·연적·필가筆架·붓·먹과 족자 등

여러 단을 엇갈리게 설치하는 엇선반

으로, 벽에 설치한 선반은 바구니와 분재로 장식하는 등 초호화판 장식품이 가득한 가운데 진행된 연회였다. 이는 호화로움의 극치를 드러내는 서원 다회의 사례로 주목된다.

이렇듯 이 다회는 센 리큐가 추구하는 소박하고 진지한 와비 다도가 아니라 권세의 절정기에 있었던 오다 노부나가의 취향에 따라, 권력가의 호사를 자랑하는 다회였다. 자신의 취향과는 반대인, 최고 권력가의 취향에 맞추어 진행된 이 호사스러운 다회는 다인 센 리큐로서는 내키지 않는 자리였을지도 모른다.

15. 해 질 녘에 열린 다회

12월 22일 신시申時부터 다다미 2장의 좁은 다실에서 열렸다.

손님은 시마이 소시쓰島井宗室와 후지우치藤內.

■**초좌**

초좌의 꽃꽂이는 작은 바구니에 흰 동백으로 했고, 솥은 운룡을 썼다. 찻장에는 향합과 깃털 비를 장식했다.

□ 회석 - 전복을 넣어 끓인 된장국, 술을 두 번 돌렸다. 꼬치에 꿴 새 구이와 표고버섯구이.

■**휴식**

■**후좌**

후좌에 들어갈 무렵에는 어두워졌기 때문에 등불을 켰다. 걸어두었던 꽃꽂이를 거두고, 요암청욕의 족자를 걸었다. 찻장에는 '천하제일天下第一'이라는 이름으로 불리는 명물 농차기와 깃털로 만든 비를 장식해두었다. 물 단지는 나무로 만든 물통, 다완은 미시마라는 고려다완149을 썼다.

---

149 고려다완에서 '고려'란 다른 나라에 대한 인식이 희박했던 당시의 일본인들이 이미 고려(918~1392)를 대신하여 조선(1392~1910)이 건국되었다는 사실을 모르고 외국으로서의 우리나라 전반을 지칭하는 명사였다. 따라서 고려다완이란 고려시대의 다완 몇몇을 포함하여 조선시대의 다완 전체를 지칭하는 통칭이다.

해설

해가 일찍 지는 일본의 겨울철에는 오후 4시경이면 이미 어두워지기 시작한다. 해 질 녘에 열리는 다회에서는 어두워지기 전에 초좌가 시작되지만 후좌가 시작될 무렵에는 등불을 켜야 하므로 변화의 즐거움을 맛볼 수 있다. 이때 마치 밤 다회와 같은 분위기를 자아낸다. 햇빛이 남아 있던 다실이 차츰 어두워지니, 불을 켜기 전과 어두워진 후의 변화 과정을 진지하게 즐길 수 있다.

밤에 열리는 다회에서는 흰 꽃이 좋다고 했기에 흰 동백으로 꽃꽂이를 했다. 밤이 되자 도코노마의 기둥에 등잔을 걸어서 정취를 더했음을 알 수 있다. 기둥에 걸어놓은 등잔은 기름을 넣고 심지를 꽂아 불을 붙여서 쓰는데, 그다지 밝지 않아 조명 효과는 크지 않다. 그러나 등불 아래 모인 손님들의 주의를 집중시키며 아늑한 분위기를 자아내는 효과가 있다. 마치 오늘날에도 전등을 끄고 촛불을 밝힘으로써 낭만적인 분위기를 즐기려는 심리와 유사한 목적인 듯하다.

16. 큰 눈이 내린 밤에 열린 다회

12월 25일 절분節分, 즉 입춘立春 전날, 눈이 많이 내리는 밤에 갑자기 다회를 열게 되었다.

다다미 4장 반의 다실에 손님은 가나모리 나가치카金森長近, 도미타 도모노부富田知信[150], 쓰게 사쿄 등 세 사람.

이날 밤 7시경, 뜻밖에 센 리큐에게 손님들이 찾아왔다. 로지 문을 열고 맞이하여 다다미 4장 반 다실로 이 세 손님을 모셨다. 센 리큐는 손님들을 안내하고 나서 디딤돌 위에 쌓인 눈을 쓸어 길을 냈다. 그리고 등불을 로지의 걸상 옆에 걸어두었다.

■ **초좌**

도코노마에 목계의 수노인壽老人[151] 그림, 네모난 솥을 걸고, 촛대를 내어놓고, 소용돌이 모양의 향로대에 오리 모양의 향로를 얹어두었다. 궁대

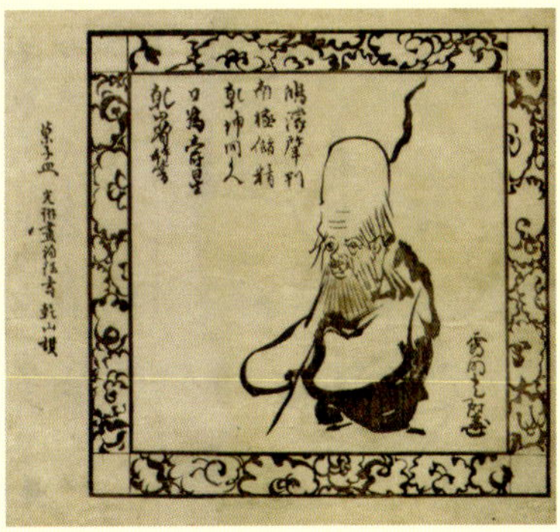

수노인

150 가나모리 나가치카(1523~1608)와 도미타 도모노부(?~1599)는 오다 노부나가와 도요토미 히데요시를 섬기던 무사로, 센 리큐에게서 다도를 배웠으며 다도에 조예가 깊었다.

151 중국 설화에 등장하는 장수長壽의 신으로 일본에 전래되어 칠복신七福神 가운데 하나가 되었다. 키는 작지만 이마가 매우 넓고 지팡이를 쥐고 있는 인자한 모습으로 나중에 수성壽星, 즉 남극성南極星이 되었다고 한다. 수노인을 잘 섬기면 인간에게 장수와 복을 가져다준다는 민간신앙이 있다.

귀얄 자국이 있는 고려다완

자弓臺子152 위에는 무늬가 없는 민짜 물 단지, 동銅으로 만든 물구기 세우개, 주둥이가 좁은 퇴수기, 작은 등잔대를 솥뚜껑 받침으로 대용했고, 향합, 깃털로 만든 비 등을 얹어두었다.

ㅁ 회석 - 대구와 야채를 넣고 끓인 국, 생선회, 꼬치에 뀐 전복구이.
ㅁ 과자 - 부꾸미와 표고버섯조림.

▪ **휴식**

▪ **후좌**

궁대자 위에 밑동이 불룩한 농차기를 사각 쟁반에 얹어서 장식하고, 그 곁에 천목대天目臺에 받혀둔 천목다완을 놓아두었다. 천목대에는 다케노 조오가 상아象牙로 만든 찻숟가락이 얹혀 있었다.

새로 내온 다완은 귀얄 자국이 있는 고려다완이었다. 도코노마의 장식은 바꾸지 않고 그대로 두었고, 그 앞에 동으로 만든 큰 꽃병을 내어놓고, 매화꽃을 가득히 꽂아두었다.

---

152 이동용 다도구 선반의 하나로, 급대자及臺子 혹은 급제대자及第臺子라고도 한다. 대자에는 다도구를 장식해두는 사각의 바닥 널판, 즉 지판地板과 윗널판, 즉 천판天板이 있는데, 그중에서 급대자는 천판을 두 기둥만으로 받치도록 간결하게 만든 대자다. 기둥은 네 귀퉁이에 세우는 것이 보통이나 두 개만 세웠다는 것은 초서체화, 즉 소박하고 검소하게 했다는 의미를 지닌다. 중국 송나라에서 과거에 급제한 사람의 작문을 올려놓는 대臺를 급제대자라 했던 데서 연유한다고 전해진다.

해설

큰 눈이 내리는 날, 갑자기 찾아온 손님들을 맞이한 센 리큐는 엄한 격식을 따르기보다는 눈의 흥취를 깨뜨리지 않으려는 데 더 마음을 썼다. 평소대로라면 눈을 치워놓고 로지의 걸상에서 손님이 기다리며 한숨 돌리게 한 뒤에 들어오도록 했겠지만, 눈길을 뚫고 도착한 손님들을 바로 다실로 안내했다. 다회가 진행되는 동안에는 손님들이 돌아갈 때 미끄러지지 않도록 디딤돌의 눈을 쓸어두었다. 도코노마에는 바깥의 흰 눈과 어울리도록 흰 매화를 가득 꽂아, 눈 오는 밤의 정취를 고조시키며 다회를 진행했다.

눈 내리는 날에 흥취에 젖어 찾아온 다인들의 흥이 깨어지지 않도록 세심하게 배려하는 센 리큐의 풍류 정신이 잘 드러난 대목이다.

눈 내린 다실의 정원

17. 입춘 다회

12월 26일 아침. 입춘立春.

다다미 4장 반의 다실에서, 고니시 유키나가小西行長[153], 후루타 오리베, 이마이 소큐, 다테이시 쇼린立石紹林 등 네 손님이 함께 자리했다.

■초좌

초좌에서, 도코노마에는 '춘풍일진春風一陣'이라고 큼직하게 쓴 고케이 소친의 묵적을 걸었다. 싸라기눈 모양의 솥을 쓰고, 호라선반洞棚[154]에는 시가라키 도자기 물 단지를, 찻장에는 참새 모양의 향합, 깃털로 만든 비를 장식해두었다.

- □ 회석 - 뿌리째로 뽑은 나물로 끓인 국, 식초를 조금 뿌린 생선 회膾, 다시마조림.
- □ 과자 - 정월달에 먹는 과자.

■휴식

■후좌

153 고니시 유키나가(?~1600)는 무사로서 활동하다가 도요토미 히데요시에게 발탁된 후, 여러 전투에서 두각을 나타내어 히고肥後, 지금의 구마모토현熊本縣의 영주가 되었다. 임진왜란 때 사령관으로서 조선을 침략하여 평양성을 점령하기도 했다. 도요토미가 죽은 후에 도쿠가와 이에야스와 대적하다가 패하여 처형되었으며, 기독교인으로서 다도에도 조예가 깊었다.

154 높이 50센티미터 정도인 이동식 찻장. 지판의 좌우에 널판을 세우고, 천판을 붙여서 만든다. 일반적인 용도로 쓸 때는 지판 위에 물 단지를 두고, 천판 위에 향합이나 농차기 등을 얹어둔다. 좌우의 널판에는 물구기나 깃으로 만든 비를 걸어두기도 한다.

후좌의 장식은 바구니를 내다가 매화를 꽂았다. 호라선반의 상판에는 사각 쟁반을 놓고 윗부분을 도려낸 차기를 장식했으며, 하판에는 초좌 때와 같은 물 단지를 놓아두었다. 이 찻장에 물구기를 올려놓았고, 대나무로 만든 대롱 모양의 솥뚜껑 받침도 장식해두었다.

몬사스 퇴수기[155]와 조지로가 소장하던 붉은색의 기마모리木守[156]라는 이름의 다완을 어울리게 장식해놓았다.

해설

입춘날 아침에 당대의 유력 인사들을 모시고 정식으로 진행한 아침 다회를 즐긴 기록이다. 센 리큐는 만년에 매우 소중히 여기던 다완을 내어서 손님들이 볼 수 있도록 했다. 저명한 도공인 조지로가 만든 다완은 울이 높고 밑동이 넓으며 전체적인 색깔이 붉거나 검은 것이 특징이다. 기마모리라는 다완은 명물로서 교토의 무샤노코지센케武者小路千家에 전해지다가 다른 사람에게 넘어간 이후 1923년 관동대지진 때 소실되었다.

입춘의 정취와 어울리도록 밝은색의 다완을 내어놓고 소중히 소장하던 '춘풍일진'이라 쓴 스승의 족자를 내어 걸었음이 주목된다. 입춘과 더불어 한바탕 새로운 봄바람이 힘차게 불어주기를 고대한다는 감정을 족자로 표현하여 함께 즐기고자 한 것이다.

---

155 당시 스페인이나 포르투갈을 통해서 수입된 퇴수기. 동銅으로 만들며 둘레의 장식 조각이 특징이다.

156 교토의 명문 도공 가문인 라쿠가樂家에서 만들어낸 다완의 이름. 아카라쿠赤樂 계통인 기마모리는 센 리큐가 소중히 여기던 일곱 가지 도기陶器 가운데 하나다.

18. 신년에 혼자 하는 다회

정월 초하루.

손님은 없이 센 리큐 혼자 다회를 열다.

다다미 4장 반의 다실에서 정월의 대복차大服茶를 마시며 신년을 축하했다.

도코노마에는 목계의 수노인 그림을 걸었다. 솥은 운룡 솥을 걸고, 나뭇결이 그대로 드러나 보이는 두레박에 물을 길어다가 이를 물 단지로 삼고, 금줄157을 쳤다.

밑동이 볼록한 농차기를 사각 쟁반에 담고, 약사당藥師堂 천목을 천목대에 받쳐서 장식했다. 학 머리 모양의 꽃병에 매화꽃을 꽂고, 손잡이가 달린 박을 숯 그릇으로 썼다.

해설

센 리큐는 신년을 맞이하여 번거로움을 피해서 손님은 모시지 않고, 혼자 차를 마셨다. 도코노마에는 수노인 그림을 걸어 정월의 경사스러운 분위기를 나타내려 했다. 갓 길어온 우물물을 두레박째로 올려놓고, 그 둘레에 금줄까지 쳐서 정월의 신성함을 잘 나타냈다.

대복차는 정월 설날에 경사스러운 의식으로서 마시는 차를 가리킨다. 복을 많이 받으라는 의미에서 대복차大福茶, 다이후쿠차라고도 하는데, 혹은 많이 마시라는

157 성역을 나타내는 표시로서, 부정不淨을 타지 못하도록 둘러놓은 새끼줄을 말한다.

뜻으로 대복차大腹茶, 다이후쿠차라고도 한다. 또는 왕실이나 귀족의 가정에서 유래되었다고 하여 황복차皇服茶, 오부쿠차 혹은 왕복차王服茶, 오후쿠차라고도 전한다.

대복차를 마시는 것은 정월 설날 아침에 가장家長이 직접 탄 차를 불전에 바치고, 이 차를 내려서 가족 모두가 나누어 마심으로써 1년의 액을 물리치고 무병장수를 비는 불교의 연중행사에서 연유한 풍습이다. 다도 가문에서는 오늘날에도 신년에 가족이 모여 조상에게 차를 바치고 가족들도 나누어 마시며 신년을 축하하는 의식을 치른다. 다인들도 다실에 모여 대복차를 나누어 마시면서 신년을 축하하며 인사를 주고받는 행사를 한다.

19. 자일의 다회

정월 5일 자일子日. 낮.

다다미 3장의 다실에서 히노 데루스케日野輝資, 호소카와 유사이, 이마이 소큐 등 세 손님이 함께 자리했다.

■초좌

초좌에서는 눌러 말린 전복을 담은 쟁반과 뿌리가 흙 위로 올라오게 심은 소나무 분재를 도코노마에 장식했다. 로에는 운룡 솥을 걸었다. 숯 그릇으로 쓰는 박과 깃털 비를 찻장에 장식했다.

- ㅁ 회석 - 봄 채소를 넣어 끓인 국, 새고기 회, 다시마조림, 꼬치에 꿴 전복 구이, 순무 무침을 곁들였다.
- ㅁ 과자 - 밀개떡, 표고버섯조림.

■휴식

■후좌

후좌의 장식은 도코노마의 쟁반을 거두어내고, '춘풍일진'이라 쓴 고케이 소친의 묵적을 걸었다. 류코立鼓[158] 모양의 농차기, 다완은 쓰쓰이다완, 대나무를 굽혀서 만든 찻숟가락, 물 단지는 시가라키를 썼다. 찻장에는 깃털 비가 놓여 있었다.

류코

158 원래 악기 장고長鼓의 몸통 부분만 세로로 세워놓은 모양을 가리키는 말인데, 다도에서는 농차기·물 단지·꽃병 등의 형태 명칭으로 쓰인다. 세워놓은 장고 모양처럼 허리가 잘록하고 위아래가 벌어진 모양의 다도구를 말한다.

해설

이 다회에 손님으로 온 이들은 귀족 히노 데루스케, 무사 호소카와 유사이, 상인 이마이 소큐 등 각기 다른 신분이었으나 모두 센 리큐와 친밀히 교류했고 다도에 조예가 깊었던, 당대의 문화인들이었다.

정월 초, 경사스러운 날에 이와 걸맞은 다도구를 준비하여 다회를 진행했음을 알 수 있다. 전복을 말리며 납작하게 펴서 모양을 만든 음식은 경사스러운 날에 경사스러운 의미를 나타낼 때 쓰는 음식으로 '노시아와비熨斗鮑'라 하여 진귀하게 여긴다. 의례를 치를 때나 특별한 손님을 모실 때 마련하는 음식으로, 정월에 특별히 모신 손님에게 정성의 표시로 내놓은 것이다. 뿐만 아니라 새로운 봄을 기대한다는 의미에서 '춘풍일진'이라는 족자를 내어 걸었다. 정월다운 분위기를 나타내기 위해 세심하게 주의를 기울였음을 알 수 있다.

동아시아의 민속에서 자일子日은 십이지十二支 가운데 쥐날을 말하는데, 대개 정월의 첫 자일을 가리킨다. 이날 일본에서는 소나무 가지를 꺾어 가지고 놀면서 그 푸른빛에 빗대어 건강히 오래 살기를 빈다. 귀족들은 이날을 축하하는 연회를 열기도 한다. 간지干支를 중요하게 생각하여 매년 해당되는 십이지가 있는 것처럼 달과 날에도 십이지를 정해두고 각각 의미를 부여하는 풍속이 중국에서 시작되어 우리나라와 일본에도 널리 전해졌다.[159]

센 리큐가 정월 첫 자일의 풍속을 다회에 반영시켜 경사스러운 자리로 꾸미고자 했던 의도가 잘 드러난 대목이다.

---

159 임동권『한국세시풍속연구』p.142 집문당 1985
정월의 첫 자일을 한국의 세시풍속에서는 '상자일 上子日'이라 하여, 곡식을 축내는 쥐를 쫓는 놀이를 한다. 곡식을 볶아서 주머니에 넣어두면 재수가 좋다고 하며, 대궐에서는 주머니를 만들어 각색 실로 끈을 만들고 큰 나비같이 두 귀를 꿰매어두었다가 조정에 문안 오는 신하들에게 나누어주는 풍속이 있었다.

20. 일곱 가지 곡식으로 만든 죽을 준비한 다회

정월 7일, 아침.

다다미 2장의 좁은 다실에서 마쓰오카 우쿄松岡右京[160], 주묘인壽命院[161] 두 손님과 함께 자리했다.

▪초좌

초좌에서 도코노마에 '춘풍일진'이라고 쓴 고케이 소친의 묵적을 걸었다. 오동나무 그림이 새겨진 솥桐釜을 걸고, 찻장에는 솥 고리와 깃털 비를 갖추어놓았다.

□ 회석 - 일곱 가지 곡식으로 만든 죽七草粥, 작은 꼬치에 꿰어서 구운 전복과 표고버섯조림.

▪휴식

▪후좌

후좌에서는 대나무로 만든 꽃병에 매화꽃을 꽂았다. 농차기는 작고 동그란 깔개로 받쳐놓았다. 검은색 다완을 놓고, 두레박에 물을 길어다가 그대로 물 단지로 삼아 썼다.

---

160 도요토미 히데요시의 측근으로 말을 타고 호위하는 역할을 담당했다.

161 모모야마시대의 의사로서, 도요토미 히데요시의 시의侍醫였다. 문학과 다도에 조예가 깊었다.

해설

일본 민속에서는 정월 7일을 칠초죽七草粥을 먹는 날이라 해서, 일곱 가지 채소를 넣어 만든 죽을 먹는다. 오늘날 그 일곱 가지를 미나리·냉이·떡쑥·별꽃·광대나물·순무·무 등이라고 하지만, 시대와 지역에 따라 달라지기도 한다. 그러나 정월 7일에 일곱 가지 채소로 만든 죽을 먹으면서 잡귀를 쫓아내며 풍년과 온 가족의 건강을 기원한다는 본래의 뜻은 공통된다. 특히 정월 초부터 계속해서 먹는 설 음식이 위에 부담을 많이 주기 때문에 이즈음 그 부담을 덜어주기 위하여 죽을 먹는다는 실용적인 의미도 찾아볼 수 있다.

회석으로 칠초죽을 마련했기에, 국이나 다른 반찬은 내지 않고 구운 전복과 버섯만 냄으로써 칠초죽이 중심이 되고 있다.

센 리큐는 정월 7일에 칠초죽을 먹고 놀면 1년 내내 잡귀가 붙지 않는다고 하는 민간의 풍속을 다회에 잘 조화시켜서, 정취를 고조시키는 한편 이야깃거리로도 삼고 그 의미를 심화시키려 했다. 또한 두레박을 물 단지로 삼는 일은 아침 다회에 어울리는 일이라고 했듯이, 갓 길어온 두레박을 통해서 아침의 청정한 분위기를 나타내려 했다.

21. 정월 보름의 다회

정월 보름날, 밤.

다다미 3장의 다실에서, 손님은 소운宗雲, 모치야 도센餅屋道善[162], 유시치又七 등이 함께 자리했다.

■**초좌**

초좌의 장식으로 도코노마에 건 족자는 요암청욕의 글. 운룡 솥을 걸었다.

찻장에는 향합과 깃털로 만든 비를 장식해두고, 등잔에 불을 밝혔다.

□ 회석 - 학의 고기로 끓인 국, 식초를 뿌린 생선 회, 다시마조림.
□ 과자 - 부꾸미, 군밤.

■**휴식**

■**후좌**

후좌의 도코노마 장식은 초좌에 쓴 족자를 거두어들이고, 바구니에 매화꽃을 꽂았다. 찻장에는 쓰쓰이의 정호다완 안에 작은 농차기를 포개 넣었다. 차구기를 장식하고, 시가라키 도자기 물 단지의 뚜껑 위에 찻솔과 차건茶巾[163] 등을 올려놓았다. 차구기 세우개와 대나무를 가로로 잘라 만든 대롱 모양의 솥뚜껑 받침을 썼다.

---

162 센 리큐와 동시대인인 과자 제조업자. 어전이나 쇼군가將軍家에 과자를 조달했으며, 센 리큐와 친분이 두터웠다. 다도와 문학에도 조예가 깊었다.

163 다도구를 깨끗하게 닦는 데 쓰는 헝겊이다. 다완이나 솥을 닦는데, 보통 삼베로 만들었다.

해설

정월 보름날을 맞이하여, 달맞이를 겸해서 밤에 연 다회이다. 센 리큐는 이날 정호다완 안에 농차기를 넣은 채로 대자에 올려놓고 물 단지 뚜껑 위에 찻솔과 차건을 걸쳐두는, 다도구를 장식하는 특별한 방식으로 색다른 취향을 드러내고자 했다.

학의 고기로 만든 국이란 매우 진귀한 것으로 고귀한 손님을 모신 자리에 어울리는 요리라는 뜻이다. 겨울이 끝나고 봄이 찾아올 무렵에 피는 매화꽃을 장식함으로써 정월 보름이라는 명절의 계절감을 나타내려고 한 의도를 읽어낼 수 있다.

22. 북국의 친구들을 모신 다회

이때부터 3월 3일까지는 사카이에서 지냈다.

정월 27일 아침 다회. 손님은 북국 지방에서 온 사람들인데, 쇼린紹林이 소개한 사람들이며, 어젯밤에 다회를 해달라는 부탁을 받았다.

다다미 2장짜리 다실. 손님은 마루야마 바이세쓰丸山梅雪[164] 한 사람이었는데, 나중에 모르는 사람 몇이 합류했다.

▪초좌

초좌의 도코노마 장식은 원오극근의 묵적을 걸고, 싸라기눈 모양이 새겨진 솥을 썼다. 대자에 향합과 깃털로 만든 비를 장식했다.

나물 바구니를 숯 그릇으로 대용하고, 나무로 만든 향합에 향을 담아서, 숯불 다루기를 진행했다.

- □ 회석 - 삼나무로 만든 쟁반에 채소를 가늘게 썰어 넣은 된장국. 밥공기에 밥. 도미구이. 감태 조림.
- □ 과자 - 군밤, 버섯구이.

▪휴식

▪후좌

후좌의 장식은 묵적을 떼어내고 배 모양 꽃 그릇이 문 쪽을 향하도록 하여 새싹이 돋은 버들가지를 꽂아 천정에서부터 드리웠다. 대자에 밑동

---

164 호쿠리쿠北陸 지방 나나오七尾에 사는 유명한 다인으로 명물 다도구를 많이 소장하고 있었다. 혹은 마루야마 반세쓰丸山梅雪라는 별개 인물로 보는 견해도 있다.

배 모양 꽃 그릇

이 볼록한 농차기를 장식하고, 깃털로 만든 비도 곁들였다. 물 단지는 두레박을 쓰고, 검정색 다완과 마디가 있는 찻숟가락을 썼다. 퇴수기는 비젠 도자기. 대나무로 만든 솥뚜껑 받침으로 조화를 이루도록 했다.

이상의 다도구로 농차를 대접한 뒤에 손님에게 직접 숯을 넣어보도록 부탁했다. 손님들은 곧 숯을 한두 개 더 넣었다. 그다음에 박차를 대접했다.

해설

이전의 다회는 모두 교토에서 열렸으나, 여기에 나오는 다회는 정월 27일부터 3월 3일까지 센 리큐의 출신지인 사카이에서 열렸다. 오사카의 남쪽에 있는 항구도시 사카이는 당시에 무역항이자 상업 도시로 번창하여 다도를 즐기는 유복한 상인들이 많았고, 이들이 다도의 후원자가 되었다. 북국이란 현재의 이시카와현石川縣 일대를 지칭하며, 이로써 이 다회는 교토의 북부 지역에서 온 손님을 모신 다회가 된다.

여기서는 특히 꽃꽂이에 대한 사항이 주목된다. 정월의 분위기를 나타내기 위해 버들가지를 다실에 장식하는 전통은 오늘날에도 이어지고 있는데, 버들가지는 휘늘어지기 때문에 위로 향하도록 세울 수 없다. 따라서 여러 가닥을 다발 지어 위에서 아래를 향하도록 늘어뜨릴 수밖에 없다. 금속판을 써서 배 모양으로 만든 꽃 그릇에 버들가지를 담아 가지의 끝이 아래를 향하도록 늘어뜨렸는데, 그 배의 머리 부분이 다실의 바깥을 향하도록 했다는 것이다.

일본의 전통적인 꽃꽂이에는 배 모양의 꽃 그릇을 천정에 매달 때 적용하는 일정한 양식이 전해진다. 배의 머리 부분이 어느 쪽을 향하고 있는가에 따라서 출주식出舟式·입주식入舟式·박주식泊舟式 등으로 나눈다. 출주식은 배가 떠난다는 의미를, 입주식은 나갔던 배가 돌아온다는 의미를, 박주식은 돌아온 배가 편히 쉬고 있다는 의미를 상징적으로 표현하며, 어떤 방식으로 하는가는 그날 그 자리가 추구하는 바에 따라서 정하게 된다.

다실에서 출주식 꽃꽂이를 하면 뱃머리를 상좌 쪽으로 향하게 하고 아침에 여는 다회에서 쓰며, 입주식은 오후에 열리는 다회에, 박주식은 밤에 열리는 다회에 쓴다. 이런 식으로 각각의 꽃꽂이에 상징적인 의미를 부여하며, 손님은 그 의미를 음미하며 즐긴다는 것이다. 오전에 열린 이 다회에서는 출주식 꽃꽂이를 써서 버들가지를 배의 뒤편으로 늘어뜨려 배가 나아가는 모습을 표현하고자 했다.

주인은 다실에서 꽃꽂이를 할 때 일정한 양식을 따름으로써 다회를 여는 시간이나 목적을 상징적으로 표현하고, 손님은 그런 의미를 읽어내며 즐거움을 느끼곤 한다. 이는 다도가 지닌 묘미 가운데 한 가지라고 생각된다.

23. 잔설의 다회

2월 3일, 낮. 잔설殘雪이 있었기에 로지에 물을 뿌리지 않고 눈을 그대로 남겨두었다.

다다미 3장을 깐 다실에, 손님은 다이몬지야 요세大文字屋榮淸[165], 하리야 소슌針屋宗春[166] 등이었다.

■ **초좌**

초좌에 도코노마 장식으로 동서덕해의 묵적을 걸고, 솥은 싸라기눈 모양이 새겨진 솥을 걸었다. 대자에는 솥 고리와 깃털로 만든 비를 갖추어놓았다.

- ㅁ 회석 - 순무와 삿갓조개를 넣고 끓인 국, 알 밴 도미구이, 다시마조림.
- ㅁ 과자 - 볶은 비자 열매, 표고버섯조림.

■ **휴식**

■ **후좌**

후좌의 장식은 족자 대신에 바구니로 된 꽃병을 내어다가 싹튼 버드나무 가지를 꽂았다. 찻장에는 농차기와 박차기를 장식해두었다. 세토도기 물 단지, 물구기와 솥뚜껑 받침으로 쓰는 임제臨濟의 인장印章을 가지런히 놓았다. 다완은 미시마 도자기인 고려다완을 얇은 널판을 둥그렇게 휘어서 만든 퇴수기에 담아서 가지고 왔다.

---

165 전국시대에 교토에 살았던 다인으로, 좋은 다도구를 많이 가지고 있었다.

166 전국시대에 교토에 살았던 상인으로, 다도에 조예가 깊었다.

해설

교토에서 활동했던 두 손님은 다도에도 조예가 깊었던 상인이었는데, 센 리큐의 초대를 받아 사카이의 다실로 찾아왔다.

이 다회는 음력 2월 초에 열려, 마침 잔설의 정취를 잘 살려서 진행할 수 있었다. 센 리큐는 손님을 맞이할 때는 로지의 디딤돌 위에 물을 뿌려서 정결하게 해야 한다고 주장해왔지만, 이번에는 그보다 눈의 정취를 더 소중히 여겨서 물을 뿌리지 않았다.

이 다회에서는 임제종의 개조開祖인 임제의현臨濟義玄이 쓰던 것이라고 전해지는 인장을 솥뚜껑 받침으로 전용했는데, 이는 인장을 솥뚜껑 받침으로 쓴 첫 번째 사례가 된다. 본래 종이 위에 찍는 데 쓰는 물건을, 용도를 바꾸어 솥뚜껑 받침으로 썼다는 점이 흥미롭다.

다도에서는 비슷한 크기나 모양을 지닌 물건을 다른 용도로 전환하여 대용代用하는 경우가 많다. 그 대용품을 고르는 데는 미의식이 필요하며, 대용품은 기능성은 물론 위트를 지녀야 감상자에게 즐거움을 줄 수 있다. 이처럼 어떤 공통점을 근거로 하여 비슷한 용도로 대용하는 일을 '미다테見立'라 하며, 미술에서도 창작기법으로 활용된다.

24. 고려다완을 자루에 넣어서 쓴 다회

2월 25일, 저녁.

다다미 2장의 좁은 다실에서, 덴만 신몬스天満新門主[167], 다테이시 쇼린, 소노 등의 세 손님을 모셨다.

■초좌

초좌의 장식으로 도코노마에 건 족자는 요암청욕의 묵적. 솥은 운룡 솥을 썼다. 등잔대로 불을 밝혔다. 찻장에는 나물 바구니에 숯을 담아 얹어두었고, 향합, 솥 고리, 부젓가락, 그리고 깃털 비를 갖추어놓았다.

□ 회석 - 2월 3일의 것과 같이, 순무와 삿갓조개를 넣고 끓인 국, 알 밴 도미구이, 다시마조림을 내었다.

■휴식

■후좌

후좌의 도코노마는 덴만 신몬스가 가지고 온 백도白桃 꽃을 꽂은 꽃바구니로 장식했다. 다완은 쓰쓰이의 고려다완을 썼는데, 일부러 주머니 속에 넣어서 대자 위에 올려놓았다. 대나무를 굽혀서 만든 찻숟가락, 물 단지는 시가라키 도자기 물 단지를 어우러지게 놓았다. 물 단지 위에는 찻솔과 차건을 올려놓았다. 물구기와 대나무로 만든 대롱 모양의 솥뚜껑 받침도 곁들였다.

167 도요토미 히데요시와 교분이 두터웠던 승려로, 교토의 히가시혼간사東本願寺를 건립했다.

해설

당시의 큰스님인 덴만 신몬스를 맞이하여 열게 된 다회이다.

여기서 주목되는 점은 일반적인 경우와는 달리 농차기를 주머니에 싸서 장식해놓았다는 것이다. 소중한 다도구를 주머니에 싼 채로 손님들 앞에 내어놓은 예는, 무라타 주코의 다회에서도 발견된다.

25. 삼짇날의 다회

3월 3일, 낮.

과자만 내기로 하고 연 다회.

다다미 4장 반의 다실에서, 조코紹古, 소케이宗惠 두 손님과 함께 자리했다.

▪초좌

초좌에서 도코노마에는 전순거錢舜擧168의 복숭아 그림을 걸고, 그 앞에는 예반禮盤에 돌로 작은 산 모양을 만들어 '기로紀路'라고 이름 지어 장식을 했다. 천정에서부터 작은 갈고리를 늘어뜨려서 오동나무 모양을 새긴 작은 솥을 걸었다. 궁대자 아래 칸에는 무늬가 없는 물 단지와, 복숭아 모양의 물구기 세우개, 주둥이가 얇은 퇴수기, 솥뚜껑 받침은 소용돌이 모양의 접시, 후쿠사帛紗169 등을 놓아두었다. 궁대자의 위 칸에는 향반에 '옮은 구름'이라는 이름의 향로, 이중 나선형의 향합, 향도구 통170을 놓아두었다. 깃털 비도 걸어두었다. 향로를 손님들에게 돌리고, 숯불을 피운 뒤에 과자를 내었다.

---

168 중국 원元대의 화가로 화조도花鳥圖와 인물화에 뛰어났다. 일본에 그의 작품이라고 전해지는 화조도가 여러 점 있다.

169 다도구를 깨끗하게 닦아내거나 받치는 등의 용도로 쓰이는 사각형 헝겊으로, 服紗·服茶·袱紗·幅紗 등의 한자로도 표기된다. 크기는 가로세로 각각 30센티미터 정도이며 비단을 겹쳐서 만든다. 전통적으로는 빨간색이나 자주색을 쓰지만, 요즈음에는 다양한 색깔과 무늬를 넣어 만든다.

170 향저香箸·부젓가락·향 숟가락·비·재 누르개 등의 향도구를 세워 넣는 통이다. 높이는 6센티미터 내지 9센티미터로 원기둥·사각기둥·육각기둥 등의 모양으로 만든다.

ㅁ 과자 - 이단으로 된 바구니에는 여러 가지가 들어 있었다. 일단에는 쑥떡, 이단에는 닭고기조림, 꼬치에 꿴 전복조림, 표고버섯조림, 콩, 매듭을 지어놓은 다시마. 이와는 별도로 찐 밤. 술이 두 잔씩 돌았다.

후쿠사 다루기

▪휴식

▪후좌

도코노마의 장식은 그대로 두고, 궁대자의 아래 칸은 그대로, 위 칸의 향도구는 치웠다. 대나무 잎 사귀 모양을 붙인 농차기를 쟁반에 담아서 올려놓았다. 그 밖에도 박차기, 포개어놓은 다완, 대나무를 굽혀서 만든 찻순가락 등을 어울리게 놓았다.

해설

3월 3일 삼짇날은 민속에서 '모모노셋쿠桃節句'라 한다. 복사꽃을 띄운 술을 마시면 모든 병을 물리칠 수 있다고 여겨서, 이날에는 들로 나가서 술을 마시며 하루를 즐긴다. 센 리큐는 다회도 이런 풍속에 맞추어서 진행하여, 쑥떡을 마련하고 술도 내었다.

족자의 그림으로는 화려한 모모노셋쿠의 분위기와 어울리도록 전순거의 복숭아 그림을 걸어두었다.

26. 도요토미 히데요시 한 사람만 모신 오나리 다회

3월 9일, 낮.

다다미 4장 반짜리 다실에서 도요토미 히데요시를 대접함.

■ **초좌**

초좌에서 도코노마의 족자는 과자菓子 그림[171], 가운데 널판을 깔고 풍로를 놓고, 풍로에는 운룡 무늬 솥을 걸었다. 도코노마에는 '한거閑居, 간쿄'라는 이름의 명물 농차기, 복숭아 모양의 물구기 세우개, 주둥이가 얇은 퇴수기, 솥뚜껑 받침으로 쓰는 임제의 인장, 농차기는 도요토미 히데요시가 꼭 보고 싶다고 부탁했던 것이기 때문에 내어놓았다. 옻칠한 상자를 숯 그릇으로 쓰고, 숯불을 일군 뒤에 회석 요리를 들었다.

□ 회석 - 쑥을 넣고 끓인 국, 술에 절인 생선, 생선젓, 도미구이, 은어구이, 두부조림. 안주로는 조개와 쇠뜨기[172]를 넣어 끓인 된장국.

□ 과자 - 흰 마름[173], 표고버섯조림, 밤.

■ **휴식**

171 과자 그림이라고 해도 과자뿐만 아니라 야채나 과일 등도 그린다.

172 토필土筆 혹은 뱀밥이라고도 하는데, 이른 봄에 나오며 식용한다. 양치식물의 일종으로, 일본에서는 오늘날에도 산나물의 일종으로 요리에 쓴다.

173 연못이나 늪에서 뿌리를 진흙 속에 박고 자라며 줄기가 길게 자라서 물 위에 뜨는 식물. 동아시아에서는 일찍부터 열매를 삶거나 쪄서 약용이나 식용으로 썼다. 삶으면 찐 밤 같은 맛과 느낌이 난다.

삶은 마름 열매

쇠뜨기

■ 후좌

후좌에서는 농차기를 거두고, 주둥이가 넓은 꽃병을 내어놓고, 쟁반에 제비붓꽃과 복사꽃을 담아 내왔다. 도요토미 히데요시에게 취향대로 꽃꽂이를 하시라고 했더니, 제비붓꽃만 가득 꽂았다. 중간 크기의 쟁반을 내다가, 그 가운데에 작은 깔개를 놓고 농차기를 놓았다. 그 옆에 '나라奈良의 도읍지'라는 이름을 지닌 천목다완을 잘 어울리게 놓았다. 천목다완은 주머니에 넣지 않고 그대로 보이도록 놓았다. 다케노 조오의 찻숟가락, 찻솔, 차건을 곁들였다. '홋타堀田'라는 이름의 명물 천목대도 장식해두었다. 박차는 도요토미 히데요시가 손수 타서 마셨다.

해설

도요토미 히데요시 한 사람만 손님으로 모신 오나리 다회의 모습을 그렸다.

3월 초에 이미 붙박이 화덕인 로를 쓰지 않고, 풍로를 내어 썼음이 주목된다. 다다미에 널판을 깔고 그 위에 풍로를 놓았다. 보통 다회에는 여러 가지 다도구를 장식해두고 손님들에게 보이게 되는데, 이 경우에는 특별히 손님의 부탁에 따라서 다도구를 장식했다.

주인인 센 리큐가 손님인 도요토미 히데요시에게 한창 핀 제비붓꽃과 복사꽃을 준비해주고 마음대로 꽃꽂이를 하라고 했더니, 제비붓꽃만을 가득 꽂았다. 모모노셋쿠에 맞추어 복사꽃도 준비해두었으나 복사꽃은 쓰지 않았다. 모모노셋쿠가 이미 지나가 버렸기에 마음이 내키지 않았기 때문인 것 같다. 이 다회에서 센 리큐는 매우 소중한 다도구들을 내어 보였다. 도요토미 히데요시는 나중에 마시는 차인 박차를 직접 타 마심으로써 다인다운 면모도 과시했다.

27. 모리 데루모토 한 사람만 모신 다회

4월 초하루 밤.

다다미 2장의 다실에서, 손님은 모리 데루모토毛利輝元174 단 한 사람뿐인 다회.

■ **초좌**

한산과 습득

초좌에서, 도코노마에는 모쿠안 레이엔默庵靈淵175의 자화자찬自畵自讚이 들어 있는 한산습득寒山拾得의 그림을 걸었다. 등불을 내걸고, 찻장에는 참새 모양의 향합과 깃털 비를 놓았다. 작은 널을 깔고, 그 위에 풍로를 놓고, 운룡 솥을 걸었다.

- 회석 - 학의 고기로 끓인 국, 생선 회, 다시마조림.
- 과자 - 밥풀강정과 삿갓버섯.

---

174 모리 데루모토(1553~1646)는 도요토미 히데요시 정권의 중진으로서 활약한 무사다. 임진왜란 때 출전하여 전투를 이끌었으며, 다도에도 조예가 깊었다. 그가 관할하던 하기萩 지역의 도공들을 보호하고 도자기 산업을 육성시켜 이후 유명한 하기야키萩燒의 시초를 이루는 데도 큰 역할을 했다.

175 모쿠안 레이엔默庵靈淵, 牧庵靈淵은 중국 원나라에 가서 화가로 활동하다가 일본으로 돌아온 일본의 선승이다. 도석화道釋畵, 도교나 불교 관계의 인물, 조사나 고승의 초상이나 행적을 묘사한 그림 화가로도 유명하다.

▪ **휴식**

▪ **후좌**

후좌의 장식은 큰 바구니 꽃병에 댕강나무 꽃을 꽂았다. 찻장에는 물구기 세우개, 대나무를 굽혀서 만든 찻숟가락, 시가라키 도자기 물단지, 밑동이 불룩한 농차기 등을 어울리게 놓았다. 뿐만 아니라 검은색 다완과 몬사스 퇴수기도 놓았다.

해설

이 다회는 모리 데루모토 단 한 사람을 모시고 열었다는 점에서 주목된다. 손님과 주인, 즉 일대일의 관계란 가장 적은 인원이 모여서 와비의 세계를 맛보는 과정이라고 할 수 있다. 그러나 그 반대의 경우도 생각해볼 수 있다. 여기서 만난 두 사람이 당시 정치의 정점頂點에 있었던 사람들이었으므로, 이런 은밀한 자리를 빌려서 정치적인 밀담을 나누었다고도 볼 수 있기 때문이다.

센 리큐의 또 다른 다회 기록인 『리큐백회기利休百會記』의 맨 마지막 장을 보면[176], 손님은 **도쿠가와 이에야스**德川家康 단 한 사람이었다. 즉, 센 리큐가 도쿠가와 이에야스 단 한 손님만 모신 긴장된 상황이었다. 도쿠가와 이에야스와 모리 데루모토는 한때 동지였으나 1600년에는 대결전을 벌이는 정치적 라이벌 관계로 바뀌었다. 센 리큐가 도요토미 히데요시에 이어 모리 데루모토 한 사람만 모시고 다회를 열었다는 것은 데루모토가 상당한 정치적 위상과 능력을 지녔음을 뜻한다.

176 千宗室 編「利休百會記」『茶道古典全集』6 p.468–469 淡交社 1962
이 다회기는 센 리큐가 진행한 다회 가운데 100회를 뽑은 기록물이며, 어느 제자가 썼는지는 확실하지 않다.

특히 센 리큐는 속세를 초월한 **한산과 습득**의 그림을 걸어 보임으로써 데루모토와 초탈한 경지에서 차를 즐기고 싶다는 뜻을 전하고자 했다고 생각된다.

다도를 통해 다실에서 만난 찻자리는 어떤 사람들이 어떤 상황에서 만났는가에 따라서, 긴장감 넘치는 정치 현실을 모의하는 자리가 되기도 하고, 운치 있는 문화의 향연을 벌이거나 여유 있게 정담政談을 나누는 자리가 되기도 한다는 사례를 보여준다.

30 | 도쿠가와 이에야스

도쿠가와 이에야스德川家康, 1542~1616는 도요토미 히데요시와 동맹 관계에 있었던 장수였으나, 도요토미가 아들에게 권력을 세습한 후 약해진 그 세력을 제압하여 정권을 장악했다. 천황에게 장군으로 임명받으며 에도막부를 세우면서 새로운 시대를 연 그는 아들인 제2대 장군 도쿠가와 히데타다에게 다도를 배우게 했다. 그는 직접 다도를 하지는 않았으나 도요토미가 소장하던 다도구를 접수했으며, 많은 명물을 수집하여 가문의 소장품으로 삼았다.

특히 높은 평가를 받던 말차기 '하쓰하나初花'는 일찍이 도쿠가와가 헌상받았던 것을 도요토미에게 헌상했던 것으로, 도요토미가 죽은 후에 한 측근이 소장하고 있었다. 그 후 도쿠가와가 장군이 되어 권력을 잡자 하쓰하나는 그의 손으로 되돌아왔다. 이 때문에 하쓰하나는 오늘날까지도 다인들 사이에 두고두고 화제가 되고 있다.

그의 후손인 쇼군들은 다도를 에도막부의 공식 연희, 즉 식악式樂의 한 순서로 정하여 다도를 정치에 적극적으로 활용했다. 쇼군들과 일가가 수집했던 다도구는 오늘날 나고야시名古屋市의 도쿠가와미술관에 상설 전시되어 있다.

31 | 한산과 습득

여기서는 한산寒山과 습득拾得을 소재로 한 인물화 족자를 말한다. 한산과 습득은 도석화의 소재에 걸맞은 기인奇人이자 선승禪僧이다. 이들이 실존 인물인지 아닌지는 분명하지 않으나 기벽奇癖한 성격에 대한 일화와 파격적인 시가 전해온다.

중국 당나라 때 천태산天台山 국청사國淸寺의 괴승 풍간豐干의 제자였다고 전해지는 두 사람은 원수 사이인 집안에서 태어나 오랫동안 서로 반목하고 있었으나 풍간이 이들에게 깨우침을 주었다고 한다. 이로써 친구가 된 두 사람은 국청사에 들어가서 밥 짓는 일을 담당하여 승려들이 남긴 밥이나 야채를 대나무 통에 모아 식량으로 삼으며 거지 같은 생활을 했다. 때로는 절 안에서 이상한 소리를 지르고, 때로는 큰 소리로 노래 부르며 복도를 유유히 걷기도 한 두 사람은 승려들이 당황하여 쫓아가면 손뼉 치며 껄껄 웃고 뒷걸음치며 달아나기도 했다. 비승비속非僧非俗의 기이한 사람들이었으나 불교의 이치를 깊이 깨달았다고 한다.

풍간·한산·습득은 자유분방하고 광적인 기행奇行을 일삼는 무위도인無爲道人이었다. 세 사람을 삼은사三隱士, 세 사람의 시를 삼은시三隱詩라 일컬으며, 셋을 함께 등장시킨 그림의 예도 있다. 그리고 풍간은 석가釋迦의 화신化身, 한산은 문수보살文殊菩薩의 화신, 습득은 보현보살普賢菩薩의 화신으로 비유하기도 한다.

저장성浙江省 시팽현始豊縣의 한암寒巖에 기거한 데서 유래한 이름을 지닌 한산은 천태산의 국청사를 내왕하며 살았다고 한다. 세 인물 가운데 한산이 대표격인 시인으로, 흥에 겨워 나뭇잎이나 촌가의 벽에 써놓은 시들을 모았다고 한다. 신랄한 세상 풍자와 인과응보의 내용을 담은 특이한 형태의 시들이 전해온다. 「한산자시寒山子詩」를 남긴 한산의 시집에는 그의 시 314수가 들어 있으며, 습득의 시 60수, 풍간의 시 6수도 포함되어 있다.

한산과 습득을 그린 선종화는 누더기 차림에 산발한 두 인물이 파안대소하는 모습을 담고 있다. 시권詩卷을 펴고 읊조리는 자세의 습득과, 붓을 들고 시권 두루마리나 파초 잎에 시를 쓰는 한산을 표현한 예가 있고 빗자루가 등장하기도 한다. 이러한 〈한산습득도〉는 도석화가 유행하던 중국 남송과 원元나라 때에 많이 그려졌다.

한산과 습득은 한국 불교에서도 불선화佛禪畵의 제재로 많이 등장하며, 도석화의 중요한 소재가 되어 공주 마곡사, 고창 선운사, 강진 무위사 등의 사찰에 벽화가 남아 있다.

일본에서도 이들의 일화를 소재로 한 소설이나 연극이 많이 나왔고, 그림도 다수 전한다. 특히 원나라 초기에 활약한 안휘顔輝의 작품이라고 전해지는 2폭 족자 그림이 교토국립박물관에 중요문화재로 소장되어 있다.

〈한산습득도〉(안휘, 교토국립박물관 소장)

28. 다도구를 바꾸지 않는 다회

5월 4일, 낮. 비가 내렸다.

다다미 3장의 다실에서, 비젠 재상宰相[177], 고니시 유키나가, 소운 등의 세 손님이 함께 자리했다.

■ **초좌**

초좌의 장식으로 도코노마에 건 족자는 요암청욕의 글. 솥은 운룡 솥을 썼고, 풍로 밑에는 작은 널판을 깔았다. 찻장에는 솥 고리와 깃털비를 놓았었다.

■ **휴식**

■ **후좌**

후좌는 초좌의 장식들을 그대로 썼고, 농차기는 류코, '아야메菖蒲'라는 이름의 검은색 다완, 올해 새로 만든 세토 도자기 물 단지를 썼다.

5월 10일, 낮. 비 내리는 가운데 연 다회.

다다미 3장의 다실, 손님은 나이토 비젠內藤備前, 도사藤左, 고로우五郎右 등의 세 사람이 함께 자리했다.

초좌, 후좌의 장식은 모두 5월 4일의 것과 마찬가지다.

---

177 비젠은 옛 행정의 지역 단위 이름으로, 지금의 오카야마현에 해당된다. 비젠의 재상이란 우키타 히데이에(1573~1655)로, 좋은 다도구를 소장하고 있었다.

5월 19일.

다다미 2장의 좁은 다실, 아마노 히코우天野彦右, 쓰다 사타로津田左太郎, 우에다 하야토 등의 세 손님이 함께 자리했다.

초좌, 후좌의 장식은 모두 5월 10일의 것과 마찬가지다. 단지 농차기만 류코 대신에 밑동이 불룩한 농차기로 바꾸었다.

해설

다회에서는 기본적으로 그때그때의 상황에 따라서 다도구를 바꾸어 써야 한다. 그러나 눈에 보이는 도구만 바꾸는 것이 중요한 게 아니고, 그대로 같은 다도구를 쓰더라도 다회의 취향을 바꾸어보려는 마음가짐 또한 중요하다는 것이 센리큐의 주장이다. 5월 10일의 다회에서는 5월 4일의 다회에서 쓴 것과 완전히 같은 다도구를 썼지만, 5월 19일의 다회에서는 다다미 3장 다실에서 더 좁은 2장 다실로 옮겼기 때문에 농차기는 다른 것으로 썼다.

29. 6월의 정진 다회

6월 2일, 아침.

센 리큐가 난슈사에 차를 가지고 가서 슈운암의 다다미 3장짜리 방을 빌려 혼자서 다회를 열었다.

■ **초좌**

초좌의 도코노마에는 고림청무의 '설중상당' 묵적을 걸었다. 풍로 밑에 까는 널판 위에 향합과 깃털 비를 올려놓고, 운룡 솥을 큰 풍로에 걸었다.

□ 회석 - 야채를 잘게 썰어 넣고 끓인 국, 보리밥, 죽순 무침, 구기자 잎사귀 조림.

□ 과자 - 부꾸미, 볶은 비자 열매.

사카이시에 있는 현재의 난슈사

▪ **휴식**

▪ **후좌**

후좌의 장식으로 농차기와 대추 모양의 작은 박차기를 내어놓고, 다완은 쓰쓰이의 정호다완, 물 단지는 비젠 도자기를 썼다. 도코노마에는 바구니 꽃병을 내어놓고 나팔꽃을 꽂았다.

해설

일본에는 6월 초쯤 절에 들어가 근신하면서 무병을 비는 풍속이 있는데, 이에 따라 열린 다회라고 여겨진다. 좁은 암자를 빌리고 보리밥이나 구기자 잎사귀 조림 등의 조촐한 회석 요리만을 준비해서 혼자 정진하며 마시는 차라는 점에서, 다회라는 말을 쓸 수 없을는지도 모른다. 그러나 비록 혼자서 연 다회였지만, 장식이나 격식을 갖춘 다회의 한 방식으로 진행된 것임은 틀림이 없다.

30. 여름의 재액을 쫓기 위한 야외 다회

6월 그믐날, 시모가모下加茂 강가에서 저녁때 열린 다회.

시모가모 신사에서 참배를 마치고 돌아오는 길에 6월의 큰 재액 쫓기 행사 끝에 연 다회. 손님은 묘호인, 히노 데루스케, 료무了無 등 세 사람이 함께 자리했다.

꺾어진 대나무 가지에 오동나무 모양이 새겨진 작은 솥을 걸고, 삼나무로 만든 물통을 물 단지로 썼다. 다도구는 상자에 넣어 가지고 왔다. 농차기는 마루쓰보丸壺178, 다완은 미시마쓰쓰三島筒다완을 썼다.

ㅁ 과자 - 손잡이가 있는 음식 바구니에 과자를 담아서 내어놓았다.

해설

여름밤에 야외에서 열린 다회의 기록이다. 이날 궁중과 민간에서는 여름의 재액을 쫓기 위하여 교토의 시모가모 신사를 참배하고 나서 강가로 나와 건강을 기원하는 풍습이 있다. 이때 신사의 옆을 흐르는 강가에서 각자의 부정을 함께 떠내려 보내달라는 뜻으로, 인형을 강물에 떠내려 보내기도 한다.

이런 행사를 하는 날 저녁, 시원한 바람이 부는 강가에 찻자리를 마련했다. 차를 즐기기에 더할 나위 없이 좋은 정취였다. 다실에서 하던 것과 달리, 음식을 담아 가지고 왔던 손잡이 달린 음식 바구니를 과자 그릇으로 대용한 것이 특징이다. 적절히 응용하여 쓰는 즐거움을 인정하는 다도의 미학이 작용한 것이다.

178 농차기의 형태에 관한 명칭인데, 둥글게 생긴 모양이 기본이 된다. 당물唐物 농차기를 원형으로 삼아서 만들었다.

31. 칠석七夕의 다회

7월 7일, 신시부터.

다다미 4장 반의 다실에서 오무로 고쇼, 고노에도노近衛殿[179], 이시바시 료시쓰石橋良叱[180], 료무 등이 함께 자리했다.

■**초좌**

초좌에서 도코노마의 장식으로 바구니 꽃병에 박꽃을 꽂았다. 실타래 무늬가 새겨진 작은 솥을 매달았다. 성루찻장城樓棚[181] 위 칸에는 깃털 비, 아래 칸에는 대야 모양의 물 단지, 대나무로 만든 대롱 모양의 솥뚜껑 받침을 놓아두었다.

- ▫ 회석 - 안주 대신에 된장국만 준비하고, 술을 두 잔씩 돌렸다.
- ▫ 과자 - 부꾸미, 볶은 비자 열매, 표고버섯조림.

■**휴식**

■**후좌**

후좌는 밤이 되어서야 시작되었다. 도코노마의 꽃을 거두어내고, 시구를 쓰는 단자쿠 상자를 내어놓았다. 성루찻장의 위 칸에는 향반을 놓고, 그 위에 '우스구모薄雲'라는 이름의 향로, 소용돌이 모양의 향합, 향젓가락을 가지런히 놓았다. 가운데 칸에는 앞에서 쓰던 물 단지와

---

179 고노에近衛 가문의 귀인을 가리키는 말이다.

180 사카이 지방의 다인으로, 센 리큐의 사위이다.

181 성루 모양으로 층층이 얽어맨 찻장. 사각형에 삼단이며, 붉은색을 칠한다.

향도구

솥뚜껑 받침을 그대로 두었다. 농차기는 류코, 붉은색을 띤 '기마모리'라는 이름의 다완을 어울리게 장식해놓았다. 차 마시기를 끝내고 나서 향을 즐겼다.

해설

칠석날의 다회는 오후 4시경부터 열렸다.

오무로 고쇼, 고노에도노 등은 당대에 권력의 핵심에 있었던 문화인들이었다. 이들은 문학에도 조예가 깊었기에 다회에서 종이를 마련하여 와카를 지어 쓰기도 했다. 차를 다 마신 뒤에는 향을 즐기며 그 향의 이름을 알아맞히는 등 귀족적인 놀이를 즐기기도 했다.

32. 간기刊記

위의 글은 요전에 빌려주신 『차탕일기』 가운데서 뽑아 옮겨 적은 것입니다. 잘못된 곳이 있으면, 첨삭添削하여주시기 바라옵니다.

11월 5일

난보 소케이 올림

난보 소케이에게

위의 글 가운데 잘못된 곳은 없습니다. 여기저기 구전으로 전해야 할 곳은 빨간 글씨로 따로 표시해두었습니다. 나온 김에 하는 말입니다만, 여기 뽑아 쓴 『다회기』는 1년 동안 열렸던 다회 가운데서 다도구나 취향이 크게 바뀐 다회에 대해서만 썼는데, 이 점은 납득할 수 없습니다. 직접 만나서 왜 그렇게 했는지 묻고 싶습니다. 다회란 결코 변화만을 추구하려는 것이 아닙니다. 매일매일 똑같은 일을 반복해나가는 가운데서 마음가짐이 변화되어가는 것입니다. 다회란 이런 변화를 즐기는 것입니다. 차 타기, 장식하기, 다도구 갖추기 등에만 마음을 쓴다면, 즐거운 다회가 되지 못합니다.

센 리큐 씀

『남방록』의 원문과 사본을 대조해보니, 원문과 다름없습니다.

다치바나 지쓰잔

해설

이 간기는 스승인 센 리큐와 제자인 난보 소케이가 주고받은 글, 그리고 필사筆寫를 주도한 다치바나 지쓰잔이 대조해보니 필사본과 원본이 다르지 않다는 글, 이렇게 세 부분으로 이루어진다.

센 리큐는 『다회기』를 발췌하여 기록한 제자의 글에 대해 스승으로서 잘못된 곳 몇 군데를 지적했다. "구전으로 전해야 할 곳은 빨간 글씨로 따로 표시해두었습니다"라는 말에서 볼 수 있듯이, 다도의 전수傳授에서는 글이 아닌 말로 해야 할 부분이 따로 있는데 그런 구분이 잘못되었다고 말했다. 전수하는 데는 마음과 마음으로 할 수 있는 부분, 말로 할 수 있는 부분, 글로 적어서 할 수 있는 부분 등이 따로 있다. 센 리큐는 그 한계를 명확하게 해야 한다는 점을 구체적으로 지적한 것이다.

〈일기일회〉

특히 그는 불교 선종의 교의 가운데 한 가지인 불립문자不立文字를 실천하고자 했다. 사람의 생각은 글로 남기려는 순간 본질을 잘못 이해하여 오류를 기록하기 쉽기 때문에, 굳이 글로 남기지 않고 스스로 마음으로 깨닫는 것이 진정한 진리가 될 수 있다는 가르침이다. 따라서 센 리큐는 직접 붓을 들어 다도의 이치를 글로 남기지 않았고, 그의 제자나 주위 사람들이 그의 다도에 관한 글을 남겼을 뿐이다.

센 리큐가 지적한 또 한 가지의 잘못은 난보 소케이가 다회기를 써나가는 데 다도의 내용이 바뀌는 부분, 새로워진 부분 등에만 크게 주목했다는 점이다. 즉, 매일 똑같은 자리에서 똑같은 다도구를 사용하여 다회를 열었더라도 매일 새로운 만남이 전개되는데, 그 점은 주목하지 않고 바뀌는 외형만을 강조했다고 지적했다. 다회를 '일기일회一期一會'라는 관점에서 볼 때, 똑같은 장식과 도구를 쓰고 똑같은 사람끼리 만났다고 해도 이번의 만남이 이전의 만남과는 다르다는 것이다. 이는 다도가 추구하는 정신세계의 중요성을 말하는 것이라 할 수 있다. 같은 다실에서 같은 다도구를 써서 다회를 진행했다고 해도, 한 시간 한 시간의 마음가짐이 더욱 중요하다는 것이 센 리큐 다도의 기본 정신이다.

원본『남방록』의 필사를 주도했던 다치바나 지쓰잔은 빌려왔던 원본과 필사본을 대조하고 다름이 없음을 확인하고 서명했다.

제3권 찻장

棚

찻장이란 다실의 다다미 위에 놓고 쓰는 이동식 선반을 말한다. 선반 가운데서도 벽에 붙박이로 만든 선반은 여기서 말하는 찻장에 포함하지 않는다. 찻장은 대자와도 다르다.

찻장과 대자가 이동식 선반이란 점은 공통되지만, 기본적으로 찻장에는 농차기나 물구기 등의 다도구를 얹어 두는 칸이나 가로 단段이 있다. 대자에는 단이 없고, 아래의 지판과 위의 천판을 받쳐주는 기둥이 있을 뿐이다.

제3권에는 찻장의 유래와 용도에 대한 센 리큐의 견해가 정리되어 있다.

1. 다다미 4장 반의 다실

다다미 4장 반 넓이의 다실은 무라타 주코의 설계에 의한 것이다. 무라타 주코가 만든 4장 반 다실은 격식을 갖춘 손님방으로, 폭이 1.8미터 되는 도코노마에는 매끄러운 고급 벽지를 바르고, 천정에는 삼나무 널판을 붙이고, 사각 지붕은 얇게 켠 널판으로 이었다. 무라타 주코는 이 손님방에 비장秘藏하고 있던 원오圓悟의 묵적을 걸고, 대자를 장식해놓고 차를 탔다. 그 뒤에 로爐를 만들고, 급제대자를 갖추어두었다.

대체로 서원의 장식을 이 다실에서도 썼지만, 장식한 다도구의 수효는 많이 줄였다. 예를 들면, 도코노마의 족자는 세 폭을 가지런히 걸어두는 것이 원칙이지만, 이를 생략하여 두 폭만 건다든지, 한 폭만 건다든지 했다. 도코노마에 놓는 다도구 장식은 '삼구족三具足'이라 하여 꽃병·촛대·향로 등 세 가지를 반드시 갖추어두어야 하지만, 이것도 줄여서 탁자卓子에 올려놓은 향로와 꽃병, 또는 꽃 한 가지만을 꽂은 작은 꽃병, 또는 용지用紙와 벼루 상자, 시를 쓰는 종이, 서안書案 또는 예반禮盤에 돌로 산 모양을 만들고 둘레에 나무를 심는 분재盆栽, 즉 분산盆山, 큰 농차기 등을 장식했다.

다케노 조오에 이르면 무라타 주코가 주장하던 4장 반 다실의 여기저기가 고쳐졌다. 도코노마에 발랐던 고급 벽지는 뜯어내고 그 자리에 흙벽을 발랐고, 나무 격자格子 대신에 소박한 대나무 격자로 바꾸었다. 맹장지의 아랫부분에 대는 널판도 떼어냈다. 도코노마의 마룻귀틀에 진하게 칠해져 있던 옻칠漆을 벗겨내고, 나뭇결이 보일 정도로 옻칠을 엷게 하거나 아예 칠하지 않기도 했다. 이런 양식의 다실을 다케노 조오는 '초암의 다실'이라고 했다.

급제대자(궁대자)

다케노 조오는 이런 다실에서는 대자를 쓰지 않았다. 다케노 조오는 단순한 모양인 급제대자를 사용할 때 쓰는 족자나 다른 장식물은 무라타 주코와 같은 식으로 했지만, 복잡한 모양인 후쿠로다나袋棚[182]를 쓸 경우에는 도코노마에 묵적과 꽃병만을 장식했다.

센 리큐는 다실의 지붕을 초가로 이고, 4장 반보다 훨씬 좁은 다실에서 와비차를 즐겼다. 따라서 다케노 조오의 다실은 서원보다 좁지만 와비 다도의 좁은 다실보다는 넓었다. 다케노 조오의 4장 반 다실에서도 후쿠로다나를 둘 경우에는, 도코노마의 장식을 간소하게 하여 족자와 꽃병만을 두는 식으로 격식을 완화했다. 무라타 주코는 4장 반의 다실에서 탁자와 작은 꽃병은 쓰지 않았지만, 그 밖의 여러 가지 장식을 썼다.

182 주머니袋, 즉 수납 공간이 있는 이동식 찻장이라는 뜻으로, 시노찻장志野棚이라고도 한다. 대개 오동나무로 만들며, 크기가 대자에 비해 크다. 위의 천판과 아래의 지판 사이에 엇갈리게 중단中段을 설치하고 지판의 왼쪽 위에는 서랍이나 문을 만들어 다도구를 넣어둔다.

해설

이 글은 『남방록』의 독특한 다실론茶室論이라는 점에서 주목된다. '다실의 초체화草體化'라는 말로 표현되는 이 이론은 많이 장식한 정식의 다실을 소박하고 검소하게 바꾸어 꾸밈으로써, 와비 다도의 다실이 완성된다는 것이다. 정식의 다실이란 엄숙하고 화려한 장식으로 꾸민 서원을 일컫는 말이며, 이는 서도書道에 비유된다. 서원을 다실로 하는 차는 진서眞書에 해당되며, 작은 초암 다실의 차는 초서草書에 해당된다. 즉, 엄한 격식에 따라서 자세를 흐트러뜨리지 않고 써내려가는 해서楷書를 '진眞'이라 할 때, 격식에 얽매이지 않고 거칠게 써내려가는 초서를 '초草'라 할 수 있다는 것이다.

무라타 주코로부터 다케노 조오를 거쳐 센 리큐에 이르기까지 다실의 소박한 맛이 심화되는 과정을 이른바 '초체화'라 한다. 우선 다실의 넓이로 다다미 4장 반을 이상으로 삼았었으나, 더욱 좁혀서 2장이 이상적이라고 바꾸어 생각하게 되었다. 도코노마의 벽은 매끄러운 고급 벽지를 바르던 것에서 자연 그대로인 흙벽으로, 도코노마의 마룻귀틀도 격식을 추구하여 비싼 값을 들여서 옻칠한 것이 아니라, 엷게 칠하거나 아예 칠하지 않은 자연에 가까운 상태로 바꾸었다. 지붕의 재료도 초가로 바꾸면서 이런 소박한 다실을 이상적인 모습으로 삼게 되었다.

결국 센 리큐가 주장하는 이상적인 다실이란 다다미 2장으로 좁고 바로 눈앞에는 흙벽이 보이는, 거칠면서도 소박한 모습으로 와비 정신을 구현하는 공간이다.

2. 다케노 조오가 고안한 후쿠로다나

후쿠로다나袋棚를 처음 만들어 쓰기 시작한 사람은 다케노 조오였다. 그 후에 여러 가지 찻장이 고안되었지만, 후쿠로다나보다 나은 찻장이 없다. **곡척**曲尺의 규격이 잘 지켜져 있고, 대자나 급제대자에 비해 뒤지지 않는 찻장이다. 다케노 조오가 지은 시詩 가운데,

다이코쿠암大黑庵이라 불리는 내가
즐겨 쓰는 후쿠로다나에는
차茶의 소중한 비법이 가득 담겨 있다네.

라는 것이 있다. 그는 이처럼 후쿠로다나를 비장하고 항상 이를 애용했다. 다케노 조오는 교토 시조四條의 에비스당夷堂에 살았다. 에비스신夷神과 다이코쿠신大黑神은 항상 같이 있는 존재들이기 때문에 다케노 조오는 자필로 다이코쿠암이라는 현판을 써서 걸어두었다.

〈**기입**記入〉

나뭇결이 드러나 보이도록 옻칠을 엷게 한 후쿠로다나가 있다. 전혀 옻칠을 하지 않은 나뭇결 그대로의 후쿠로다나와 같아 보이지만, 그 앞에 앉아서 차를 달일 때는 기분이 다소 달라지기도 한다. 기분에 따라서 차건이나 깔개종이敷紙[183] 등을 다루는 자세가 달라진다. 찻장에 올

183 다도구를 장식해둘 때 아래에 까는 종이로, 청결함을 중요시한다.

다케노 조오 스타일의 후쿠로다나

려두는 다도구에 대해서 주의해야 할 점이 많다. 후쿠로다나에 다도구를 장식할 때는 대자를 장식하는 경우처럼, 다도구의 수효를 늘릴 수도 있다. 몇 가지 경우를 다음에 그림으로 소개한다. 다도구는 너무 적게 장식하여 보는 이에게 기이하다는 느낌을 주지 않도록 해야 한다.

〈기입〉

후쿠로다나에 대한 비전秘傳으로 전수받은 글은 다케노 조오에게 들은 바를 그대로 베껴 쓴 부분도 있고, 센 리큐가 창작한 부분도 있다.

해설

후쿠로다나는 다케노 조오가 고안하여 만든 이동식 찻장으로, 3단으로 되어 있으며 아랫부분에 수납 공간이 있어 다도구를 장식하기에 매우 편리하다. 특히 3개의 널판과 4개의 기둥이나 문에 다양한 조각을 새겨 넣을 수 있어서 여러 가지 변형된 디자인을 시도할 수 있기 때문에 미술품으로서도 가치가 크다. 다회를 하기 알맞은 방에 후쿠로다나를 설치하고 다도구를 장식하면 그 주위가 다실 공간으로 변신되기 때문에, 다회를 개최하는 기회를 확대할 수 있었다.

다케노 조오가 자신을 다이코쿠암이라 칭한 것은 흥미로운 발상이다. 에비스의 사당 옆에 살았기 때문에, 유머로써 에비스신의 친한 친구인 다이코쿠를 자신의 호로 끌어다 쓴 것이다.

다이코쿠신

에비스신

중국에서 불교의 수호신인 대국주신大國主神이 일본에 들어와서는 유사한 일본음日本音을 지닌 다이코쿠신으로 바뀌어 정착되었다. 이 신은 일본의 칠복신七福神의 하나로 민간신앙의 대상이 되었다. 칠복신 가운데 하나인 에비스신은 다이코쿠신과 특별히 가까운 사이로 늘 그 곁에 모셔진다. 이러한 민속을 다케노 조오는 잘 알고 있었으므로 재치 있게 활용했다. 다이코쿠는 커다란 복福자루를 짊어진 모습인데, 다케노 조오는 자신을 다도에 관한 비전을 잔뜩 채워 넣은 자루를 짊어진 사람이라고 비유했다.

32 | 곡척

곡척曲尺이란 물건의 길이를 재는 기역자 모양의 자를 가리키며, 한국에서도 쓰는 용어이다. 곡척할曲尺割이라고도 하며 자 외에도 '길이를 재다', 규격規格, 모듈module, 이론理論, 규준規準, 구분하는 단위 등을 뜻한다. 『남방록』에서는 다도구를 놓는 위치 하나하나가 음양 사상에 의해 정해진다는 생각에서 위치를 구분하는 기준을 제시하고 이런 기준을 곡척이라 했다. 곧, 곡척은 다도구의 수효나 배치법의 근본이 되는 척도尺度나 배율倍率을 말하며, 음양오행설陰陽五行說을 원용한 다도의 이론이 된다. 다도구나 찻장, 대자 등을 배치하는 자리를 설정하며, 조화를 이루기 위하여 일정한 길이로 분등할分等割할 때 생기는 분등선分等線이 곡척이다.

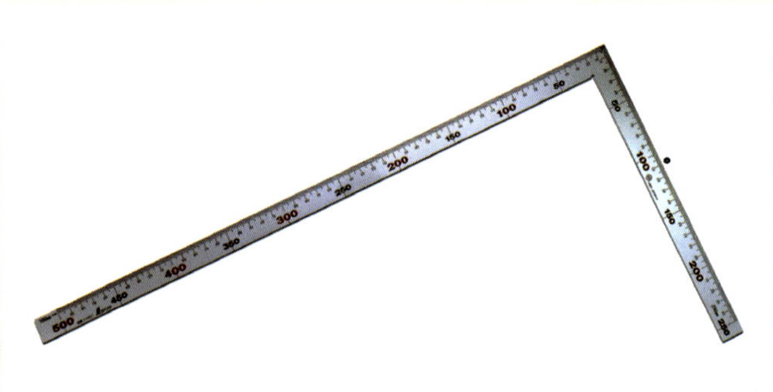

곡척

다다미나 대자 및 찻장 위에 다도구를 놓는 위치를 미리 정해둔다는 것은 형식에 얽매이게 된다는 부정적인 측면도 있지만, 미학적·기능적 요소를 검토하고 정한 위치는 망설임 없이 매끄럽게 점다할 수 있도록 해준다는 점에서 긍정적인 측면이 크다.

곡척은 음양 사상을 바탕으로 다도구가 놓이는 자리로는 음의 자리와 양의 자리가 있다고 보고 정한 기준이다. 곡척에 따라 다도구를 놓는 자리가 필연적으로 정해진 자리라고 믿는다면, 점다하는 동작 하나하나에 사상적 의미까지 내포된다고 생각하게 될 것이다. 그러므로 앞서 정해진 곡척에 따라 다도구를 배치하고 자세를 잡는 일은 다인에게 정신적인 만족감까지 제공해준다고 생각된다.

곡척은 평면 위에 다도구를 놓는 위치가 중앙인가 좌우로 어느 정도 치우쳐 있는가, 혹은 양의 위치인가 음의 위치인가를 결정하는 기준이 되며, 다인들은 이런 기준을 객관화 혹은 이론화하려 노력했다.

음양 사상이 지닌 균형감각을 추구하려는 미학과 그 내용의 오묘함 때문에 다도의 곡척에 대해 많은 사람이 주목하며 흥미를 지닌다. 그러나 곡척은 주관적인 미학이나 직관에 따라 정해지는 측면이 많아, 절대적인 기준을 제시하거나 만인의 공감을 얻기도 어렵기 때문에 보편화되지 않은 다도 이론이라고 할 수 있다.

3. 후쿠로다나를 쓰는 다실

후쿠로다나는 서원, **구사리노마**鎖の間 등의 넓은 다실이나 작은 다실 등에 두루 쓸 수 있다. 서원에서 후쿠로다나를 쓸 경우에는 대개 옑게 칠한 후쿠로다나를 씀이 좋다.

해설

이 대목은 후쿠로다나를 쓸 수 있는 공간에 대한 설명이다. 후쿠로다나를 놓으려면 적어도 폭 80센티미터 정도의 공간이 필요하기 때문에 서원이나 구사리노마와 같이 넓은 다실에 잘 어울린다. 그러나 아주 작은 다실에서는 공간을 너무 많이 차지하여 쓰기 불편한 점도 있다.

33 | 구사리노마

구사리노마鎖の間는 저택 안에 있는 방의 형식 명칭으로, 대기실 기능을 하는 다다미 6장 이상의 넓은 방을 지칭한다. 로를 설치하고 천정에서 줄을 늘어뜨려서 솥을 걸 수 있도록 하며 차도 마실 수 있는 대기실이다. 문방구나 미술품 등의 장식품과 다실에 필요한 다도구를 갖추어두었다는 점이 특징이다.

와비 다도에서는 좁은 다실 한곳에서 다회의 모든 순서를 진지하게 진행하는 방식을 이상적이라 여겼다. 그러나 쇼군가나 영주의 저택에서 호화롭게 열리는 다회에서는 다실에서 차를 마시기 전후에 다른 방에서 미술품을 감상하거나 휴식을 취하는 등, 자리를 옮겨가며 변화를 추구하면서 보다 화려하고 물질적인 풍요를 자랑하는 듯한 진행 방식을 일상화했다.

다실의 벽에는 엇갈리게 선반을 설치하여 그 자체가 장식물이 되도록 했다. 천정에서 늘어뜨린 쇠줄에 가마솥을 걸고, 구석에 이동식 장식용 찻장을 놓고, 창문 아래에 대를 설치하고 기물을 장식하여 손님이 감상하도록 했다. 다실에서 나와서는 옆에 있는 방인 구사리노마로 자리를 옮겼다. 구사리노마의 장식품으로는 그림을 그린 부채, 탁자 위에 얹은 향로와 향합, 그림 두루마기, 도장 주머니, 소설책, 벼루, 붓, 필가, 먹, 벼루 가리개, 악기, 다도구 등을 썼다.

구사리노마

4. 탁자와 찻장은 다다미 4장 반 이상의 넓은 다실에서

언젠가 센 리큐를 슈운암에 초대했다. 다다미 심삼첩의 향로식 다실[184]에서, 탁자는 로 자리를 도려낸 다다미 위에 놓았다. 초좌에서는 탁자 위에 청자 향로를, 아래에는 물 단지를 놓아두었고, 탁자 다리에는 후쿠사를 매어두었다.

한편 쟁반에 향합, 향 재 그릇, 향 젓가락 등을 갖추어서 내어왔고, 먼저 향 하나를 피워서 향을 즐겼다.

중간 휴식을 끝낸 뒤 후좌에서는 탁자 위에 농차기를 놓고 아래에는 물 단지와 농차기를 가지런히 놓아두고 차를 탔다. 이때 센 리큐가 말하기를 "향로向爐[185]의 옆은 널판을 깔았으니 그만큼 여유가 있기는 하지만 대개 탁자나 찻장을 놓게 되니 너무 좁고 답답해진다. 게다가 솥을 올리고 내릴 때나 물 단지의 물을 퍼 넣을 때도 좁은 만큼 무리하게 동작을 해야만 한다"라고 했다.

센 리큐는 다다미 4장 반 이상 넓이의 다실이 아니라면 탁자나 찻장을 놓지 않는 편이 좋다고 했다. 실로 좋은 지적이라고 느껴서 감탄했다.

184 향로식 다실에 대해서는 제1권 각서 가운데 '16. 심삼첩과 장사첩의 차이에 대하여'(93쪽)를 참고.

185 손님이 앉는 다다미의 가운데 쪽에 설치한 로爐이며, 로 옆에는 널판을 깔고 장식을 겸하여 다도구를 얹어둔다.

해설

이 글에서 센 리큐는 찻장을 쓸 수 있는 다실의 최소 넓이에 대해 언급했다. 특히 솥을 올리고 내리거나 물 단지에 물을 퍼 담는 등의 큰 몸동작을 원만하게 하려면, 좁은 다실에서는 자리를 많이 차지하는 탁자나 찻장을 쓰지 말아야 한다고 했다.

한편 와비의 다도는 많은 것을 배제하고 간소하게 하는 데서 아름다움을 찾는 것이기 때문에, 실제 상황을 예로 들어서 다실에는 최소한의 다도구만 가지고 들어와야 한다고 주장했다.

5. 자재갈고리와 쇠사슬

자재自在갈고리[186]는 와비 다도의 도구이므로 서원에서는 쓰지 않고, 다다미 4장 반 다실에서 후쿠로다나와 함께 쓴다. 자재갈고리를 늘어뜨릴 때 쓰는 쇠사슬도 4장 반 다실에서 쓴다. 대체로 쇠사슬도 야외 다실에서는 반드시 쓰이는 도구인데 꼭 주의해야 할 것이 있다. 구전口傳에 의하면, 다케노 조오가 어느 시골에서 자재갈고리를 발견하여 다도에서 쓰기로 마음먹고 가지고 왔다. 그리고 이것을 찻집[187]풍으로 꾸며진 다실에서 쓰려고 했다. 그 후에 센 리큐가 4장 반 다실에서 자재갈고리를 써도 좋을 듯하여 다케노 조오와 상의했고, 그 결과 4장 반 다실에서도 이를 쓰게 되었다.

솥을 거는 자재갈고리

186 로 위의 천정에 줄을 내려뜨려서 매달아 놓고 자유롭게 올리고 내려서 높이를 조절할 수 있게 한 갈고리인데, 이 갈고리에 솥을 건다. 갈고리는 나무나 대나무로 만든다.

187 차를 마시거나 휴식을 취하기 위해서 정원 가운데에 지은 작은 건물. '차야茶屋'로 표기하며, 다도를 수행하는 공간이라는 엄격한 의미를 지닌 다실과 구별된다.

해설

오늘날에는 다실의 크기나 계절 등을 고려해서 자재갈고리를 쓰고 있으나, 센리큐 당시에는 공간이나 시간에 크게 구애받지 않고 로 위에 자재갈고리를 걸어서 썼다. 민가民家에서 흔히 발견할 수 있는 자재갈고리를 와비 다도의 다실에 도입한 일은 두레박을 물 단지로 쓰는 일, 대나무 바구니를 꽃병으로 쓰는 일 등과 같이 초체화草體化라는 맥락에서 이해할 수 있다.

자재갈고리가 처음 쓰였던 곳은 격식이 있고 화려한 다실이 아니라 개방적이며 작고 소박한 다실로 '차야茶屋'라 했다. 소박한 민가의 방에서 쓰던 자재갈고리가 세련되게 다듬어져서 다실에서 쓰는 다도구의 하나가 된 것이다.

6. 다실을 바꿔가면서 여는 다회

근년에 작은 다실에서의 다회가 끝난 뒤에, 서원이나 4장 반 다실로 자리를 옮겨서, 다시 차나 과자를 권하는 일이 일어나고 있다.

이전에 센 리큐가 도요토미 히데요시를 대접하기 위해서 다회를 열었던 일이 있다. 이때 도요토미 히데요시는 그전부터 센 리큐에게 이러저러한 다도구를 감상하고 싶다는 부탁을 했었다. 그래서 작은 다실의 다회가 끝난 뒤에, 4장 반의 다실로 옮겨서 후쿠로다나와 대자에 여러 가지 다도구를 장식하여 이를 감상하도록 한 일이 여러 번 있었다.

그러나 이 경우는 미리부터 그런 사정을 알고 있었기에 이런 식으로 진행했던 것이다. 그 전후 사정도 모르고, 작은 다실에서의 다회가 끝나면 반드시 4장 반 다실이나 서원으로 자리를 옮겨서, 다시 차를 대접하지 않으면 손님을 소홀히 대접하는 것이라고 여기는 사람들이 많이 나타났다. 이런 일이 교토나 사카이 사람들 사이에 유행하고 있다.

비젠의 재상인 우키타 히데이에나 아사노 나가마사淺野長政[188]가 쓰다 소규와 의논하여 자재갈고리를 거는 다실을 별도로 만들었다고 했다. 그리고 매번 작은 다실에서 다회를 마친 뒤에는 이 자재갈고리를 걸어둔 다실로 자리를 옮겨 다회를 계속했다고 한다.

이 이야기를 전해 들은 센 리큐는, 이는 틀림없이 후세에 와비 다도

188 아사노 나가마사(1544~1611)는 도요토미 히데요시 휘하의 장수로서 여러 전쟁에서 공로를 세웠고, 다도를 좋아하여 다도구를 하사받았다. 하사받았던 다도구는 정권이 바뀌자 새로운 권력가인 도쿠가와 이에야스 쇼군에게 헌상했다.

를 쇠퇴시킬 원인이 될 것이라고 생각했다. 그래서 센 리큐는 일부러 우키타 히데이에와 아사노 나가마사를 찾아가서 충고했다.

센 리큐가 이르기를, 이후로는 설령 쇼군을 모시는 다회를 열 때라 해도 작은 다실이면 작은 다실에서만, 서원이면 서원에서만, 아무튼 자리를 바꿔가면서 하루에 두 가지 이상의 장식을 하거나 차를 타내지 말라고 했다.

해설

센 리큐가 도요토미 히데요시의 특별한 부탁을 받고 연 다회 가운데, 다실을 옮겨가며 여러 가지 다도구를 장식해 보였던 예가 있다. 그 본래의 뜻을 잘못 이해한 사람들이 다회가 끝나면 으레 다른 방으로 자리를 옮겨서 따로 대접하는 것이 정중한 대접이라고 생각하게 되었다. 그 결과 자리를 옮겨서 쓰는 방, 즉 쓰다 소규가 고안한 자재갈고리를 거는 다실이 생겨났다.

그 원인에는 일리가 있었지만, 센 리큐는 자리를 옮겨서 여는 후반의 자리를 부정했다. 전반에 열리는 다회는 의례적儀禮的이고 엄격한 와비 다도로 진행될 수 있으나, 후반의 다회는 자연히 연회 자리처럼 흐트러지기 쉽기 때문에 자리를 옮겨가며 여는 다회를 금한 것이다.

그러나 다도의 세계에서는 센 리큐의 주장이 그대로 지켜지지 않았다. 작은 다실에서 농차, 회석 요리와 박차 등을 대접한 뒤에 서원이나 넓은 다실로 찻자리를 옮겨서 연회를 여는 다회 방식은 그 뒤로도 지속되었다. 즉, 센 리큐가 주장한 '철저한 의미의 와비 다도'는 그가 예언했던 대로 오래가지 않아 쇠퇴했다고 할 수 있다.

7. 간기刊記

센 리큐 자필自筆

위의 것들을 잘 모았습니다. 정말로 여러 가지 그림과 글을 잘 모았군요. 좌흥座興에 겨워서 했던 잡담 등은 적혀 있지 않군요. 이후로도 말할 때마다 조심하지 않으면 안 되겠군요. 하하하.

센 리큐 씀

『남방록』의 원문과 이 사본을 대조해보니, 원문과 다름없습니다.

1705년 을유乙酉섣달
다치바나 지쓰잔

해설

권말의 이 간기는 센 리큐가 제자 난보 소케이가 기록한 글과 모은 그림을 보고 쓴 것이다. 자신의 말 한마디 한마디가 기록되어 있음을 본 스승은 자신이 한 말 가운데 허튼소리는 적혀 있지 않았음에 안도하는 한편, 이후로도 조심해야겠다고 했다. 그리고 이런 말들을 농담으로 돌리려고 웃음소리를 첨가하는 여유를 잊지 않았다.

다치바나 지쓰잔은 원본과 사본을 대조해본 결과, 다름이 없다고 서명했다.

제4권 서원 書院

제4권 서원은 귀족들이나 무사들의 서원에서 이루어진 찻자리의 장식에 대하여 그림으로 설명하며, 그 원리에 관하여 논한 글이다.

서원 다회는 호화롭게 꾸민 방에 화려한 장식품을 많이 진열해두고 잔치 같은 분위기에서 진행한다는 특징이 있다. 권력과 재력을 갖춘 상급무사들이 서원을 짓고 사람들을 불러 자신의 능력을 자랑하고 하사품도 내리는가 하면, 초대받은 사람은 헌상품을 준비하여 권력에 접근하는 기회를 노리기도 했다.

센 리큐는 이와 같은 서원의 다도를 극복의 대상으로 여겼으며, 이에 반발하여 형성된 새로운 다도 양식이 와비 다도였다.

1. 서원의 다회

정식正式 서원식의 장식은 히가시야마東山[189] 님의 서원 장식을 기본형으로 한다. 사계절의 각 계절에 알맞은 장식법이 있다. 어떤 때는 경사스러운 의식儀式, 어떤 때는 시가詩歌를 즐기는 자리, 어떤 때는 축국연蹴鞠宴[190], 어떤 때는 연중행사 의례 등 각 모임의 취지에 따라서 그에 알맞은 장식을 해야 하는데, 그 성대함은 이루 말할 수가 없다.

하물며 나 난보 소케이 같은 서민庶民이 서원식으로 장식한 찻자리를 가진다는 일은 있을 수 없는 일이다. 따라서 서원식 장식에 대하여 전수하는 일은 헛된 일이라고 스승인 센 리큐가 말했다. 과연 옳은 말이다.

그래서 서원에 관계되는 사항은 일일이 스승님께 여쭙지 않고, 이야기가 나왔을 때마다 조금씩 적어두기로 했다.

해설

귀족들이나 무사들이 서원에서 차를 마실 때, 다실로서의 서원 장식의 모델을 제시한 글이다. 서재라 할 수 있는 서원의 장식은 당시 히가시야마문화의 정점에

189 무로마치시대의 제8대 쇼군인 아시카가 요시마사를 가리킨다. 그는 히가시야마 산장東山山莊, 즉 오늘날의 긴카쿠사銀閣寺를 창건했으며, 무가武家문화의 정점에서 활약했다. 전통적인 귀족문화와 무가문화, 선승들에 의해 수입된 송宋의 문화, 신흥서민문화 등이 복합된 것이 히가시야마문화이다. 그 미의식은 정토淨土에 대한 지향과 더불어 선禪의 유현幽玄을 구하는 와비의 정신을 근본으로 한다.

190 귀족들이 가죽으로 만든 공을 차올리면서 승부를 겨루는 놀이의 일종.

있었던 제8대 쇼군인 아시카가 요시마사足利義政의 다실을 모델로 삼는다는 것이다. 당시 최고의 호사를 자랑하던 아시카가 요시마사의 서원을 중심으로 여러 가지 행사가 열렸다.

스승인 센 리큐는 제자 난보 소케이에게, 그런 자리에서 열리는 다회는 너무나도 호사스러운 것이어서 전수할 필요가 없다고 말했다. 즉, 한거하는 가운데 여는 소박한 다회를 이상으로 삼는 센 리큐에게 서원의 호사스러움 속에서 열리는 다회는 이상적인 다도를 실현하는 자리가 아니라는 것이다.

이런 센 리큐의 뜻을 거스르지 않기 위해서, 난보 소케이는 스승님께 일일이 여쭙지 않고 서원차에 대하여 보고 들은 바를 기록해두었다.

2. 서원의 장식

옛날에는 서원에 폭이 넓은 오도코노마大床[191], 즉 폭이 넓고 큰 도코노마와 서원 도코노마書院床[192], 엇찻장違棚[193] 등에 여러 가지 다도구를 장식해두었다. 그러나 요즈음은 대개 실제로 쓰지 않는 다도구는 생략해서 장식해두지 않는다. 그 사람의 신분이나 격식에 따라서 장식할 따름이다.

해설

여기서는 서원의 기본적인 실내 구조를 말했다. 서원에는 족자를 걸어두기 위한 공간인 넓은 도코노마, 서원의 창가에 설치해두었던 책상에서 전용轉用된 서원 도코노마, 엇찻장 등이 설치되어 있다. 이전에는 이런 곳에 여러 가지 다도구를 장식해두는 것이 유행했으나, 당시에는 서원 주인의 취향에 따라서 꼭 필요한 다도구만 내어 장식하게 되었다는 것이다.

191 서원 같은 넓은 방에 설치하는 넓은 도코노마로, 족자를 장식하기 위한 공간이다. 당시에는 압판押板이라는 마루를 깐 공간으로, 깊이는 얕게, 폭은 넓게 만들었다.

192 '햇빛이 들어오는 서원'이라고도 한다. 창가에 붙박이로 만든 책상과 선반을 통칭한다. 여기서는 책을 읽거나 글을 쓴다. 서원의 장식법이 발달함에 따라서 이 공간은 다도구를 장식해두는 기능을 하게 되는데, 특히 다회와 관련된 문방구를 장식해둔다.

193 도코노마나 서원의 벽에 붙박이로 만드는 차 선반. 다도구를 얹어두는 널판 2개를 좌우에 설치하는데, 서로 높이를 달리해서 엇갈리도록 한다.

3. 큰 도코노마의 장식

큰 도코노마에는 족자를 걸어둔다. 족자는 네 폭을 한 벌로 하거나, 세 폭을 한 벌로 하거나, 두 폭을 한 벌로 하며, 때로는 한 폭만 걸기도 한다. 족자 앞에는 향로대나 탁자 등 적당한 것을 놓고, 그 위에 향로나 작은 꽃병을 놓으면 좋다. 또는 꽃병에 꽃꽂이를 하여, 하나나 둘 혹은 셋을 장식한다. 또는 큰 도코노마의 한가운데에, 향로대나 탁자 등 적당한 것을 놓고, 그 좌우에 꽃병이나 차호를 장식한다거나 하는 여러 가지 장식법이 있다. 경우에 따라서는 분산을 장식해둘 수도 있다.

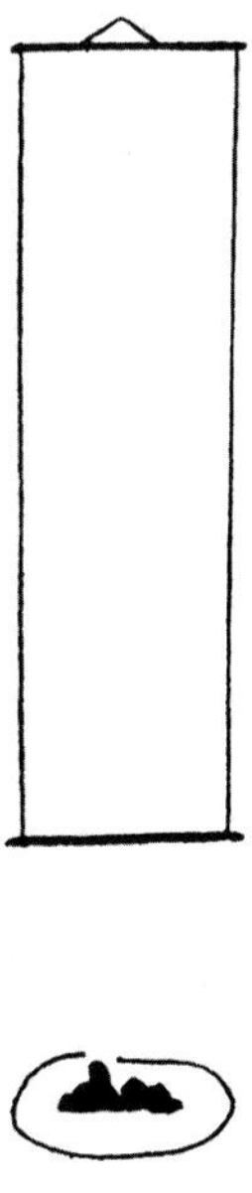

‖ 족자 1개와 분산盆山 ‖

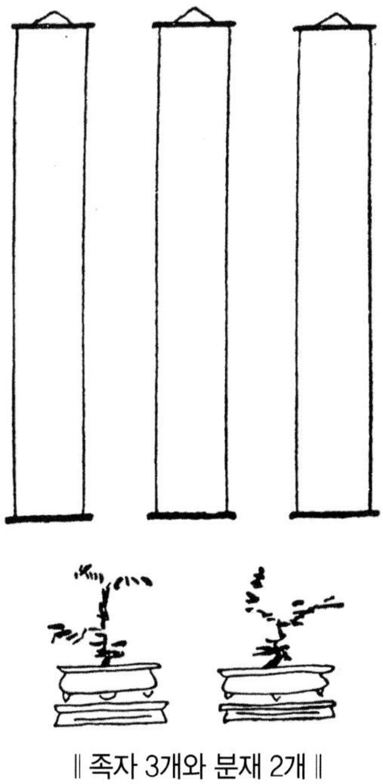

‖ 족자 3개와 분재 2개 ‖

‖ 족자 4개와 향로대 및 꽃병 2개 ‖

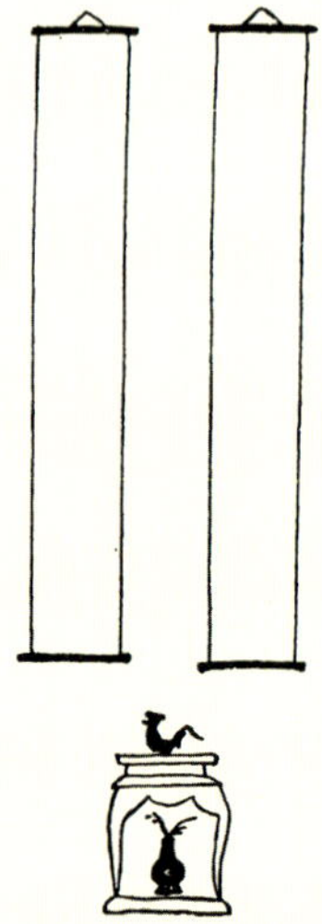

‖ 족자 2개와 향로 ‖

해설

큰 도코노마에 족자를 장식하는 경우에 많게는 네 폭, 적게는 단 한 폭만을 걸기도 한다. 족자를 걸 때는 그 아래의 공간을 적절한 도구로 장식해두지 않으면 균형이 이루어지지 않는다. 따라서 그 공간에 향로대나 탁자 혹은 꽃병 등을 놓아 조화롭도록 하라는 것이다.

4. 압판과 삼구족

압판押板 위에 삼구족三具足을 얹어두는 장식법이 본식本式이기 때문에 이에 대해 구전口傳되는 비전秘傳이 많이 있다.

‖ 압판押板에 놓는 삼구족三具足 ‖

해설

압판은 다도구를 장식해 올려두기 위해 서원 안에 두는 널판이다. 후세에 도코노마로 발전되어, 일본 건축의 중요한 양식 중 하나가 되었다. 삼구족은 압판 위에 정식으로 장식해두는 세 가지의 다도구, 즉 향로·꽃병·촛대가 갖추어진 상태로, 본래 불전佛前에 공양불을 장식하는 양식에서 나왔다. 삼존불三尊佛처럼, 본존本尊을 중심으로 좌우에 협불脇佛을 두는 양식이 다실의 장식에 도입된 것이다.

이 글을 통해 당시에는 압판 위에 세 가지의 다도구를 갖추어두는 것이 이상적인 차 장식이라고 생각했음을 알 수 있다.

5. 엇찻장의 장식법

엇찻장에는 다음과 같은 것을 장식한다.

족자, 가서歌書, 시서詩書, 데카가미手鑑[194], 에카가미繪鑑[195], 예반에 담은 향로와 향도구 한 벌, 대나무로 만든 도시락, 동병銅甁, 잔盞, 잔대盞臺, 마상잔馬上盞[196], 거울, 경대鏡臺, 향로 상자, 침향沈香을 넣은 상자, 오리나 원앙새 혹은 사자 모양으로 만든 향로, 벼루, 용지用紙 등.

아래 칸에는 예반에 담은 수석壽石, 인형人形, 석창포石菖蒲 화분, 혹은 작은 꽃병 등을 장식한다.

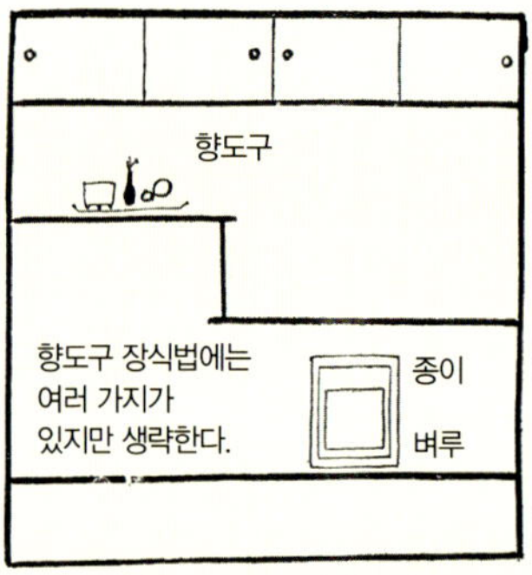

‖ 엇찻장의 향도구와 문방구 ‖

‖ 엇찻장의 향로와 바구니 ‖

194 명필들의 글씨를 모아서 수첩 형식으로 만든 책. 글씨 감정鑑定이나 감상용으로 쓰인다.

195 명화들을 모아서 수첩 형식으로 만든 책. 그림 감정이나 감상용으로 쓰인다.

196 말 위에서 술을 마실 때 쓰는 잔.

해설

서원의 엇찻장에 장식해둘 수 있는 다도구를 열거했다. 문인적인 취향을 직접적으로 나타내는 족자, 가서, 시서, 데카가미, 에카가미 등의 다도구와, 향을 즐기는 예능藝能인 향도香道에 관련되는 도구를 망라하고 있다. 특히, 향도를 즐기는 과정을 기록하는 도구인 벼루나 용지도 장식품의 하나가 됨을 알 수 있다.

엇찻장은 아래 칸과 위 칸으로 구성되는데, 그 아래 칸에 놓을 적절한 장식물을 따로 제시하고 있다.

6. 서원 도코노마의 장식

서원 도코노마에는 다음과 같은 것을 장식한다.

환종喚鐘[197], 환종을 치는 채, 불자佛子[198], 깃털로 만든 비, 벼루, 벼루 가리개, 붓을 걸어두는 필가, 붓, 먹, 연적, 붓을 헹구는 그릇, 용지, 가서, 족자, 데카가미, 에카가미, 경대, 작은 꽃병을 놓아도 된다.

압판과 엇찻장 등은 관련이 깊은 것들이기 때문에, 서로 잘 어울리도록 장식하되, 같은 종류의 다도구를 장식하지 않도록 주의해야 한다.

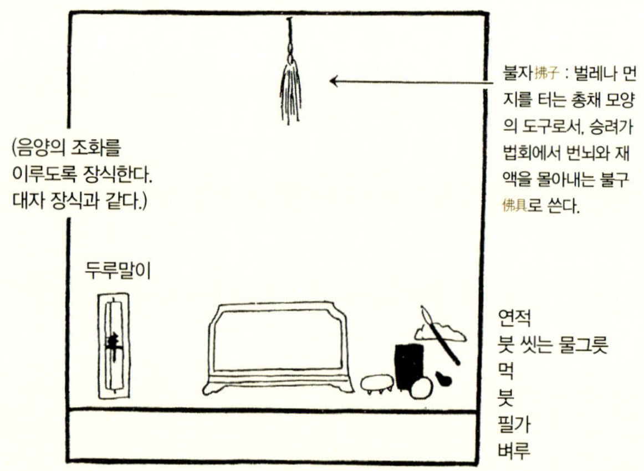

‖ 서원 도코노마의 장식 ‖

---

197 찻자리의 준비가 다 되었음을 손님들에게 알리는 신호로 치는 종. 청동을 재료로, 달아맬 수 있게 만든다.

198 먼지떨이 모양의 도구인데, 선종禪宗에서 중이 번뇌나 장애를 물리치는 표지로 쓴다.

해설

서원 도코노마는 원래 서안書案이라는 기능에서 출발한 것이다. 창가에 붙박이로 만들었던 책상인 서안이 다실 건축 양식에 정형화하면서, 문방구나 책을 장식해두는 공간으로 정착되었다. 따라서 학문과 관련된 도구가 주된 장식품이 된다. 서원 도코노마의 창틀 위를 가로지른 인방引枋에는 환종이나 불자를 매달아 두게 된다.

서원 안에는 같은 다도구를 중복해서 장식해두지 말 것과, 다도구들이 서로 잘 조화를 이루도록 장식할 것을 아울러 당부하고 있다.

7. 이름 없는 필가

히가시야마 님, 즉 아시카가 요시마사의 히가시야마 산장에는 필가筆架를 장식했다. 필가에 대하여 이르기를, 소아미류相阿彌流[199]에서는 명물名物이 아닌 필가, 즉 무명의 필가는 장식할 수 없다는 것이고, 노아미류能阿彌流에서는 장식해도 좋다고 했다.

노아미는 평소에 쓰던 벼루 상자를 장식해두어도 괜찮다고 하면서, 그러나 명물을 장식할 때의 마음가짐과 평소에 쓰던 것을 장식할 때의 마음가짐은 달라야 한다고 말했다. 노아미의 말은 구카이空海와 도친道陳을 거쳐 센 리큐에게 전해졌다.

해설

센 리큐는 서원에 장식하는 필가에 대해서는 노아미의 견해를 따르고 있다. 아울러 그의 차茶의 계통이 유서 깊은 것임을 거듭 밝혔다.

---

199 소아미류의 소아미相阿彌 ?~1525는 아시카가 요시마사의 측근으로서 차 시중을 들던 다인이다. 조부 노아미에게서 물려받은 다도구에 대한 도설圖說과 다실의 장식법 등에 관한 전서傳書에 가필하여 이후의 다도 형성에 많은 영향을 끼쳤다.

8. 다도구는 홀수로 장식한다

큰 도코노마, 서원 도코노마, 엇찻장 등에 장식하는 다도구의 수효는 홀수여야 한다. 센 리큐가 지은 교카狂歌 가운데는 일곱 개로 이루어지는 짝七個一組에 대하여 노래한 것이 있다. 이 노래를 통해서 말하려고 하는 바는, 다도구는 일곱 개로만 한정해서 쓰라는 것이 아니라, 다도구의 수효는 홀수로 하라는 것이다.

해설

『남방록』의 제5권 '대자'에는 "작은 다실에서도, 넓은 다실에서도, 대자에 장식하는 다도구의 수효는 일곱 가지를 한 벌로 한다"라는 교카 형식의 노래가 실려 있다. 일곱 가지란 풍로와 솥, 물 단지, 물구기 세우개, 퇴수기, 솥뚜껑 받침, 다완, 농차기 등이다. 다실의 다도구는 이 일곱 가지를 한 벌로 해서 홀수로 장식하는 데 의미가 있다는 것이다.

일본인들은 중국의 음양오행陰陽五行 사상의 영향을 받아서 양수陽數, 즉 홀수를 좋은 수로 여겼다. 이런 생각이 다도에도 원용된 것이라고 볼 수 있다.

9. 도코노마나 찻장의 상하

엇찻장과 서원 도코노마는 그 중심이 되는 넓은 도코노마의 위치나 햇빛이 들어오는 방향에 따라서 좌우와 상하가 정해진다. 엇찻장에서라면 큰 도코노마 쪽이 상좌上座가 된다.

해설

다실 내에서 여러 손님이 앉게 될 경우에는 좌석의 상하 구분이 필요해진다. 이때 자리의 상하나 좌우가 미리부터 정해져 있으면 망설이지 않고 자리를 배치할 수 있기 때문에, 자리의 상하를 미리 정해두게 된다. 그러나 실제 각 다실은 그 구조가 각양각색이기 때문에 상하의 기준은 각 다실의 사정에 따라서 달라진다.

10. 조다이의 장식

서원의 조다이調臺에 소중한 물건들을 장식해둘 때는 언제나 홀수로 해야 한다.

투구, 갑옷, 갑옷의 소매, 대장의 갑옷, 지휘봉, 부채, 활집, 활, 화살통, 칼 등 여러 가지 기물에 대하여 노아미의 자세한 기록이 있기 때문에 여기서는 자세히 논하지 않기로 한다.

해설

조다이는 '帳臺'라고도 표기하며, 서원에서 침실로 가는 쪽의 입구에 설치한 공간을 말한다. 바닥을 한 단 높여서 만들며, 호화롭게 장식한다. 무사들의 갑옷과 투구를 비롯한 여러 가지 기물을 장식해두는 공간이기도 하다. 센 리큐는 조다이에 기물을 장식할 때에도 길吉한 수인 홀수로 해야 한다고 했다.

센 리큐는 호사스러운 서원의 차를 지양하고 와비 다도侘茶를 주장해왔던 만큼, 서원의 기물에 대해서는 상세하게 논하려 하지 않았다. 이에 관해서는 이미 전해지고 있었던 노아미의 기록을 참조하라고 미루어버렸음을 알 수 있다.

11. 간기刊記

난보 소케이에게

위의 '서원'권을 잘 읽었습니다. 서원의 장식은 매우 다양한 것이라고 하지만, 여기에 거의 빠짐없이 기록되어 있습니다.

센 리큐

『남방록』의 원문과 이 사본을 대조해보니, 원문과 다름없습니다.

다치바나 지쓰잔

해설

이 간기는 난보 소케이가 기록한 '서원'을 센 리큐가 교열하고, 그 내용에 이의가 없음을 밝힌 글이다.

다치바나 지쓰잔의 글은 원본에는 없었던 부분이다. 필사본을 만든 다치바나 지쓰잔은 필사가 끝난 단계에서 내용을 검토하고, 오류가 없음을 밝혔다.

제5권 대자 臺子

제5권 대자는 체재가 다른 권과는 매우 다르다. 다른 권들은 난보 소케이가 스승 센 리큐에게서 보고 들은 바를 기록하고, 스승이 검열하는 형식으로 이루어졌다. 그러나 대자는 센 리큐가 직접 그린 대자 장식 그림으로 이루어졌다. 센 리큐는 대자의 그림과 장식품을 놓는 법 등에 대한 설명을 쪽지切紙에 써넣었다. 구전口傳 과정에서 생길 수 있는 오류를 막기 위해 쪽지 전수라는 방식을 택한 것이다. 여기서는 『남방록』 특유의 곡척曲尺 이론이 소개되고 있다.

1. 대자에 관한 센 리큐의 편지

난보 소케이에게

대자, 급제대자, 그리고 중판中板200에 대하여.

어제 찾아오셨다는 이야기를 들었습니다. 급한 일로 자리를 비워서 만나지 못해 미안합니다.

1. 대자에 대하여 전수하는 일에 관해서는 이미 도요토미 히데요시에게 허락을 받아두었습니다. 이제 전수하는 일의 시작은 난보 소케이의 마음가짐에 따를 뿐입니다.

1. 대자에 관해 전수해달라고 오랫동안에 걸쳐서 성심껏 부탁하신 바 있기 때문에, 비전秘傳의 오묘한 진리를 전수하도록 하겠습니다. 전수함을 허락하신 도요토미 히데요시의 깊은 뜻을 입 밖에 내서 남들이 알게 해서는 절대로 안 됩니다.

1. 그림으로 그려서 설명하지 않으면 가르쳐드리기 어렵기에, 작은 종이에 그려서 드리겠습니다. 나도 스승님께 이전에 가르침을 받기는 했지만, 평소에 쓰지 않는 여러 가지 장식법은 죄다 잊어버렸습니다.

1. 거듭 말씀드립니다만, 초옥의 작은 다실이 아니라면 진실한 와비다도의 심정은 가질 수 없는 것입니다. 아침저녁을 가리지 말고 궈하가 스스로 연구하여 터득하는 일이 무엇보다 소중한 일입니다.

200 다실의 다다미와 다다미 사이에 깔아두는 널판. 주인이 앉는 다다미와 손님이 앉는 다다미 사이에 다다미와 같은 높이가 되도록 까는 폭 45센티미터 정도 되는 널판이다.

1. 마침 내 밭201에서 나온 채소가 도착했기에 한 바구니를 보냅니다.

10월 8일

센 리큐 보냄

해설

대자에 관한 비전을 제자에게 전하기에 앞서서, 전수하게 된 과정을 알리고 전수받은 후에 비전을 누설하지 말 것 등을 다짐하는 글이다. 당시에는 도요토미 히데요시에 의해서 다도를 함부로 전수하지 못하도록 한다는 규제가 내려져 있었다. 따라서 센 리큐는 우선 도요토미 히데요시로부터 전수해도 좋다는 허락을 얻어야 했다.

특별히 허락을 얻었으니 전수하기로 했는데, 그 방법이 매우 심오하여 말로는 다 표현할 수 없으므로 그림을 그려서 전하기로 했다. 그러나 센 리큐는 막상 전수하려고 하니 스승에게서 배운 바를 전부 기억하지 못하고 있다는 한계를 밝혔다. 아울러 자신의 다도의 중심은 작은 다실에서 열리는 소박한 와비 다도에 있음을 강조하면서, 무엇보다도 스스로의 연구와 노력이 필요함을 역설했다.

센 리큐는 난보 소케이에게 이 비전과 함께 채소를 한 바구니 보내면서 사제師弟의 정情을 나누려 했다.

201 센 리큐는 사카이의 교외에 논밭을 가지고 있었는데, 여기서 재배한 야채를 가져다 먹었다.

2. 대자 전수를 위한 쪽지 -난보 소케이에게-

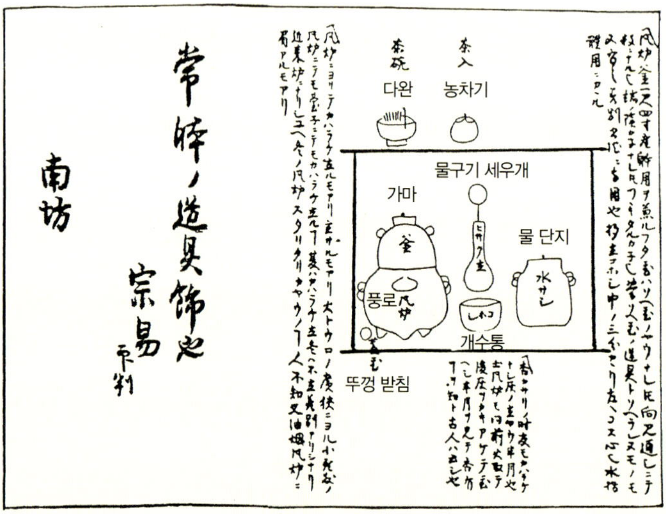

‖ 대자의 기본 장식법 ‖

그림 가운데 적혀 있는 사항을 ①~④로 나누어 적는다.

① 대자의 오른쪽 글

풍로 솥의 자리座는 1자 4치202 사각의 대자의 왼쪽 끝 부분이다. 이 위치는 체體와 용用,203 즉 음양陰陽의 어느 쪽의 곡척도 다 쓸

202 '대자'권에서 길이의 단위는 원본에 따른 자치尺寸와 센티미터를 병용한다.

203 중국에서 사물을 인식하는 이론에서 나온 말인데, 체는 본체나 본질을, 용은 나타나는 현상이나 움직임을 의미한다. 체와 용은 곡척을 형성하는 두 가지 요소가 된다고 하며, 체는 양陽의 곡척, 용은 음陰의 곡척으로 구분해서 쓴다.

수 있다. 솥뚜껑 받침에 대한 것은 풍로에 올리는 솥에 대한 것과 동시에 가르쳐야 할 것으로 여기겠지만 그렇지 않다. 솥뚜껑 받침은 로의 그늘에 가려지지 않도록 놓는다. 솥뚜껑 받침은 손님 자리에서도 보일 수 있는 위치에 놓아야 하기 때문에, 별도로 가르치려 한다. 그 위치는 가장자리의 음의 곡척에 자리 잡게 되지만, 곡척을 중복해서 적용하면 음양이 바뀌어 같은 자리가 양의 자리가 되기도 한다.

대체로 다른 다도구에 딸려서 쓰이는 것과 독립적으로 쓰이는 것이 있는데, 그 구별법은 서원 특유의 양식이다. 물구기 세우개는 중앙의 곡척에 삼분三分만큼만 걸치게 하여 한가운데를 벗어나게 한다. 왼쪽으로 치우쳐 있는 것이 곡척에 맞는 것 같은 느낌이 들기 때문이다. 물 단지는 음양 곡척의 양편에 걸쳐 있다.

② 대자의 아래쪽 글

향도구를 장식할 때는 계절이 여름이라 해도 풍로의 재를 덮어누르는 토기를 덮어두지 않는다. 풍로 속의 재는 반달 모양이 되게 해둔다. 이런 방식은 철제 풍로나 토기 풍로나 모두 같으며, 숯불을 빼낸 뒤에는 재를 다져서 다듬어두면 좋다. 그러니까 손님들은 재를 반달 모양으로 다듬어놓은 것을 보면, 오늘은 향을 피우게 되겠구나 하는 것을 알 수 있다고 예로부터 일러왔다.

③ 대자의 왼쪽 글

풍로의 종류에 따라서 풍로의 숯을 눌러두는 토기를 쓰기도 하고, 쓰지 않을 수도 있다. 이는 풍로의 숯 넣는 구멍이 크고 작음에 따라 정해진다. 작은 다실의 풍로에서도 서원의 풍로에서도 이 토기는 두루 쓰이게 된다. 옛날에는 이 토기를 여름과 겨울에 구별해서 썼다. 그러나 겨울에는 로爐만을 쓰고, 풍로는 쓰지 않게 되면서부터는 이런 구별법을 아는 사람이 없어졌다. 또한 토기 풍로 가운데도 풍로 옆에 바람구멍이 뚫려 있는 것이 있다.

④ 대자 왼쪽의 굵은 글씨로 쓴 글

이 그림은 가장 기본적인 다도구 장식이다.

센 리큐 보냄

해설

『남방록』의 원본에서 '대자'권은 다른 권과는 전혀 다른 서술 방식으로 전개되었다. 서문에 해당되는 센 리큐의 편지글이 있고, 이어서 그림을 통하여 전수를 시도했다. 이런 방식은 시가詩歌의 이론인 가도歌道의 전수법으로 널리 알려졌다.

센 리큐는 종이 한 장 한 장에 대자와 다도구의 배치도配置圖를 그리고 설명을 써넣었다. 이 첫 번째 그림은 다도구 배치의 기본이 되는 양식을 보여주는데, 이로부터 차츰 특이한 장식법으로 진행되어간다.

3. 세 번 접기의 곡척은 작은 곡척이다

이 그림은 세 번 접기 곡척三折曲尺[204]을 그린 것이다. 세 번 접기 곡척은 작은 곡척小曲尺[205]의 대략적인 모양을 그린 것이다.

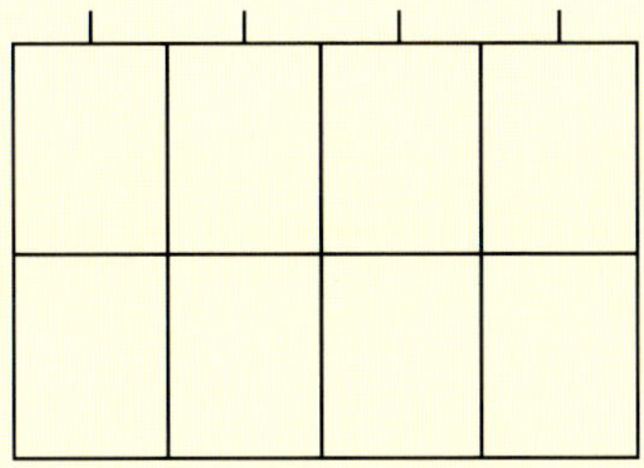

‖ 다다미 세 번 접기 곡척 ‖

요즘 사람들은 대개 이 곡척을 쓰고 있기 때문에 옛날의 방식과는 차이가 생긴다. 그 까닭은 작은 곡척과 큰 곡척의 차이를 구별하지 못하기 때문이다. 작은 곡척을 써서 지은 다실에서는 반드시 이 세 번 접기 곡척을 써야 한다.

해설

센 리큐의 기본 테마 중 하나인 곡척할의 문제를 제시한 글이다. 당시에는 다다미 위에 다도구를 배치할 때, '어느 자리에 두어야 전체와 잘 조화를 이루는가' 혹은 '언제나 어느 자리에 두어야 하는가'라는 양식화樣式化의 문제가 대두되었다. 이를 해결하기 위해서 곡척이라는 기준선을 설정하고, 이 선을 기준으로 배치법을 설명했다. 다실의 바닥에 까는 다다미는 이런 기준이 되었다.

교토의 다다미京疊와 다른 지방의 다다미田舍疊는 서로 크기가 다르므로, 그 차

---

204 다다미를 세 번 접은 크기, 즉 4등분한 넓이로 할 때 생기는 구간의 분등선을 말한다.

205 작은 곡척이란 시골의 다다미는 교토의 다다미보다 크기가 작았기 때문에 각기 분등하여 나눌 때 넓이가 달랐으므로 시골 다다미의 분등선을 구별하여 이르는 말이다.

이를 확실하게 알고 곡척을 써야 한다는 것이다. 엄밀하게 말하자면, 교토 다다미는 길이 6자 3치에 폭이 3자 5치 5푼, 시골 다다미는 길이 5자 8치에 폭 2자 9치가 된다. 시골 다다미의 양쪽 가장자리를 1치씩 떼어내고 남은 2자 7치 폭을 4분할해서 4등분했을 때 생기는 세 줄의 위치가 세 번 접기 곡척이 된다는 것이다.

4. 세 번 접기 곡척의 사이에 있는 곡척

이 곡척은 앞의 세 번 접기 곡척의 사이사이에 한 줄씩 더 그린 곡척이다. 이렇게 선을 그어놓고 보면 큰 곡척, 즉 교토 다다미의 세 번 접기 곡척과 중복되는 선이 생긴다. 그 간격이 같기 때문에 큰 곡척과 구별이 없다고 여겨버리기 쉽다. 그러나 이 곡척은 어디까지나 작은 대자小臺子의 곡척이므로, 큰 대자大臺子[206]의 곡척과 구별해서 써야 한다.

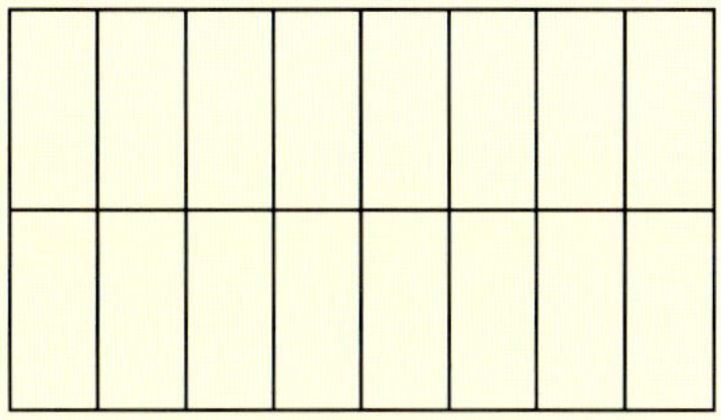

‖ 다다미 세 번 접기의 곡척 사이에 있는 곡척 ‖

해설

다다미 위에 세 번 접기 곡척에 따라 선을 긋고, 다시 그 사이사이를 한 번씩 더 나누면, 7개의 선이 그어진다. 교토 다다미의 선 7개와 시골 다다미의 선 7개를 겹쳐놓고 보면, 자리가 중복되는 곳이 있다는 것이다. 그러나 실제로 가운데 곡척을 제외하고 나면 중복되는 곳이 없다고 한다. 아마 잘못 전해진 내용인 듯하다.

이렇듯이 센 리큐는 작은 다다미와 큰 다다미의 곡척에 알맞도록 작은 대자와 큰 대자를 구별해서 써야 한다고 말했다.

206 작은 대자란 시골 다다미 위에서 쓰기에 알맞은 대자를 말한다. 큰 대자란 교토 다다미 위에 놓고 쓰기에 알맞은 대자를 말한다.

5. 오양육음의 큰 곡척

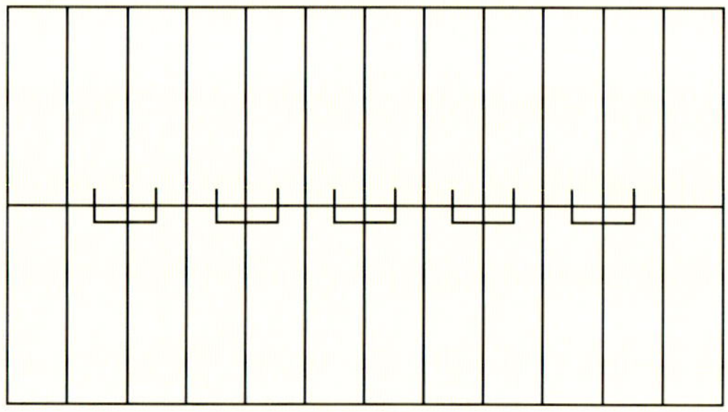

‖ 오양육음의 곡척 ‖

난보 소케이에게

이 그림은 오양육음五陽六陰의 큰 곡척을 그린 것입니다. 이는 교토 다다미의 큰 대자의 근본이 되는 곡척입니다. 비밀로 간직하고 있어야지 절대로 입 밖에 내서는 안 됩니다.

이 그림의 비밀은 큰 곡척에 있습니다. 또한 더욱 중요한 비전은 구전으로만 해서 글로 적지는 않겠습니다.

위의 세 가지 그림 가운데, 마지막 그림은 오양육음의 곡척입니다. 최근 수년간 서원의 대자의 다회에서부터 작은 다실의 다회에 이르기까지, 이 곡척을 응용해서 다도를 행해왔는데 결점은 없었습니다. (이 곡척의 의미를 잘 이해해두어야 합니다. 그 밖의 것은 구전으로 전하도록 합니다.)

7월 5일

센 리큐 보냄

해설

오양육음은 큰 다다미에서 쓰는 곡척이다. 그림에서의 굵은 선 5개(다다미 가장자리의 선은 셈에 넣지 않는다), 즉 홀수 선 5개가 양의 선으로 오양五陽이고, 그 사이에 있는 가늘게 그려진 짝수 선 6개가 음의 선으로 육음六陰이다.

여기까지 열거한 세 가지의 그림을 통해서 센 리큐는 곡척할의 양식을 설명했다. 오늘날의 다도에서 곡척할은 너무 번잡하다는 이유 때문에 실용성을 얻지 못했고 일반화되지 않았다. 그러나 곡척할은 음양오행 사상에 근거를 둔 독특한 이론임이 틀림없다.

곡척할의 근본정신은 다도구의 수효와 배치하는 자리를 정형화定型化하려 했다는 데 있다. 구체적으로는 다다미의 폭을 기준으로 하되 다다미를 균등할均等割하여 이를 단위, 즉 곡척으로 썼다. 이 경우에 다다미의 크기에 따라서 곡척의 실제 크기는 달라지기 때문에, 대자 등의 도구도 이에 어울리는 크기의 것을 써야 한다는 것이다.

6. 곡척할의 노래

엇찻장, 넓은 도코노마, 서원, 와비의 작은 다실도
모두가 그 근본에는 큰 대자를 쓰는
오양육음의 곡척이 적용된다오.
4장 반 이하의 좁은 다실에서도
다다미 1,000장을 까는 넓은 다실에서도
장식하는 다도구의 수효를 정하는 근본 원칙은
일곱 가지의 대자 장식에서 나온다오.

해설

번역하는 과정에서 이 노래의 음수율音數律이 전해지지 못했다. 이 글은 시가의 형식을 빌어서 곡척할의 적용법을 나타내고 있다. 모든 다실에서는 음양의 원리가 적용되어야 하며, 장식하는 다도구의 수효를 정할 때도 마찬가지라고 했다. 일곱 가지라는 양수陽數를 대자에 장식함으로써 양의 경사스러운 힘을 나타낼 수 있다는 것이다.

7. 대자를 쓰는 다회는 가장 극진한 다회

대자를 쓰는 다회는 정식이며 또한 가장 훌륭한 다회가 되기에, 소홀히 함이 없어야 한다. 대자를 쓰는 다회는 가장 격식 있는 다회이기 때문에 다도의 근본이 된다.

대자의 장식에는 '진眞·행行·초草'의 3단계가 있다. 예를 들면, 연습으로 하는 다회라 해도 속인俗人이라면 예복禮服을 갖추어 입으며, 출가하여 승적僧籍에 든 사람이라면 가사袈裟를 갖추어 입고 대자를 다루어야 한다. 연습이 아니라 실제로 손님을 대접하는 다회라면 말할 것도 없다.

대자를 다루어 다회를 하는 데 흰옷을 입는다는 것은 결코 있을 수 없는 일이다. 고귀한 사람은 의상도 그에 어울리게 정장正裝을 해야 한다. 히가시야마 님, 즉 아시카가 요시마사가 손수 차를 달일 때는 무사의 예복인 가리키누狩衣를 입었다고 한다. 참으로 신묘한 일이다.

해설

대자에 다도구를 장식해두고 이를 이용해서 차를 타고 손님에게 대접한다면 여러 가지 방식의 다회 가운데서도 가장 정중한 다회가 된다. 따라서 이에 걸맞게 정중함을 다하며, 복장도 정장을 해서 예의를 잃지 않도록 해야 한다는 것이다. 그 예로, 아시카가 요시마사가 서원에서 다회를 열고 손수 차를 달일 때는 무사武士의 정식 예복을 입고 진행했다는 사례를 소개했다.

제6권 먹칠 墨引

먹칠이란, 스미히키墨引를 번역한 말이다. 즉, 비밀스러운 구절이 누설되지 않도록 이미 기록된 사항을 먹으로 칠하여 지워버린다는 뜻이다.

제자 난보 소케이가 이 글을 교열 받고자 했을 때, 스승 센 리큐가 비밀로 해야만 할 구절이 너무 많이 적혀 있으니 불에 태워서 없애버리라고 명령했던 심오한 글이다. 난보 소케이는 이 글을 없애버리지는 않고, 혼자서만 보겠다는 생각에서 먹칠이라는 제목을 붙여 정리해두었다.

1. 곡척할이란

서원, 대자, 초암의 와비 다도에 이르기까지, 곡척할의 수는 정해져 있다. 그러나 사람들은 어떤 근거에 의해서 근본이 정해졌는지 모르기 때문에 경우에 따라서는 어려움을 겪게 된다.

1년은 사계절에 토용土用207을 포함해서 다섯 개의 절기로 파악한다. 사방의 중앙에 점을 찍어 넣어 다섯 점으로 한다. 하룻낮의 진시辰時부터 신시申時까지를 오시五時208로 나누고, 밤 역시 오경五更209으로 나눈다. 또한 천지天地는 음양오기陰陽五氣210로 표현하며, 사람의 몸도 오체五體211로 구성되어 있다고 한다. 이와 같이 오五라는 숫자에 근거를 두고 다섯이라는 곡척을 기본으로 해서 생기는데, 크고 작은 곡척 모두가 이와 같다. 오는 양수陽數이다. 이 다섯의 곡척 사이사이의 여섯을 음陰 곡척이라 한다.

본식本式으로 하면 양의 다섯 곡척은 쓰지만 음의 여섯 곡척은 쓰지

---

207 한·중·일의 민간의 오행五行에서 말하는, 토기土氣가 가장 왕성한 절기를 말한다. 입하 전의 봄, 입추 전의 여름, 입동 전의 가을, 입춘 전의 겨울 등이 네 토용 절기이며, 한 기간은 18일 동안이다. 일본에서는 여기서와 같이 특히 여름 토용만을 가리키기도 한다. 토왕지절土旺之節 혹은 토왕土旺이라고도 한다.

208 진辰·사巳·오午·미未·신申 시, 즉 오전 7시부터 오후 5시 사이.

209 초경初更부터 오경까지의 오야五夜, 즉 오후 7시부터 오전 5시 사이.

210 음양오기는 천지를 형성하는 다섯 가지 요소, 즉 목木·화火·토土·금金·수水를 말한다.
關根宗中『綜合藝術としての茶道と易思想』p.124 淡交社 2009

211 인체를 형성하는 다섯 가지 요소, 즉 근筋·맥脈·육肉·골骨·모피毛皮. 혹은 두 손과 두 발, 그리고 머리를 오체라 한다.

않는다. 초암의 다회에서는 대자를 본식으로 하며, 서원의 격식을 기본으로 하지만, 양의 다섯 곡척뿐만 아니라 음의 여섯 곡척도 함께 쓴다. 서원이나 대자에도 음의 곡척, 양의 곡척 두 가지를 다 쓰기 때문이다. 그 서원 대자의 법식을 이해해두지 않으면 반드시 문제가 생긴다. 그 근본을 잘 이해해두면 어떤 경우에서도 자유롭게 곡척을 이용할 수 있게 된다.

예를 들어, 해서楷書를 배운 뒤에 행서行書 혹은 초서草書를 하면 어떤 식으로 흘려 쓰더라도 기본에서 벗어나지 않는다. 초서나 초서에서 생겨난 가나假名 문자212만 배운다면 자획字劃을 틀리게 하거나 서체의 기본에서 어긋나는 일이 많아진다. 먼저 해서를 배우는 것이 순서에 맞는다.

그러나 사람에 따라서는 수행하는 방법도 달라야 한다. 옛사람은 초서의 정교한 기술을 익혀, 또한 행서의 정교한 기술을 익혀 나아가 가나 문자 쓰기에 상당한 실력을 지닌 사람이라면, 설령 솜씨는 서툴다 해도 해서의 본질을 분별할 수는 있을 것이라고 말했다. 해서로 서도에 입문하거나, 행서나 초서로 입문하거나, 혹은 가나 문자로 입문하거나 간에, 그 입문의 과정은 서로 다르지만, 도달하는 깊은 진리는 하나인 것이다. 그 입문하는 과정은 각자의 성격에 따라 다를 뿐이다. 예를 들면, 노인이나 속세의 일에 바쁜 사람이 반드시 해서부터 시작해야 한다고 하여, 서원 대자의 기술을 하나하나 다 익히고 난 후에 초암의 와비 다도를 수행

---

212 한자를 근간으로 해서 만들어진 일본의 문자. 가타카나片假名와 히라가나平假名로 분류되는데, 여기서는 히라가나를 말한다.

하려고 한다면, 일생 동안 와비 다도의 맛을 보지 못하고 말 것이다. 스승 된 사람은 잘 기억해둘 일이다. 부처님이 중생을 구제하시던 때와 같이, 방법을 구별할 줄 알아야 한다. 그 사람의 마음가짐에 따라서, 단번에 깨달음을 얻도록 하는 것이 좋은가 하면, 찬찬히 깨달음을 얻도록 하는 것이 좋을 때도 있다. 여러 가지 도구를 다루는 법 등을 모조리 알아두려고 하다가 오히려 그런 일들에 얽매여서 잘못을 범하기 쉽다.

초암 다실의 손님이나 주인은 일관된 근본 법도를 한차례 익히고 외워두고, 스승과 상의하여 자신에게 잘 어울리는 다도구도 한 가지나 두 가지를 정해둔다. 다도구를 갖추어 장식해놓을 때 조화를 이루는 곡척이나 다도구 다루는 방법 등을 대강 외워놓으면, 노인이나 바쁜 사람들도 와비 다도를 즐길 수 있다. 나아가 와비 다도에서 본디 지녀야 할 마음을 깨달아 알게 되면, 수행도 착착 이루어지며 머지않아 참된 다도를 알게 된다. 와비 다도의 수행에는 서원의 차와는 다른 마음가짐이 필요하다.

거듭해서 이야기하는 바이지만, 다도의 심오한 맛은 초암의 차에 있다. 진眞의 서원 대자의 차는 그 법식을 엄중하게 정한 세속의 법도이다. 작은 다실, 로지露地의 차풍茶風은 본격적인 곡척을 기본으로 한다고는 하지만, 결국에는 곡척에서 벗어나며 기예를 잊고, 차의 정신성[213]이 없고 극히 무미無味한 속세의 법[214]을 떠난 차가 된다.

---

213 차가 ① 지식 ② 기예 ③ 정신에 의해서 성립된다고 할 때, 그 마음가짐心味을 말한다.

214 서원 대자의 차를 가리키는 말. 불법佛法에 의해서 지켜지고 있는 초암의 와비 다도에 대비하여 일컬을 때 쓰는 말이다.

그렇다고 해서, 나이 든 사람이나 한가한 다인이 차의 정신성 추구에만 목표를 두고 기본적으로 알아두어야 할 것도 모른 채, 다도구 다루기조차도 제대로 익히지 못했다면 이는 옳지 못한 일이다.

진실이란 사실과 이론이 따로따로 있는 것이 아니다. 지식이 몸에 배면 저절로 다도의 정신도 깨달아지게 되는 것이다. 그렇게 되면 기예도 이와 함께 숙달된다. 기예는 좋지만 정신이 이에 미치지 못한다면, 기예도 한계에 부딪치게 된다. 차의 정신은 훌륭한데 기예가 불충분하다고 하는 것도 정신이 아직 깊은 곳까지 도달해 있지 않기 때문이다. 이런 점은 불도佛道를 깨침과도 깊이 관련되는 문제이다.

해설

이 글은 먹칠의 서론에 해당된다. 다도 가운데 전개되는 오행 사상의 강한 영향이 나타나는 부분이다.

다도를 수행으로 파악하는 센 리큐의 자세가 제시되고 있는데, 우선 기본을 철저하게 익히고 난 후에 다음 단계로 옮겨감이 좋다는 것이다. 서도의 3단계인 '해서·행서·초서'의 의미가 다도의 수련 과정에 그대로 적용된다며, 본질을 파악하고 난 다음에야 응용이나 자기 나름의 변용이 있을 수 있음을 강조했다.

센 리큐는 다도를 형성하는 요소를 세 가지로 나누었다. 차에 대한 지식, 다도구를 다루는 기술, 궁극적으로는 차의 정신 혹은 차를 대하는 마음가짐, 이렇게 세 요소를 제시했다. 이 세 가지는 순차적인 것이지만 때로는 바로 다음 단계로 옮아갈 수도 있다고 했다. 하지만 어디까지나 다도는 궁극적으로 불도와 같이 깊은 깨달음의 경지를 추구하는 길이라는 것이다.

2. 다회의 음과 양

다회에서의 초좌와 후좌의 음양에 대하여 센 리큐는 이렇게 말했다. "초좌는 음陰이며, 후좌는 양陽이라는 법도는 매우 중요한 것이다. 초좌에서는 도코노마에 족자를 걸고, 솥의 불기도 약해지고, 창문에는 발이 걸려 있어 어둡다. 각각 한 벌의 다도구가 음의 상태에 놓여 있고, 손님도 주인도 그런 기분으로 있다. 후좌에서는 꽃을 꽂고, 물을 끓이고, 문발을 걷어내어 실내를 밝게 한다. 모든 것이 양이 되게 한다. 이것이 기본법이지만 날씨의 맑고 흐림과 한온서습寒溫署濕에 따라서 이런 것을 잘 응용함은 다인의 솜씨에 달렸다. 예를 들어 음울한 날씨일 때는 초좌에 쓴 문발을 걷어내고 지붕으로 낸 들창을 열고, 꽃꽂이를 하기도 한다. 그렇다고 해도 모두가 양이라고 생각해서는 안 된다. 음과 양을 결정하는 중요한 요소는 불의 상태이다. 역시 초좌의 불이 약해져 있으니까, 이런 경우를 음 가운데의 양이라고 할 수 있다. 이런 경우라도 후좌를 음이라고 할 수는 없다. 음양은 불의 상태를 기준으로 생각해야 한다.

천지天地의 이기二氣에 관한 것도 이와 같다. 봄과 여름의 따뜻한 때, 혹은 더운 계절에도 간혹 선선한 날이 있고, 가을이나 겨울에도 의외로 온화한 날이 있다. 그렇다고 해서 봄을 가을이라 하지 않고, 여름을 겨울이라 하지 않는다. 한 계절 안에서의 변화일 뿐이다. 이런 점을 잘 분별할 줄 알아야 한다"라고 센 리큐가 말했다. 이때 마침 함께 있던 오바야시

大林 화상215과 쇼레이 화상도 이 이야기를 듣고 "참으로 교외별전敎外別傳216의 경지다, 대오大悟의 차라고 할 수 있다"라며 감격했다.

해설

다회의 공간과 다도구의 구성 등에서는 음양이 조화를 이루어야 한다는 주장이 구체적으로 나타나 있다. 기본적으로 초좌와 후좌를 음과 양으로 구별하며, 음양을 나타내기 위해서는 실내의 밝기나 장식을 의식적으로 만들어내야 한다는 것이다.

사계절도 음의 계절과 양의 계절로 구분되지만, 양 속에 있는 음, 혹은 음 속에 있는 양까지도 생각해서 음양을 조화롭게 해야 한다고 했다. 즉, 표면적인 현상에 얽매이지 말고 참된 깨달음의 경지에 들어야 한다. 예를 들면, 여름 혹은 겨울이라는 현상에만 얽매이지 말고 여름 속의 서늘함 또는 겨울 속의 따뜻함이라는 본체를 파악해야 한다는 것이다.

215 본명은 오바야시 소토大林宗套, 1480~1568로 무로마치시대의 선승이며 다케노 조오의 스승이다. '차와 선은 같은 의미茶禪同味'라는 점을 강조해서 가르쳤다.

216 선종禪宗에서 말이나 글에 의한 교화敎化와는 달리 공안公案이나 경전經典이 아니라 이심전심以心傳心에 의해서 전수하는 것을 말한다. 이른바 표면에 나타나 있는 말이나 글이 아니라 그 깊은 곳에 숨겨져 있는 본체를 직접 파악한다는 뜻이다.

3. 다도구의 수효와 음양

"다도구의 수는 초좌와 후좌에 각각 어떻게 해야 합니까"라고 스승 센 리큐께 여쭙자 이렇게 대답하셨다. "대자와 서원에서 낮에 여는 다회는 곡척할의 수도 다도구의 수도 양수, 즉 홀수로 하며, 밤에는 음수, 즉 짝수로 한다. 또는 경사스러운 다회, 고인故人을 추모하는 다회, 불사佛事 등에는 각기 알맞은 구전口傳[217]이 있다. 초암의 다회는 본래 작은 다실에서 여는 것이기 때문에, 다도구의 수도 적게 해야 한다. 수가 적으니까 아무것도 정할 필요가 없지 않을까 하면서도, 다케노 조오와 이 문제를 상의했다. 그러나 초좌는 음으로, 후좌는 양으로 구별해야 하니까, 수도 짝수 홀수를 잘 따져두어야 한다. 이 가르침을 와카의 형식을 빌려 다음과 같이 노래했다.

도코노마에는 도코노마에 두어야 할 다도구
좌석에는 좌석에 두어야 할 다도구
찻장에는 찻장에 얹어두어야 할 다도구
이 세 곳의 다도구 가운데의 수효는
두 곳에 짝수로 놓았다면 한 곳은 홀수로
두 곳이 홀수라면 다른 두 곳은 짝수로 하네.

217 여기에 기록하지는 않았지만, 각 다회의 동기나 내용에 따라서 음양이 구별되는데 그 구체적인 사례는 글로 기록되지 않고 구전되었다는 의미이다.

이것으로 이해가 되었으리라 생각한다. 예를 들면 초좌에서는,

도코노마에 묵적
자리에는 솥, 또한 풍로에도
찻장에는 향합과 깃털로 만든 비

이로써 두 곳이 홀수이고, 한 곳이 짝수, 즉 이반 일조二半一調[218]의 예와 한 곳이 홀수이고 두 곳이 짝수, 즉 이조 일반二調一半의 예를 구분할 수 있다.

일반적으로 도코노마에 놓는 다도구의 수와 찻장에 놓는 다도구의 수는 같지 않도록 해야 한다. 꼭 같으면 보기에 아름답지 않다. 이조 일반의 경우도 위의 예들로 미루어 생각해볼 수 있다. 도구의 다소에 관계없이 서원 대자에서도 초암 다실에서도 도코노마, 찻장, 자리 등에 전부 홀수 혹은 전부 짝수 등으로 하는 일은 피해야 한다. 그렇게 해버린 경우에는 다도구를 모아두거나 벌려놓으며 곡척을 피해서 놓든지 하는 등, 수를 자유롭게 변화시켜서 잘 어울리는 수로 맞추어놓으면 좋다"라고 답하셨다.

218 이반 일조에서 반半이란 기수奇數, 즉 홀수를, 조調란 우수偶數, 즉 짝수를 가리킨다.

해설

곡척할과 음양의 수효를 맞추어 다도구를 배열함으로써, 조화를 이루어 아름답게 보인다는 이론을 구체적으로 설명한 글이다. 홀수와 짝수의 조화는 물론 맞추어야 하지만 혹시 잘못 배열했을 경우에도, 이를 고쳐서 바로 해야 한다는 것이다. 특히 상관 있는 다도구를 한곳에 모아놓으면 두 가지를 한 가지로 셈하게 되고, 겹쳐놓았던 것을 떼어놓음으로써 두 가지로 셈하게 된다. 예를 들어, 찻물을 뜰 때 쓰는 물구기를 솥뚜껑 받침과 따로 놓으면 두 가지로 셈하게 되지만, 물구기를 솥뚜껑 받침 위에 놓으면 한 가지로 셈하게 된다. 즉, 양을 음으로 음을 양으로 전환시켜서라도 정해진 음양의 원칙을 지킬 때 다도의 법도가 실현된다는 것이다.

4. 오양육음 곡척의 비밀

다섯 곡척 및 다섯 곡척의 사이사이에 있는 여섯 곡척을 합한 열한 곡척[219]에 관한 것을 전수받던 당시에, 나는 아직 음양의 구별에 대해 상세하게 이해하고 있지 못했기 때문에, 전부 다 알아듣지를 못했었다. 첫째로 50가지의 대자 장식법에서 초암의 다실에 다도구를 장식하는 법에 이르기까지 다섯 곡척만 써서 가르쳐주었기에 의문이 풀리지 않아서 스승인 센 리큐에게 물었다.

그러자 센 리큐가 이르기를 사려 깊은 질문을 받아서 즐겁다고 했다. "대자의 50가지 장식법을 알고 있다 해도, 이 사이사이의 곡척, 즉 음의 곡척을 이해하지 못하면 자유롭게 응용할 수 없을 뿐만 아니라 잘못 장식하게 된다. 나 자신도 기타무키 도친에게 수차數次 질문을 했지만 비사秘事라고 해서 전수해주지 않았다. 그래서 다케노 조오에게 물었더니 다케노 조오가 기타무키 도친이 비밀을 가르쳐주지 않았냐고 되묻기에, 나는 가르침을 받지 못했다고 했다. 다케노 조오가 말하기를 그렇지 않다고 했다. 다케노 조오도 언젠가 기타무키 도친에게 물었더니 구카이空海로부터 이 문제에 대해서는 들은 바가 없다고 했다. 뭔가 확실하지 않은 것이 많다. 또한 내가 주시야 소친十四屋宗陳[220]에게 물었

219 다섯 곡척과 그 사이사이에 들어가는 여섯 곡척을 합한 열하나의 곡척을 말한다. 다섯 곡척은 다다미의 길이를 6등분할 때 생기는 각 면의 경계선이 되며, 다섯 곡척 사이사이에 선을 그으면 여섯 개의 선이 나오는데 이 선을 여섯 곡척이라 한다.

220 호는 소친宗陳이며 다케노 조오의 스승 중 한 사람으로 전해진다.

으나, 모르고 있었다. 주시야 소고十四屋宗悟221에게 질문했더니, 주시야 소고는 무라타 주코에게서 차에 대해 깊이 배운 사람이기에 똑똑히 기억하고 있었는데, 내게 상세히 전수해주었다"라고 했다.

이처럼 중요한 것인데도 알고 있는 사람이 적으니, 비전 가운데서도 제일가는 비전이다. 대개 셋이나 다섯으로 다다미를 나누는 곡척222까지는 가르치지 않으면 아무것도 할 수 없는 기본적인 것이기에 누구에게나 전수한다. 그러나 다섯 곡척의 사이사이의 여섯 곡척에 대해서는 문제로 삼는 사람도 없고 물어보는 제자도 없다. 센 리큐가 비전은 남겨둘 필요가 없다, 빠짐없이 전수하자고 하자, 다케노 조오는 상세하게 전수해주었다.

"난보 소케이 당신이 깊이 생각해서 이렇게 질문하는 것은, 내가 다케노 조오에게 질문했던 것보다 훨씬 진지하오. 그러니 당신에게 전수해주어야겠습니다. 길일吉日을 택해서 정식으로 전수하도록 합시다"라고 했다. 1581년 10월 23일에 전수받았다. 전수받은 내용은 다음과 같다.

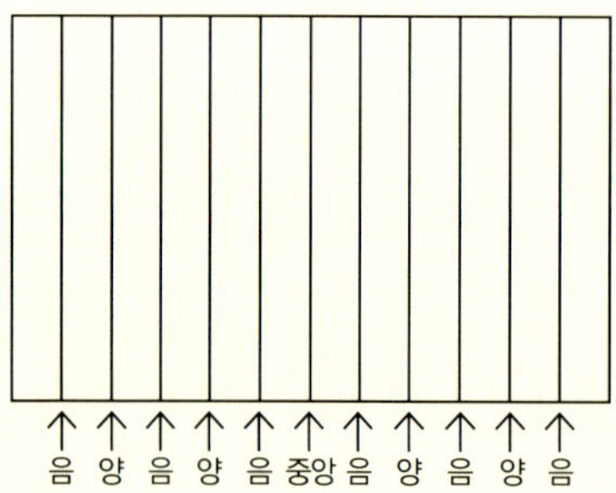

‖ 오양육음의 곡척과 중앙의 곡척 ‖

---

221 전국시대에 교토에서 활약하던 다인의 거두. 다케노 조오의 스승 중 한 사람이라고 한다.

222 다다미의 길이를 2등분하는 경우와, 그 3등분 면끼리의 경계선 두 줄과 3등분 면의 중간중간에 그려 넣은 세 줄을 합한 다섯 줄을 다섯으로 나눈 곡척이라 한다.

열한 곡척 가운데 다섯 곡척인 양은 체體223의 곡척이라고 하며, 그 사이사이의 여섯 곡척은 음으로서 용用의 곡척이라고 한다.

길흉吉凶으로 말하자면, 양은 길, 음은 흉이라 한다. 경사스러운 일 등은 물론이며, 서원, 압판, 대자는 모두 양으로 장식한다. 제사祭祀, 추모追慕 등은 음으로 한다. 그 경우에도 자손의 번영을 기원하는 뜻에서 한 가지는 양으로 장식한다. 평소에 대자는 언제나 양의 장식을 정식으로 한다. 밤에 여는 다회, 즉 야회夜會에서의 장식은 음으로 하는 것이 정식이지만, 대자의 경우는 그때도 양으로 장식해야 한다. 낮에 여는 다회에 음으로 장식한 대자는 있을 수 없다. 이런 까닭에 초암의 와비다도에서도 초좌와 후좌 모두가 양의 곡척 혹은 양의 수, 즉 홀수에 해당되는 것이 없을까 하는 논의가 있었다. 역시 다케노 조오가 말한 것이 도리에 맞는 것이다. 그러나 그렇게 해도 치우친 점이 있어서 부자유스러우니까, 음과 양을 섞어서 초좌와 후좌를 잘 생각하고, 다인 스스로가 잘 생각하고 연구하면, 더욱 좋은 방법이 생길 것이다.

따라서 초암의 다실에서도 음의 곡척 혹은 음의 수數를 쓸 수 있다. 이전에 전하殿下224의 증조부 제사 때에 센 리큐는 대자를 쓰는 다회를 열도록 하라는 명령을 받았다. 이때 다도구 장식을 뒤의 그림과 같이 음으로 하고, 깃털로 만든 빗자루만 양으로 장식했었다.

---

223 체와 용에 대해서는 '대자'권에서도 논한 바 있다. 불교 사상에서 나온 것으로 체는 본체를 말하며, 용은 구체적인 현상 혹은 움직임을 말한다. 예를 들어, 바다를 체라고 한다면 파도는 용이라고 할 수 있다.

224 이 경칭은 오다 노부나가나 도요토미 히데요시를 가리킨다.

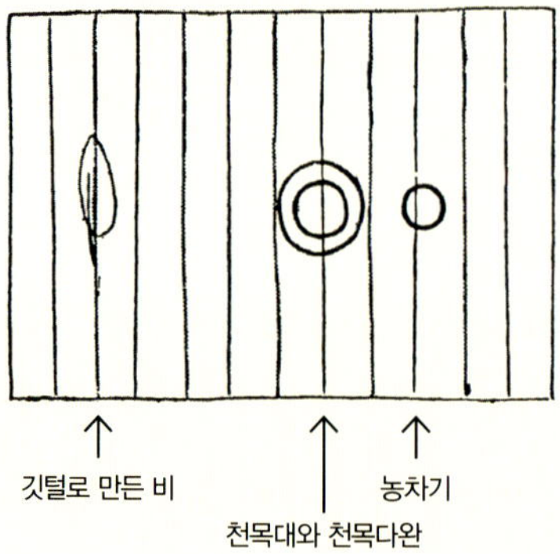

‖ 곡척에 맞추어놓은 다도구의 위치 ‖

위의 장식에서 보는 바와 같이, 사이사이에 쓰는 음의 장식을 사용하는 경우는 어느 경우인가를 확실하게 알 수 있다. 또한 어떤 때에는 천목다완 대신에 새로 만든 세토다완을, 주머니에 싸지 않고 그대로 두되 찻솔과 찻숟가락을 꺼내어 다다미의 가운데 곡척, 즉 가장 중요한 위치인 중앙선 부근에 모아서 장식했다. 이것은 난슈사에서 센 리큐 자신의 조상 제사 때 하던 장식법이다. 다도구의 장식은 그때그때의 사정에 따라서 해야 한다.

해설

곡척할의 근본이 되는 음양 열한 곡척에 대하여 설명한 글이다. 이 비전秘傳을 알고 있는 사람이 매우 적어서 센 리큐 자신도 스승인 다케노 조오에게 부탁하기 전에는 전수받지 못한 상태였다. 이 비전의 원천은 무라타 주코가 되며, 주시야 소고를 거쳐 다케노 조오에게 전해졌고, 다음에 센 리큐에게, 다시 난보 소케이에게 전해졌다.

5. 곡척에 다도구를 놓는 방법

대자의 위 칸에 농차기, 박차기, 다완 등의 세 가지를 장식할 때, 다음 그림과 같이 두 줄의 양의 곡척으로 음의 곡척을 좌우에서 싸고 있는 곡척을 이어진 곡척225이라 한다. 서원 대자의 다회에서 자주 쓰이는 것이기 때문에 적어두었다. 이어진 곡척을 쓸 수는 있지만, 바람직한 것은 아니기 때문에, 특별한 경우가 아니면 쓰지 않도록 한다.

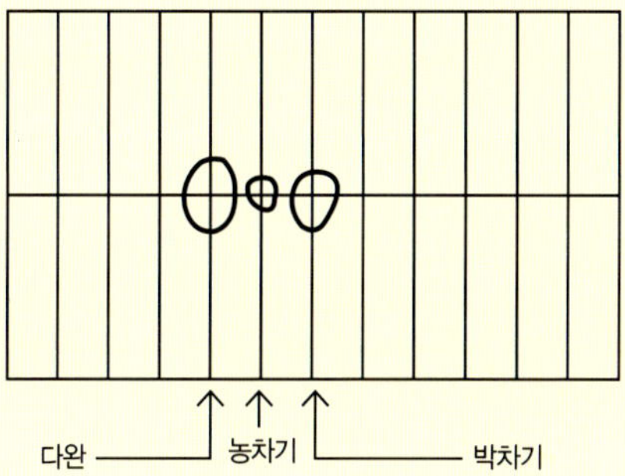

‖ 곡척에 맞추어놓은 다도구의 위치 ‖

다다미의 가운데 줄인 중앙 곡척에 장식해야 하는 명물은 자기가 소장하고 있는 것을 내놓아도 괜찮다. 굳이 사양할 필요가 없다. 중앙 곡척의 위에 놓되, 한가운데서 약간만 벗어난 자리에 두어야 한다. 약간 벗어난 자리라는 것은 다도구의 중심을 곡척의 바로 위에 걸쳐지게 두

225 이어진 곡척이란, 양과 양 사이에 음을 포함하고 있지만 그 사이에 들어 있는 음은 양으로 이어버린다, 혹은 통하게 해버린다는 의미를 지닌다. 즉, 음이 양에 포함되어버리도록 다도구를 이어서 놓는 장식법을 말한다.

는 것이 아니라, 중심에서 약간 옆으로 밀어놓는다는 의미이다. 눈으로 보아서 금방 알 수 있는 정도는 아니지만, 조금 옆으로 밀어둔다는 비전은 구전으로 전수받았다. 왼쪽으로 밀어야 하는가, 아니면 오른쪽으로 밀어야 하는가 하는 데는 각각 까닭이 있었다. 평소에 늘 쓰는 다도구의 경우에는 옆으로 밀어놓지 않는다. 항상 곡척 위에 다도구의 3분의 1을 걸쳐두면 된다.

센 리큐가 말하기를, "좁은 초암의 다실에서는 곡척을 쓸 여유가 없기 때문에 곡척할에 대해 깊이 연구할 필요는 없다. 그러나 다다미의 중앙 곡척에 대해서는 세심한 주의를 기울여서 충분히 이해해두어야 한다. 평소에 쓰는 평범한 다도구를 중앙 곡척 위에 장식해두고 소중한 다도구인 것처럼 느끼게 하면 안 된다. 연습을 반복함이 무엇보다도 중요한 일이다"라고 했다.

해설

다도구를 다다미 위에 장식해둘 때, 그 위치를 어떻게 해야 하는가에 대하여 논한 글이다. 다다미의 한가운데 선인 중앙 곡척 위에는 가장 소중한 차구茶具를 둔다. 그러나 이 곡척의 바로 위에 다도구의 중심이 놓이게 하는 것이 아니라, 좌우로 약간 치우치게 두어야 전체적인 조화를 얻을 수 있다는 것이다. 미묘한 차이이겠지만 이렇게 다도구의 위치를 잡아야만 하는데 그 구체적인 거리는 그때그때 말로, 즉 구전으로 전할 수밖에 없다. 다도구의 위치를 곡척에 딱 맞게 놓는 것은 서툰 것이며, 적당한 양만큼 약간 벗어나게 놓는 것은 여유 있는 사람의 솜씨라는 것이다.

단, 일상적인 다회에서 일상적으로 쓰는 다도구의 경우에는 항상 쓰는 격식대로 각 곡척 위에 다도구의 3분의 1을 걸쳐놓도록 한다. 이런 차이를 두어서 일상적인 다회와 명물 다도구를 쓰는 다회를 구별하고, 명물을 쓰는 다회에 보다 심오한 의미를 부여하려는 의도가 엿보인다.

6. 로의 치수 정하기

초암의 로爐는 최초에는 그 치수가 정해져 있지 않았다. 다케노 조오와 센 리큐가 여러모로 상의한 끝에 큰 대자의 법을 기본으로 해서, 이를 소박하고 간결하게 다듬어서 와비 다도에 어울리는 모양을 만들어, 향로向爐가 차지하는 넓이를 사방 1자 4치로 정했다. 장판長板의 1자 4치를 바탕으로 해서, 풍로 놓을 자리 사방 1자 4치를 로 자리로 삼았다. 로의 가장자리에 2치 5푼의 널板을 넣는 것은 로 옆에 대자를 놓아둘 때 벽 쪽에서 로까지의 4치 5푼 가운데서 2치 5푼에 널을 깔고 남은 2치에 다도구를 놓아둔다는 것을 비사로 했다. 로의 넓이는 사방 1자 8치 5푼으로 곡척할을 정했다. 이것이 로의 설치 방법의 근본이 되었다.

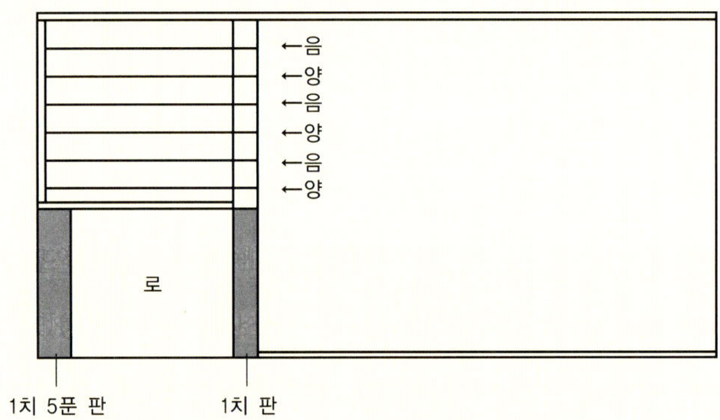

‖ 도구 다다미의 곡척 ‖

해설

여기서는 로의 치수를 규정하고 있다.

앞서 제1권 '각서'의 '16. 심삼첩과 장사첩의 차이에 대하여'(93쪽)에서 제시한 바 있는, 로의 위치에 따른 명칭에 대해서 살펴보기로 한다. 원래 작은 다실에서는 솥을 걸 자리인 로의 위치가 문제가 되었다. 다다미 2장으로 이루어진 극히 좁은 공간에서 어디에 로를 설치하느냐 혹은 솥을 두느냐 하는 것은 중요한 문제였다. 처음에는 로 자리를 다실의 구석에 만드는 '구석의 로'를 일반적으로 선택했으나, 차츰 향로를 택하게 되었다.

향로를 설치하면 손님들은 주인이 차를 타는 광경을 마주 앉아서 보게 된다. 이렇게 되자 주인의 손놀림이나 모든 동작 하나하나가 손님에게 볼거리가 되었다. 이런 다실의 구조는 다도구를 다루는 다인들의 손놀림이 정형화되고 세련되어지는 동기가 되었다. 나아가 전문직으로서의 다인들이 솜씨 있게 차를 타는 모습은 감상의 대상이 되기도 했다.

7. 대목절이라는 곡척 나누기

중간 기둥

중간 기둥의 우측에 로를 설치한 형식을 '대목절大目切'이라고 하는 부분은 약 180센티미터 다다미 가운데 대자의 폭 42센티미터와 병풍의 두께 3센티미터를 제외한 것으로써, 42센티미터 폭이란 원래 사방 42센티미터 크기의 풍로를 놓은 자리이며, 다다미의 우측에 로를 설치한 것과 같은 형식이다. 1장의 다다미 넓이에서 대자를 놓을 넓이만큼 잘라냈기 때문에 '대목절 다다미', 즉 '**대목**의 넓이만큼 부족한 다다미'라고 한다. 대목절 다다미의 곡척 나누기는 다음과 같다.

- 약 180센티미터 가운데 기둥 건너편 45센티미터에 원래대로라면 로를 설치해야 하지만, 자리를 우측 다다미 쪽으로 옮겼다고 가정하여 나머지 약 135센티미터 길이의 다다미를 대목 다다미臺目疊라 한다.

  이 135센티미터 가운데 약 42센티미터는 중간 기둥부터 맞은편 벽까지의 길이이다. 중간 기둥의 지름은 약 6센티미터이고, 여유를 1.5센티미터 둔다.

해설

대목과 대목절, 대목 다다미 등에 대하여 정의한 부분이다. 대자를 놓을 부분만큼의 다다미 위의 면적을 대목이라 하고, 대목 넓이만큼 다다미의 4분의 1을 잘라내는 일을 대목절이라 하며, 잘라내고 4분의 3만 남은 다다미를 대목 다다미라고 한다.

대목 다다미의 4분의 1 부분을 어떻게 곡척으로 구획하여 양과 음의 자리를 설정할 수 있는가는 그림으로 나타냈다. 대목 다다미는 매우 좁기 때문에 물을 끓일 솥의 위치는 대목 다다미의 우측 다다미에 오도록 함으로써 새로운 다도구 배치 방식이 나오게 된다는 것이다. 결국 대목절의 곡척이란 다다미 위에 따로 선을 긋거나 하는 것은 아니지만, 대자가 있다고 가정하고 그 위에 설정한 양과 음의 직선을 말하며, 어떤 다도구를 어떤 선 위에 오도록 해야 한다는 이론이라 할 수 있다.

주인은 대목 다다미 위에 앉아서 점다를 하게 된다. 매우 좁은 면적에서 하기 때문에 쉽지 않지만 그만큼 긴장감과 함께, 손님과의 거리를 좁힐 수 있다는 효과가 있다.

대목 다다미를 쓴 다실에는 중간 기둥이 들어가는데, 이 기둥은 직선이 아니라 자연 그대로 굽은 재료를 쓴다는 약속이 있다. 껍질을 벗긴 자연목을 사용함으로써 실내이기는 하지만 자연이 가까이 있다는 느낌을 준다.

34 | 대목

다다미의 크기는 '6자×3자'가 기본이다. 지방에 따라서 약간씩 차이는 있지만 긴 변이 약 180센티미터, 짧은 변이 약 90센티미터가 된다.

센 리큐 당시부터 특별한 기능을 추구하며 다다미의 새로운 규격을 만들어 쓰기 시작했다. 특히 '4.5자×3자', 즉 135센티미터×90센티미터 크기의 다다미를 만들어 이를 '대목臺目, 다이메 다다미'라 했다. 대목은 글자 그대로 보면 '대자의 크기만큼'이라는 뜻으로, 대자를 바닥에 놓을 때 필요한 면적, 즉 약 45센티미터×90센티미터의 넓이를 말한다. 대자가 놓일 자리, 즉 다다미의 4분의 1을 잘라낸 부분에는 바닥에 널판을 깔고 다도구나 풍로를 얹어둠으로써, 널판은 대자의 구실을 하게 된다.

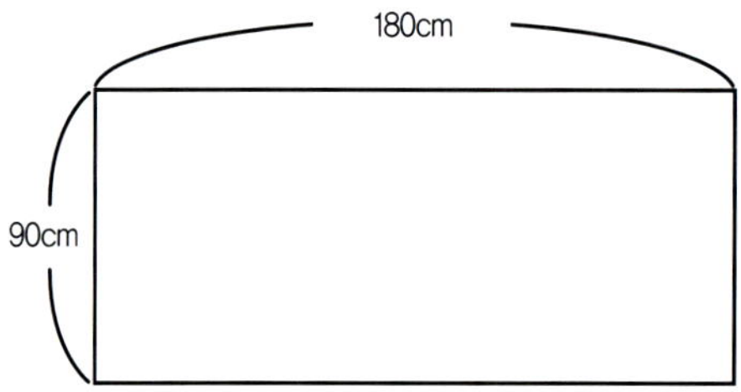

‖ 보통 다다미 ‖

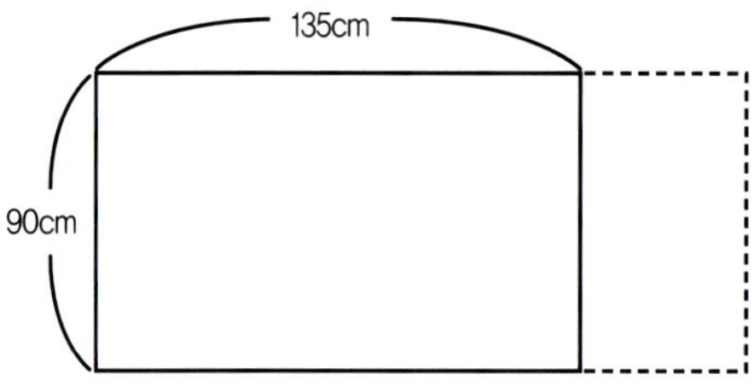

‖ 대목 다다미 ‖

이런 목적으로 만든 4분의 3 크기의 다다미를 대목 다다미라 하며, 보통 다다미 1장과 대목 다다미 1장을 깐 다실은 1첩 대목 다실, 보통 다다미 2장과 대목 다다미 1장을 깐 다실은 2첩 대목 다실이라고 한다. 일반 규격의 다실과 달리 변화 있는 공간을 연출하여 독특한 분위기와 긴장감을 준다는 효과가 있다.

8. 봉우리를 살짝 비켜가게 하는 곡척

곡척에 맞추어 명물 다도구 하나를 중앙 위치에 놓는 것은 대법大法을 따르는 일이다. 그러나 정 한가운데 놓는 것은 좋지 않다. 창끝을 벗어난다는 말처럼 중심에서 약간 비켜 놓아야 한다. 이것은 대비법大秘法이다. 벗어나게 놓는 방법에는 구전口傳이 따로 있다.

예를 들어 아악雅樂을 연주할 때 박자도 그렇다. 박자를 맞추는 것은 좋지만, 박자에 너무 딱 들어맞는 연주는 서툰 사람의 아악이라고 한다. 악인樂人들의 비전서秘傳書에서는 이를 '봉우리를 살짝 벗어난 발걸음'이라고 한다는 말을 들었다.

센 리큐는 대자나 그 밖의 경우에서 한 가지 다도구를 강조하는 곡척은 '봉우리를 살짝 벗어난 곡척' 혹은 '빗겨가는 곡척'이 좋다고 했다. 그러나 이는 서툰 사람이 멋대로 따라 할 일은 아니다.

해설

곡척할, 즉 곡척을 어떻게 나누고 어느 지점에 다도구를 놓아야 하는가에 대한 대비법을 말한 대목이다. 곡척을 지켜 다도구를 배치해야 한다는 가르침을 반복하던 센 리큐는 또 하나의 다른 차원을 제시한 것이다. 지정된 위치에 다도구를 배치하는 것은 너무 당연한 일이지만, 때로는 제자리에서 살짝 벗어난 위치에 둠으로써 묘미를 얻을 수 있다고 설명했다. 음악도 박자에 맞추어 연주하는 것은 너무 당연하지만, 일본의 아악에서는 박자를 미묘하게 어긋나도록 하는 것이 더 감동적인 연주를 만들 수 있다는 미학을 인용하여 설명했다.

산봉우리는 눈에 잘 뜨이며 중요한 감상 포인트가 되지만, 봉우리에서 약간 벗어난 위치에 감상 포인트를 둔다면 새로운 아름다움을 느낄 수 있다는 견해이다. 좌우가 대칭인 것, 즉 심메트리symmetry가 주는 아름다움도 좋지만 언밸런스unbalance에서 오는 아름다움 또한 의미 있다는 것이다. 요컨대 불균형하고 불완전한 것에서 느끼는 미의식이라 할 수 있다. 이렇듯 센 리큐는 정면이나 한가운데서 사물을 감상하기보다는 정면에서 벗어난 곳 혹은 약간 경사진 각도에서 볼 때 새로운 아름다움을 발견할 수 있다고 생각했다.

다도 세계의 독특한 미학인 와비의 미의식을, 대칭적인 정중앙보다 약간 비켜간 위치가 주는 긴장감과 아름다움으로 설명한 대목이다.

9. 아시카가 요시노리 시대의 대자

청자 운룡 물 단지의 유서에 대해서 센 리큐는 다음과 같이 이야기했다. 에이쿄永享[226]연간에 아시카가 요시노리足利義教[227]가 병으로 앓고 있을 때, 궁중으로부터 금원禁園[228]에서 재배한 차를 하사받았다. 이때 가마쿠라나스鎌倉茄子라는 이름의 농차기, 하나야마덴모쿠花山天目라는 다완, 청자 운룡이라는 물 단지 등 세 가지의 귀중한 다도구를 함께 하사받았다. 병이 낫자 쾌유를 축하하는 연회로서 대자 다회가 열렸다. 아시카가 요시노리는 아카마쓰 사다무라赤松貞村[229]에게 다회의 진행을 명했다. 아카마쓰 사다무라는 당시에 아시카가 요시노리의 총애를 받던 신하였다. 풍부한 재능을 지니고 있던 그는 다도에 관한 법식에도 능통했는데, 도호슈들도 흉내를 낼 수 없을 정도의 훌륭한 솜씨를 지니고 있었다. 게다가 빼어난 미남자美男子로 나이는 17, 8세 무렵이었다. 예모禮帽인 오리에보시折烏帽子를 쓰고 무사의 정장을 차려 입고 다회를 진행했다. 때는 6월 25일로 한창 더울 때였다. 노아미의 비전서에 의하면, 이 찻자리를 '삼종三種의 극진한 장식'이라고 이름 했다.

---

226 무로마치 중기인 1429년과 1440년 사이에 쓰던 연호.

227 아시카가 요시노리(1393~1441)는 일찍이 승려가 되었으나, 형이 아들도 남기지 않고 갑자기 죽자 환속하여 형의 뒤를 이어서 무로마치막부의 제6대 쇼군이 되었다.

228 궁중의 정원이나 귀인의 정원. 여기서는 천황의 궁궐 내에 있는 밭을 말한다.

229 아카마쓰 사다무라(1314~1371)는 무사로서 공을 세운 뒤에 중이 되었는데, 승적에 들어 있었으며 다인으로 활약했다.

‖ 아시카가 요시노리의 대자 ‖

이 그림은 아시카가 요시노리가 찻자리에 들어오기 전의 다도구 장식이다. 이와 같이 다회를 시작하기 위해 명물 다도구를 갖추어 놓은 위엄 있는 장식을 '향연饗宴의 장식'이라고 한다. 대자 다회에서는 자주 있는 일이다. 귀중한 다완 용기인 사이코西湖230를 내어 장식할 때도 향연의 장식이라는 말을 쓴다.

[그림 설명] 처음에는 위의 그림과 같이 물 단지는 없고, 향로의 뚜껑만 놓여 있다.

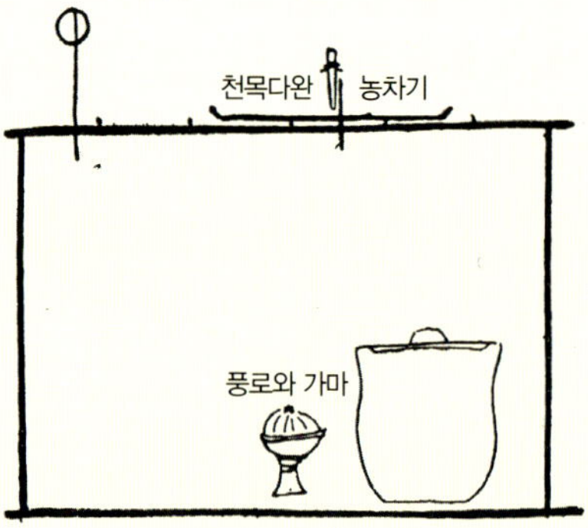

‖ 아시카가 요시노리의 대자 ‖

향연의 장식으로는 물구기의 위치를 곡척에서 벗어나게 두었지만, 아카마쓰 사다무라가 물 단지를 가지고 와서 장식했을 때 다도구의 수를 생각해서 물구기의 3분의 1을 곡척 위에 걸쳐놓았다.

230 비장의 다완을 보관할 때 쓰는 값비싼 용기. 짙은 옻칠을 하고 금은金銀으로 장식한다.

[그림 설명] 아시카가 요시노리가 앞의 그림과 같이 다도구를 장식한 것을 보자, 찻숟가락이 자작自作의 찻숟가락임을 알고, 겸손하게 오른쪽으로 조금 밀어놓아서 곡척을 벗어나게 했다. 그러자 수가 음, 즉 짝수가 되어 좋지 않았기에 찻숟가락을 다시 오른쪽으로 조금 밀어놓았다.

물 단지를 옮겨다가 대자 앞에 임시로 놓아두고 향로 뚜껑을 풍로 앞의 다다미에 놓고, 물 단지를 제자리에 고쳐 놓았다. 그 전에 품에서 흰 수건을 꺼내어 장판을 닦고, 그 물 단지를 놓았다. 향로 뚜껑을 물 단지와 풍로 중간에 놓고 부엌으로 돌아간다. 다음에 귀때 물그릇[231]에 물을 담아 가지고, 물에 적신 큰 차건을 밑에 받쳐 들고 내온다. 물 단지의 뚜껑은 장판 위에 놓고, 물을 8할쯤 부어 넣는다. 물 단지를 가지고 다닐 때에는 물을 6, 7할 정도만 담는다. 차건으로 물 단지 주둥이의 물기를 훔치고, 다음에 뚜껑을 잘 닦고 물 단지의 둘레도 간단히 살펴본다. 그러고는 향로 뚜껑을 살펴보고 조금 앞으로 내어 장식한다. 대자 앞을 깃털로 만든 비로 쓸어내고 부엌으로 퇴수기를 가지러 간 뒤에, 아시카가 요시노리 쇼군을 비롯해서 그 아랫사람들이 다도구 장식을 감상했다. 그때 다른 다완에 찻솔과 차건을 넣어 가지고 나와서, 풍로 앞의 다다미 위에 놓았다. 이어서 퇴수기를 내어다 놓고 차를 타기 시작했다.

이 다회를 마치고 다도구를 거둘 때는 다완 등의 다도구를 자루에 넣

231 주둥이의 한쪽이 밀려나와 있어서 물을 따르기에 편하도록 귀때를 만든 그릇이다.

첩지

어서 원래대로 장식해두기 위해서, 마른 차건을 종이로 싸서 첩지疊紙[232] 사이에 끼워 품속에 넣어둔다. 물 단지 둘레에 물이 묻어 있지 않은지 잘 살펴보고 나서 귀때 물그릇으로 물을 따른 뒤에 원래의 모양대로 장식해두고, 깃털로 만든 비로 대자 위를 쓸어낸 뒤에 비를 5치 널판 위에 놓아두었다. 이어서 대자 앞의 다다미 한 장 위에 다도구를 장식해두었다. 아카마쓰 사다무라는 대자를 향해서 좌우의 소매를 가지런히 여미고 머리를 한 번 숙여서 절한다. 이로써 다회의 진행은 일단락되어, 아시카가 요시노리는 자리에서 일어나 돌아갔다.

다회를 시작할 때도 머리를 한 번 숙여서 절할 경우가 있다. 처음과 끝에 두 번 절하게 된다.

해설

와비 다도의 성립 이전에는 다회의 진행법을 기록한 전서傳書가 남아 있지 않지만, 이 기록을 통해서 당시의 다회 진행 과정을 알아볼 수 있다. 아시카가 요시노리의 시대에 연 이 다회는 히가시야마東山문화의 난숙기에 서원에서 열린 정식 다회의 사례가 된다.

232 가이시懷紙라고도 한다. 여러 장을 겹치게 접어서 품속에 넣어 가지고 다니는 종이로, 다회 때 꺼내서 쓰기도 하고, 메모할 때 쓰거나 휴지로 쓴다.

10. 청자 물 단지의 칠목기 뚜껑

확실한 연대는 알 수 없지만, 아시카가 요시노리 시대의 어느 때였다. 아시카가 요시노리 산장山莊의 창고에 예의 삼종의 다도구를 비롯한 많은 보물이 보관되어 있었다. 그곳에 악한들이 마구 쳐들어와서 막부의 관리들을 찔러 죽이고, 산장에 불을 질렀다. 창고도 불에 타버렸다. 그때 청자 물 단지만은 타지 않고 남았지만 뚜껑은 조각조각 깨어져 버렸다. 그 뒤로는 깨어진 뚜껑 대신에 옻칠漆한 칠목기漆木器로 뚜껑을 새로 만들어서 썼다고 한다.

옻칠한 뚜껑을 쓴 다음부터는 차를 달일 때 물 단지에 물을 붓고 나서 뚜껑을 부엌에 가져다 놓았다. 차 달이기가 끝나면 뚜껑을 다시 내어다가 덮었다. 이는 더울 때나 추울 때 하는 식이지만, 반드시 그렇게 해야만 하는 것은 아니다. 때에 따라서 그렇게 할 뿐이다. 이 청자 물 단지는 안쪽에 용무늬가 그려져 있었다. 이 물 단지에 물을 채워놓고 들여다보면 그 안쪽의 무늬가 나타나는, 정말로 아름답고 진귀한 다도구였다. 이처럼 뚜껑을 부엌에 내놓고 차를 달일 경우에는 우선 물구기로 물을 한 번 떠서 퇴수기에 버리고 난 후, 두 번째 물구기로 뜬 물부터 찻물로 쓴다. 대야 모양인 물 단지의 물을 쓸 때도 이렇게 물을 우선 한 번 떠서 버리고 난 후 찻물로 쓴다.

해설

청자 운룡 물 단지의 유서에 대해서 센 리큐는 다음과 같이 이야기했다.

아시카가 요시노리가 궁중으로부터 하사받았던 가마쿠라나스라는 이름의 농차기, 하나야마덴모쿠라는 다완과 청자 운룡 물 단지를 삼종의 다도구라고 한다. 아시카가 요시노리가 보관하고 있었던 삼종의 다도구는 후에 화재로 소실되었지만, 이 가운데서 요행히 청자 운룡 물 단지가 전해졌다. 그러나 원래의 뚜껑이 없어졌기 때문에 옻칠로 뚜껑을 만들어서 썼다.

이렇게 제 짝이 아닌 뚜껑을 쓰게 되자 손님들 앞에 놓아두지 않고 일일이 부엌에 내놓게 되었다. 그러다 보니 뚜껑을 덮어두지 않은 상태에서 물 단지의 물을 떠서 쓰게 되었다. 뚜껑이 덮여 있지 않은 물 단지에서 뜬 물로 차를 타서 손님들에게 드려야 했기 때문에, 청결함을 추구한다는 의미에서 먼저 물 한 구기를 퍼서 버렸다. 이는 뚜껑이 없는 물 단지의 사용 방법을 말하되, 맨 위에 먼지가 떠 있는 물을 퍼서 내버림으로써 청결함을 유지시킬 수 있음을 행위로 나타낸 것이다.

11. 삼종의 명물 다도구와 다도구의 간소화

아시카가 요시노리 산장의 창고에 보관되어 있던 다도구 가운데 중간 크기의 예반, 이른바 '중환반中丸盤'이라는 좋은 예반이 있었다. 이 예반에는 검정색 옻칠에 침금沈金233으로 한 용의 무늬가 새겨졌고, 금으로 테두리234를 그려 넣었다. 또한 가장자리가 곧추 세워져 있었으며, 둘레가 약 36센티미터였다.

이 예반은 향도구를 담아두는 데만 썼다. 이 예반 대신에 사각 30센티미터의 예반을 쓰기도 했다. 그러나 둥근 모양의 예반만이 여섯 가지의 명물 쟁반에 포함되었다. 사각 예반은 여섯 명물 가운데 들지 않았다.

여섯 명물 예반이란 월산장반月山長盤·조창뢰반趙昌雷盤·상장반常長盤·중환반·대환반大丸盤·척장반尺長盤 등인데, 이것들을 수많은 다도구 장식에 응용했다. 센 리큐가 '대자'에서 말한 50가지 장식법을 비롯해, 일부러 헝클어놓는 장식법, 진眞의 장식법, 초草의 장식법 등 셀 수 없을 정도로 많은 장식법이 있다. 이 여섯 가지의 예반, 가마쿠라나스 농차기, 하나야마덴모쿠다완 등의 다도구를 두 차례의 난리로 모두 잃어버렸다. 청자 운룡 물 단지만 남았지만, 뚜껑이 깨어져 버렸기 때문에 칠목기로 뚜껑을 만들어 쓰게 되었다. 참으로 아까운 일이다.

---

233 '쟁금'이라고도 하는 칠공예 기법의 하나. 옻칠한 표면에 무늬를 새기고 칠을 한 다음 금박金箔을 하여 무늬를 낸다.

234 금으로 가장자리에 테두리를 그려 넣음으로써 모양을 아름답게 하려고 했음은 물론, 값비싼 장식을 써서 위엄을 갖추려는 의도도 있었다.

예반에 담은 거북 모양의 향합

〈기입記入〉

다케노 조오와 센 리큐가 시작했던 초암 다실의 차 이전에는, 대자의 차에서부터 급제대자의 차에 이르기까지 모든 다회에서 고동古銅으로 만든 다도구를 썼다. 그러다가 도자기로 만든 다도구를 쓰게 되었다. 이 무렵에는 본체와 뚜껑은 반드시 같은 재질로 만든 제 짝을 갖추어 쓰도록 했었다. 그러다가 다케노 조오와 센 리큐가 상의하여 명물 청자 물 단지에도 칠목기로 뚜껑을 만들어 짝을 맞추었던 전례前例가 있으니까 반드시 제 짝 뚜껑이 아니라 해도 잘 어울리게 만든 뚜껑이라면 같은 재질의 것이 아니어도 괜찮다고 했다. 그 후로부터 처음 만들 때부터 딸려 있던 뚜껑을 못 쓰게 되었을 경우에는 뚜껑을 새로 만들어서 쓰게 되었다.

해설

이 글의 앞부분에서는 삼종 명물 다도구가 온전히 전해지지 않고 있음에 대한 아쉬움을 말했다.

요즈음에도 고동으로 만든 다도구가 가끔 쓰이고 있지만, 고동으로 만든 다도구는 귀중한 것으로 여겨져 왔었다. 도자기로 만든 다도구가 처음 나올 때만 해도 고동으로 만든 것을 훨씬 값진 것으로 여겼다. 고동으로 만든 금속기에 비해 흙으로 만든 토기는 보다 값싼 것 혹은 보다 소박한 것으로 취급되었다. 도자기 다도구도 처음에는 서원에서 대자를 쓰는 다회에 청자 당물唐物 등의 값비싼 다도구만이 쓰였으나, 와비의 경지를 중요시하는 초암의 다실에 일본에서 만들어낸 도자기가 쓰이게 되었다.

물 단지는 물 위에 먼지가 앉지 못하도록 반드시 뚜껑을 쓴다. 그러나 원래 처음부터 한 세트로 만들어진 뚜껑이 깨어졌거나 없어졌을 경우에는 뚜껑을 새로 만들어서 쓸 수 있도록 했다. 본래의 뚜껑이 아니더라도 칠기로 뚜껑을 만들어서 쓸 수 있도록 하는 융통성을 인정한 것이다. 이는 진眞의 다도구만을 인정하던 고정관념에서 벗어나서 대용품을 인정하는 과정 혹은 다도구의 초체화草體化 과정을 보여준다고 할 수 있다.

12. 멀리서부터 좋은 물을 길어다가 여는 다회

명수名水를 멀리서부터 길어다가 찻물로 쓰는 다회의 경우에는 손님들께 미리 이런 사정을 이야기해두는 것이 좋다. 손님들도 보통 때보다는 일찍 다실에 와서 처음부터 끝까지 그 정취를 맛보는 것이 좋다고 한다. 손님이 다실에 들어와서 자리를 잡으면 솥의 물을 갈아 넣겠다는 인사를 하고, 솥을 내려서 부엌으로 가지고 나간다. 부삽과 재 그릇을 내어다가 로의 숯과 재의 모양을 손질해놓고, 숯을 더 넣는다. 부엌에서 명수를 담은 솥에 물이 묻은 그대로 가지고 들어와서 로 위에 솥을 건다. 그리고 그 숯불로 물이 끓더라도 숯을 한 번 더 넣고, 물도 한 번 더 부어 넣어 푹 끓이는 것이 좋다. 숯을 더 넣을 무렵에 회석 요리를 내야 한다. 물을 끓이는 데 시간이 걸려서 모두가 지루해지기 때문에, 새벽에 여는 다회나 야회에서도 이와 같이 여유 있는 마음가짐으로 다회를 여는 것이 좋다. 이때 향을 즐겨도 좋고, 단자쿠나 벼루를 내어놓고 와카나 렌가連歌[235]를 짓는 것도 좋다. 그러나 이는 손님들의 취향에 따라서 한다. 앞의 두 번째에 더 넣은 숯에 관한 것인데, 이때 숯 그릇은 먼저 쓰던 숯 그릇을 그대로 쓰는 것이 좋다. 다른 숯 그릇 등 새로운 그릇을 내다가 쓰는 것은 좋지 않다.

센 리큐의 다회 가운데, 사메가이醒井[236]의 물을 길어다 찻물로 쓰던

---

235 일본의 중세에 성립된 시가詩歌 문학의 한 형태. 보통 두 사람 이상이 모여 와카의 위 구절上句과 아래 구절下句을 번갈아 읊어나가는 형식으로 지어진다.

236 교토의 지명으로, 이곳의 물은 명수의 하나로 유명하다. 센 리큐의 집이 이 부근에 있었다.

다회 때의 일이다. 물을 새로 길은 물통에 밑바닥에서부터 뚜껑까지 금줄을 쳐서 봉封한 채로 가져다가 썼던 일이 있다.

이런 다회의 예를 들어본다. 이런 다회는 도코洞庫237의 바닥에 대나무로 만든 발이 깔려 있을 경우가 된다. 그 발 위에 명수가 담긴 물통을 놓고 작은 운룡 솥을 도코에 옮겨놓고 물을 갈아 넣은 뒤에, 솥을 물이 젖은 채로 로에 건다. 물이 묻은 솥을 손님들이 볼 수 있도록 손님들의 바로 앞에서 다룸으로써 모두의 흥미를 돋울 수 있다.

해설

다회에서 차를 달일 때 좋은 찻물을 쓰려고 노력하는 것은 당연하겠으나, 물맛이 좋기로 이름난 명수를 길어다가 쓸 때는 그만큼 물에 대하여 까다로운 절차가 뒤따랐다. 특히 물을 담는 물 단지나 물을 끓이는 솥에 많은 주의를 기울였다.

명수를 길어올 때 물통에 금줄을 치는 것은 단순히 정결함을 유지하기 위한 것이라기보다는 부정한 힘의 범접을 막으려는 신앙에서 나온 의례적儀禮的인 작법이라고 할 수 있다.

솥을 로 위에 올려놓을 때도 솥의 둘레에 흐르는 물을 닦아내지 않고 그대로 둔다. 이는 방금 떠온 신선한 물이라는 싱싱한 느낌을 주기 위한 것이다. 더구나 물을 끓이는 과정에서 솥 둘레의 물기가 차츰 마르기 시작하는데, 그때 나타나는 얼룩 모양의 변화를 또한 감상의 대상으로 삼았다.

237 다실의 주인이 앉는 자리 옆에서 부엌 쪽의 벽을 뚫어 작은 문을 내고 문 바깥에 설치하여 다도구 수납 공간으로 쓰는 곳이다. 다도구를 나르기에 힘이 부치는 노인에 한해서만 설치할 수 있는데, 바닥에 대나무로 엮은 발을 깔고 바닥에는 물이 흐를 수 있도록 만든다.

13. 차호를 개봉하는 다회

초암풍의 와비 다실에서 여는, 새로운 차호를 개봉하는 다회開封茶會 때는 불의 상태에 대하여 신경을 써야 한다. 불은 세게 해야 한다. 손님이 다실에 들어오면 주인이 나와서 인사한 뒤에 곧 차호를 개봉한다는 인사를 하고, 차호를 열게 된다. 손님들이 먼저 차호를 보여달라고 요청해야 함은 물론이다.

개봉 다회에 쓰는 차호는 대체로 장식용 매듭 등을 씌우지 않고 그대로 내어놓는다. 구치오이口覆라고 하는 차호의 주둥이를 덮는 사각 모양의 비단으로 만든 덮개나, 구치오口緒라고 하는 차호의 헝겊 덮개를 묶는 비단 끈을 장식해두는 정도가 좋다. 구치오는 치렁치렁하지 않도록 짤막하게 해서 다루기 편하게 함이 좋다. 차호는 막힘없이 보기 좋게 다루는 것이 정식이다. 차호의 감상이 끝나면 도구 다다미 위에 놓고, 주둥이의 봉인封印을 가볍게 떼어낸 뒤에 부엌으로 가지고 나간다. 차호를 넣었던 상자의 뚜껑을 꺼내어 보일 때도 있다. 그러나 대개 그렇게까지는 하지 않는다. 그다음에 찻잎을 맷돌로 갈기까지는 시간이 걸리는데, 손님들이 지루해하지 않도록 하기 위해서 향로를 내어 향을 즐기게 하는 등의 배려가 필요하다. 주인은 시중드는 사람에게 찻잎을 갈도록 명한다. 한편 시간에 맞추어 숯을 잘 살펴보고, 시간에 맞추어 회석 요리를 낸다. 중간 휴식 등의 절차에는 변함이 없으나, 대체로 천천히 진행해야 한다는 점을 명심해야 한다.

또한 불이 약해져서 서둘러서 숯을 넣어야 할 때는 회석 요리를 드는 도중이라 해도 숯을 더 넣을 수 있다. 숙달된 손님일수록 불의 상태에 대해서 신경을 쓴다. 숯이 모자라는 것을 보고 회석 요리를 서둘러서 마치려는 손님도 있기 때문에, 숯을 충분히 넣어서 손님들이 숯불에 신경을 쓰지 않고 차분하게 회석 요리를 즐길 수 있도록 해야 한다. 또 좌흥을 오래가게 하기 위해서는 손님들의 취향에 맞는 향이나 와카 혹은 렌가 등을 즐길 수 있도록 준비해두는 것이 좋다.

센 리큐가 4장 반의 다실에서 새로운 차호를 개봉하는 다회를 열던 때는, 책상 위에 단자쿠와 벼루를 마련해두었다. 이를 이용해서 아스카이飛鳥井[238], 지묘인持明院[239] 등이 와카를 지어서 즐거움을 더했던 일이 있다.

후좌의 다도구 배합은 물 단지에 다완만을 장식해두어야 한다. 농차기는 대추 모양의 작은 것이나 작은 도자기 제품이 좋다. 찻잎 갈기는 '아까부터 갈더니 이제야 겨우 다 되었구나' 할 정도의 시간이 걸리도록 함이 좋다. 차는 평소보다 엷게 하며, 찻솔을 잘 돌려서 차를 탄다. 찻물의 뜨겁기는 펄펄 끓을 정도가 좋다.

238 와카와 축국에 능했던 귀족의 가문명家門名.

239 음악·서도·가도歌道 등에 뛰어났던 귀족의 가문명.

해설

개봉 다회는 매우 중요하고 격식이 높다. 여름내 소중하게 보관해오던 차호를 손님을 모신 자리에서 개봉하여 찻잎을 꺼내고 그 자리에서 맷돌로 갈아서 차를 대접하기 때문에 손님도 주인도 모두가 엄숙하고 진지한 마음으로 진행한다.

종이로 밀봉해두었던 차호를 칼로 개봉하는 다회는 초겨울에만 하는 다회로, 손님에게는 큰 즐거움이 되며 주인으로서는 아낌없이 차를 대접하겠다는 마음의 표현이기 때문에 다실의 중요한 세시풍속이 된다.

손님들은 차호와 차를 싸두었던 종이봉투를 감상하며, 맷돌로 차를 갈 때 우러나는 향과 맷돌 소리를 즐긴다. 특히 차호에 넣어두었던 차를 꺼내어 천천히 맷돌로 갈기 때문에 시간이 걸리는데, 이때 향을 피워 손님들이 지루해하지 않도록 하는 등 주인의 배려가 필요하다.

개봉 다회에서는 숯불의 세기와 물의 상태를 각별히 주의해서 적절한 타이밍에 차를 낼 수 있도록 해야 한다는 점을 강조했다.

14. 간기刊記

슈운암의 주인 난보 소케이에게

귀하 난보 소케이가 써 가지고 온 글 여섯 권을 여러 차례 읽어보았습니다. 그리고 다섯째 권까지는 모두 다 간기도 써넣고 서명署名도 했습니다. 그러나 이 마지막 비전 한 권은 너무나도 조목조목 상세히 써놓았기 때문에, 이후로 세월이 흐르는 동안에 다른 사람들이 읽지 않을까 걱정이 됩니다. 비전이라는 것은 비밀스럽기 때문에 소중하게 여겨지는 것입니다. 그러니까 이 여섯 번째 권은 반드시 없애버리십시오. 말할 나위도 없습니다마는, 나 스스로도 이런 종류의 글은 절대로 쓰지 않겠다고 신께 맹세한 바 있습니다. 오히려 이 내용을 글로 써서 자손들에게 전해주어야 한다고 생각될 때도 있지마는, 그렇게 해버리면 비사라는 것이 없어져 버리게 됩니다. 그러니까, 아무튼 이 권은 불 속에 던져 넣어 태워서 없애버리도록 하십시오. 삼가 이만 줄입니다.

12월 5일
센 리큐

위와 같이 이 글에서 센 리큐는 정식의 간기를 쓰지 않고, 위의 글을 먹칠해서 지워 없애버려야만 한다는 이유를 적은 글을 덧붙여 썼다. 뿐만 아니라 센 리큐는 위의 글을 태워서 없애버리라고 명하셨다.

이 글을 진작 태워서 없애버리려고 하면서도 나는 건망증이 심해서 아직 없애버리지 못했다. 내 건망증은 오랫동안 해오던 것도 곧잘 잊어버리기에 안타까울 정도이다. 이 한 권은 특별히 남에게 보여줄 일도 없기 때문에, 스승의 명을 어긴다는 일은 두려운 일이지만 두타대頭陀袋240에 넣어두고 나 혼자서만 읽으려고 한다. 실로 대비사大秘事에 관한 글이다.

12월 15일
난보 소케이

『남방록』의 원본과 이 사본을 대조해보니 원문과 다름없습니다.

다치바나 지쓰잔

해설

스승과 제자 사이를 오고 간 글이자 간기가 되는 글이다. 센 리큐는 제6권 '먹칠'이 너무나 비밀스러운 내용을 담았기 때문에 전수되는 것을 두려워했다고 한다. 제자는 스승의 명령을 따르지 않은 것을 건망증 탓으로 미루고는 있지만, 실은 없앨 마음이 없었던 것일지도 모른다. 혼자서만 읽겠다고 해서 보관해두지만, 언젠가는 이 글이 유포流布될 것을 모를 리가 없었기 때문이다.

이 글에는 그 제목에서 말해주는 것과 같이 먹칠을 해서 모두 지워버리라墨引고 할 정도로, 비밀스러운 다도의 법식들이 논의되고 있다.

240 행각승行脚僧이 가사 등을 넣어 목에 메고 다니는 큰 주머니.

제7권 멸후

滅後

제7권 멸후는 글자 그대로 센 리큐가 타계한 후에 편집되었다. 따라서 다른 권과는 달리 센 리큐의 간기刊記가 없다. 1591년 2월 28일 센 리큐의 죽음을 지켜본 난보 소케이는 앞의 여섯 권에 미처 다 쓰지 못했던 비화秘話와 비전秘傳이 그대로 사라져버릴 것을 안타깝게 생각하여, 이를 기록으로 남겼다. 스승에게 교열을 받아야 한다는 심리적 부담도 없었기 때문에 자신의 견해를 자유롭게 써내려갔다.

멸후는 각서와 함께 다도에 관한 총론을 전개하고 있다.

1. 초와 진의 조화

센 리큐가 말하기를, "진眞의 차라고 할 농차로 다회를 열 때도 특별히 초草의 다회로 진행해야 할 경우가 있다. 반대로 초의 다회인 박차를 내는 다회를 열 때에도 진의 극치라고 할 수 있는 법도로 진행해야 할 경우가 있다. 그 구별을 잘 익혀두지 않으면 안 된다. 때와 장소에 따라서 각기 달리 써야 한다. 대단한 것이 아닌 것처럼 여겨질지 모르지만, 중요한 비사秘事가 된다"라고 하셨다.

해설

손님에게 진의 격식으로 차를 대접해야 할 자리와 초의 방식으로 대접해야 할 자리가 있는데, 이를 적절히 분간해서 쓸 줄 알아야 한다는 것이다. 원래 진과 초는 서도書道의 진서체와 초서체에서 나온 말이지만, 다도에서는 격식을 구분할 때 쓰는 말이 된다.

2. 다도의 성쇠

대자의 음양 곡척을 이용하면, 대자의 무수히 많은 장식법을 비롯하여, 초가로 지은 초암 다실의 장식에 이르기까지 많은 장식법이 나온다. 그 도리에 대해서는 많은 수련을 쌓아왔으니, 당연히 이해하고 있을 줄로 생각한다. 와비차의 본질은 청정무구한 불세계佛世界를 나타내고 있는 것이기에, 이 로지초암露地草庵에 대해서는 세속의 먼지를 떨고 손님과 주인이 솔직한 마음을 나누는 곳이기 때문에 규제나 다도구를 배열하는 치수, 차를 타는 법식 등은 굳이 세세하게 들먹일 바가 아니다. 그저 불을 피우고 찻물을 끓이고, 차를 타서 마실 뿐이다. 그밖에는 아무것도 없다. 이와 같이 꾸밈없는 벌거숭이 같은 모습이야말로 부처님의 마음과 같은 것이다. 작법이나 인사하기에 신경을 쓰고, 여러 가지 세속의 의리에 빠지거나, 혹 손님은 주인의 허물을 발견하여 비판하고, 주인은 손님의 잘못을 찾아내어 비웃게 되어버렸다. 이런 도리를 바로 익혀서 잘 깨달은 사람을 언제까지나 기다리고만 있을 여유가 없다. 조주趙州[241]를 주인으로 하고 달마대사達摩大師[242]를 손님으로 하고, 나와 당신이 로지의 쓰레기를 줍는 일을 할 수 있다면, 진실한 다도의 일회一會가 될 것이다. 말로만 즐겁다, 즐겁다 할 뿐, 이 세상 사람 모두를 달마나 조주로 바꿀 수는 없다. 또한 그렇게 하고 싶다고 생각한

241 조주(778~863)는 중국 당나라 시대의 선승으로, 제자들과의 문답이 후세에 공안公案이 되었다. 특히 '끽다거喫茶去'라는 공안이 유명하다.

242 중국의 선종禪宗의 시조. 남인도의 향지국香至國의 왕자로, 6세기 초에 중국으로 건너가서 숭산嵩山의 소림사小林寺에서 면벽 좌선하여 깨달음을 얻었다고 한다.

다면, 그것은 불도佛道에 방해가 되는 집착이라는 것이다. 이런 것은 아무래도 상관없다. 삼계三界[243]를 떠난 사람은 오히려 삼계를 부자유스럽게 생각하지 않고 삼계에 안주한다고 하지 않던가.

여기까지 들었지만, 센 리큐가 하는 말이 잘 이해되지 않고 어떻게 해야 할지를 몰라서 "스승님의 마음가짐은 어떤 것입니까"라고 여쭈었다. 스승은 이렇게 대답하셨다. "불도의 큰스님들의 깨달음에 대하여 불도에 어두운 우리 같은 선승은 도저히 미치지 못한다. 그러나 당신은 불교의 경전이나, 그 주석註釋을 통해서 이해하려고 하니까, 오히려 깨달음에 이르지 못한다. 나는 다도에 관한 나의 마음가짐에 대해서 이야기하고자 한다. 차에는 대자를 비롯해서 여러 가지 작법과 규칙이 많이 있다. 옛날 사람들도 이 법식을 배우는 데 그쳐버리고 말았을 뿐만 아니라, 이 가운데서도 각자가 중요시하는 것만을 비전서에 남겼다. 나는 이 비전서의 법식들을 하나의 출발 단계로 삼아, 좀 더 높은 차원으로 나아가고자 하여 다이토쿠사, 난슈사 등의 스님들께 열심히 참선을 배우고 아침저녁으로 선종의 청규清規[244]를 기본으로 삼아 정진했다. 그로부터 서원 대자의 양식을 간략화하고, 로지의 경계境界, 정토 세계를 열고, 다다미 2장짜리로 작은 초암 다실의 소박한 다도를 만들어 냈다. 땔감을 장만하고, 물을 길어 나르면서 수행의 의미를 깨닫고, 한

243 불교에서 말하는 욕계欲界·색계色界·무색계無色界 등의 세 가지 윤회輪廻하는 세계, 혹은 과거·현재·미래 등의 삼세三世를 가리키기도 한다. 삼계를 떠난 사람이란 윤회의 고뇌를 해탈한 사람이라는 의미이다.

244 선종의 규칙. 센 리큐가 와비 다도를 연구할 때, 그 토대로 청규를 이용했다는 것은 와비 다도가 선종의 영향을 강하게 받았음을 말해준다.

잔의 차의 참맛을 겨우 어렴풋이 알게 되었다. 그러나 때때로 맑고 투명한 물처럼 되고 싶다는 차에 대한 심정이 탁해지곤 함은 나의 잘못이다. 또한 손님이 다도에 대하여 깨달음을 얻지 못한 사람이라면 주인도 손님의 미숙함에 이끌려서 잘못을 헤매게 된다. 그렇기 때문에 예의 스님들이나 당신 등이 손님이 되어줄 때는 내가 잘못을 범하는 일이 없을 것이다.

단지 염려되는 일은 이런 일이다. 세상에 다도를 좋아하는 사람이 많아짐에 따라서 다도의 스승도 많아진다. 말로는 다도를 지도하고 있지마는, 고관대작과 함께할 때는 초암의 와비 다도 자리를 서원의 찻자리처럼 진행하여 그 본래의 정신을 추구하기에 이르지는 못한다. 혹은 대주가大酒家, 대식가大食家 등은 와비 다도 자리임에도 불구하고 다회를 술 마시는 주홍의 자리로 삼아버리고 만다. 와비 다도 자리는 고관대작이나 대주가 혹은 대식가의 취향과는 어울리지 않는다. 진실한 와비 다도를 즐기려는 사람들은 이런 찻자리를 좋아하지 않는다. 요즈음 다도를 직업으로 삼아 살아가고 있는 사람들 가운데는, 고관들의 환심을 사기 위해서 다회의 격식을 정교하게 하는 데만 신경을 쓰고 부자들의 취향에 영합하고 욕망에 부응하는, 어처구니없는 다도를 추구하는 사람들이 있다. 지금도 뜻밖의 일이 많은데, 하물며 후세에 이르면 이런 사람들이 더욱 기승을 부릴 터이니 매우 안타깝다. 100년 후에 다시 태어나서 세상의 다도가 타락해 있는 모습을 보고 싶다"라고 센 리큐는 말했다.

그렇다면 어떻게 지도해야 다도를 바르게 이끌어갈 수 있을지에 대하여 스승께 묻자 이렇게 답하셨다. "여러모로 생각해보아도 해결하기 어려운 문제이지만, 그런대로 이렇게 생각해볼 수 있다. 서원 대자의 다도를 배우고 싶어 하는 사람에게는 '나는 서원 대자의 차는 모릅니다'라고 해서 가르치지 않는다. 초암의 와비 다도만을 간단히 전수하며, 어려운 곡척할 등은 가르치지 않는다. 대개 다다미의 눈금의 수효를 기준으로 하여 다도구를 놓는 법 등을 외우게 한다. 숯을 다루는 법, 농차와 박차를 다루는 법에 대해서도 한 가지씩만을 가르친다. 오히려 와비 다도의 심정은 무엇인가에 대하여 생각할 수 있도록 수행하게 하면, 열 사람이나 스무 사람 가운데 한 사람 정도는 다도를 깊이 이해하는 사람이 있어서 다도의 깊은 경지에 들게 될는지도 모른다. 다도를 깊이 깨우친 사람만 있다면, 그 사람의 희망에 따라서 대자 등에 대해서도 가르친다. 그리고 나아가 여러 가지의 법도를 수행하도록 하면, 하루에 이틀분을 배울 정도로 잘 배우게 될 것이다.

그러나 이런 생각도 뜻대로 되지 않는데, 그럴 이유가 있다. 노아미나 소아미의 말류末流나, 무라타 주코나 다케노 조오의 제자들 가운데는 다도에 깊은 깨달음을 얻은 사람도 있고, 그렇지 못한 사람도 셀 수 없이 많다. 요즈음은 여기저기에 간판을 내걸고 무엇이 무엇인지도 알 수 없는 다도구 장식이나 배치 방식을 만들어, 남들의 이목을 끌고 그것을 자랑으로 삼는다. '누구누구는 이런 장식법으로 손님을 모셨는데, 그 손님은 누구누구의 제자임에도 불구하고 그 장식법을 모르고 있었기에 창피를 당했다', '누구누구의 제자는 잘 알고 있어서 능숙하게 해냈다'라는 등의 말이 나돌게 되니까 함부로 선생을 바꾸고 사제의 정을 끊는 등의 일을 서슴없이 하는 사람들이 많다. 그러니까 스승 된 사람들도 멋대로 장식법 등을 지어내어 퍼뜨려서 본래 전수받은 바와 다른 것을 가르치고 있다. 이래 가지고서는 이후로 10년도 채 되지 못해서 다도는 쇠퇴해버리고 말 것이다. 세상 사람들은 다도가 쇠퇴해졌다는 것을 잘 모르고 오히려 다도가 융성해졌다고 생각할 것이다. 다도가 이미 세속의 유희遊戱가 되었고, 어처구니없는 모습으로 변해 있는 것은 지금 눈앞에 보이는 바와 같다. 안타까운 일이다.

나는 중국에도 일본에도 없던 로지초암의 차풍茶風을 창조했다. 아마도 이 다도의 심정은 조주의 선禪과도 필적할 만하다고 생각하지만 말세末世가 되고 보면 이를 이해하는 사람이 없을 것이다. 머지않아 차의 정도正道가 단절되어버릴 것을 생각하면 안타깝기 그지없다. 다다미 2장의 다실도 머지않아 다다미 20장을 까는 차당茶堂으로 변모할 것이다. 나는 3장짜리 다실을 만들었던 때조차도, 좁은 초암의 다실이 넓은 다실로 변모해가는 계기, 즉 타락의 계기를 만들어서 다도의 성취에 방해가 되었다고 생각하며 이 점을 매우 후회하고 있다.

그러나 아무튼 이처럼 걱정하는 것도 해서는 안 될 집착을 하고 있다는 증거일 뿐이다. 불조佛祖들에 의해서 열린 불도佛道, 성현들에 의해서 열린 유교儒敎라고 하지만, 시대에 따라서 흥성하기도 했고 쇠락하기도 했다. 하물며 다도도 이와 같지 않겠는가. 다도의 흥망성쇠를 서글퍼할 필요는 없을 것 같다. 또한 말세라고 해도 나타나서 도와줄 부처가 없는 것도 아니다. 이 다도를 더욱 높은 경지로 끌어올릴 사람이 후세에 나타나서, 당신이나 나의 뜻에 공감해줄는지도 모른다. 이런 사람에게 차 한 잔을 대접받는 일이 있다면, 100년이 지난 뒤라 해도 백골에 생기가 돌고, 망령도 그 뜻을 갸륵하게 여기게 될 것이다. 그렇게만 된다면 나는 반드시 다도의 수호신守護神이 되리라. 반드시 불조들도 자신을 도와주리라"라고 센 리큐는 진지하게 이야기한 일이 있다.

이날은 1589년 2월 28일로 이날 밤에는 가랑비가 촉촉하게 내리는 가운데 밤늦도록 이야기가 이어졌다. 이날부터 꼭 2년 후인 1591년 같은 달 같은 날 뜻밖의 재난을 만나게 되었다. 그 슬픔은 그지없다. 나는 센 리큐의 명복을 빌며 매일매일 차를 올려 공양하지마는, 그밖에는 아무도 없을 것이다. 내가 죽은 뒤에도 공양을 소홀히 하지 말라고 간판에 써두어야겠다.

해설

『남방록』 가운데서 유명한 글의 하나이자 매우 중요한 글로, 다도의 변모에 대한 비판과 장래에 대한 예측을 담고 있다. 센 리큐는 자신이 고안하여 법도를 갖추게 된 초암의 와비 다도가 귀족 무사들에게 바르게 이해되지 못하고, 변질되어감을 한탄했다. 즉, 10년도 채 되지 못해서 다도는 쇠퇴해버리고 말 것이라고 했다. 실제로 센 리큐의 사후에 다도가 융성해지기는 했지만 그가 걱정하던 바와 같이 다도는 유예화遊藝化되었다. 많은 무사들과 도회지의 부유층이 다도를 한다고 나섰지만, 엄격한 수양을 요구하는 센 리큐의 다도에는 관심이 없었고 호사롭고 본래의 정신과는 다른 차풍을 형성했다. 센 리큐는 불교나 유교에도 시대에 따른 성쇠가 있었던 것처럼 다도에도 시대에 따른 성쇠가 있다고 했다. 따라서 다도가 쇠퇴할 것을 미리 걱정하면서도, 걱정하는 것 자체는 집착에서 오는 것이기에 버려야 한다고 했다.

이 글은 원래 센 리큐의 타계 직후에 쓴 것이라고 하지만, 제자 난보 소케이의 글을 발견했던 다치바나 지쓰잔이 보태어 써넣었을 가능성도 있다. 센 리큐의 사후에 실제로 일어났던 일들이 너무나도 정확히 기록되어 있고, 스승이 타계한 날과 제자와 이야기를 나누었던 날이 똑같은 날짜로 설정되어 있기 때문이다. 다치바나 지쓰잔은 자신을 센 리큐의 다도 후계자로 설정하여 이를 증명할 목적으로 『남방록』을 정리했을 것이라고 여겨진다.

3. 꽃병을 천정에 매달아 드리울 때는 안전하게 드리운다

셴 리큐는 대형과 소형의 배舟 모양으로 만든 꽃병을 가지고 있었다. 어느 것이나 모두 다 천정의 한가운데에 갈고리 모양으로 만든 못을 박고 거기에 걸어서 드리웠다. 야마오카 소무도 작은 배 모양의 매다는 꽃병을 가지고 있어 센 리큐 식으로 장식했다.

쇼린도 명물名物로 알려진 매다는 꽃병을 가지고 있었는데, 도코노마의 전면 위쪽의 작은 벽에 못을 박고 거기에 걸었다. 센 리큐에게 "어느 쪽이 더 좋습니까"라고 묻자 대답하기를, "옛날부터 따로 정해진 법은 없다. 그러니까 각자가 판단해서 잘 어울리게 걸면 되지만, 도코노마의 위에 꽃병을 걸면 차분한 맛이 없어서 좋지 않다. 혹시 떨어져서 도코노마의 마루 모서리에라도 부딪힐까 불안해진다. 그래서 큰 꽃병이나 작은 꽃병이나 모두 방의 한가운데에 걸어둔다"라고 했다. 정말로 감탄할 일이다.

해설

다실의 천정에 꽃병을 매달아 드리울 때에 주의해야 할 점을 적은 글이다.

매달아 드리우는 꽃병은 서원의 차 장식에서 엇찻장에 얹어두는 배 모양으로 만든 것으로, 천정에 못을 박고 줄로 드리운다. 이 꽃병을 걸어둔 위치에 따라서 다실에 앉아 있는 사람들이 불안해할 수도 있으니까 여러모로 생각해서 안정감을 가지고 다회에 임할 수 있도록 신경을 써야 한다는 것이다.

4. 선약이 되는 차

스승 센 리큐를 나의 암자에 초대해서 다회를 열던 때, 5월의 장맛비가 내리고 있었기 때문에 풍로를 썼다. 차를 다완에 따르고 물 단지의 뚜껑을 열었지만 날씨가 썰렁했기 때문에, 이런 때는 솥에 물을 부을 필요가 없으리라고 생각했다. 그래서 물 단지에서 물을 퍼서 솥에 따르지 않고, 그대로 솥의 끓는 물을 퍼서 차를 달였다.

그러자 다회가 끝난 뒤에 센 리큐는 "왜 물 단지의 물을 솥에 퍼 넣지 않았는가"라고 엄하게 꾸짖으셨다. "솥에 물을 더 퍼 넣어야 하는 것을 잊어버리고 그런 것은 아닌 것 같다. 그 증거로 물 단지의 뚜껑을 열지 않았느냐. 그렇게까지 한 다음에 물을 퍼 넣지 않았으니 참으로 있을 수 없는 일이다. 마침 운 좋게 이 자리에 쓰다 소규와 야마오카 소무와 같은 훌륭한 다도의 선생이 동석同席하고 계시니, 솥에 물을 더 퍼 넣어야 하는 이유를 배우도록 하여라"라고 명했다. 곧 두 분께 여쭙자 말씀해주셨다. "날씨가 더울 때와는 달리 오늘처럼 날씨가 썰렁하고 보면, 물을 더 넣지 않은 것도 일리一理가 있다"라고 했다.

두 분이 돌아간 뒤에, 센 리큐의 옷소매를 붙잡아 머물도록 부탁하여 다시 그 이유를 여쭈었다. 이에 센 리큐께서 답하시길 "쓰다 소규와 야마오카 소무도 세상에 잘 알려진 다인이지만, 다도의 깊은 뜻에 대해서는 아직도 미숙하다. 도대체 차탕茶湯이라는 명칭이 왜 생겨났을까. 차茶와 탕湯이라는 말이 서로 어울림이 무엇보다도 중요하다.

작은 초암 다실에서는 먼저 찻자리에서 불의 상태를 잘 살피고, 후좌에서는 탕湯, 즉 물이 끓는 상태에 맞추어서 때를 놓치지 않고 찻자리에 들어가서 좋은 차를 나누도록 하는 일이 좋은 다인이 할 일이다. 또한 그 손님에 따라서 물이 끓는 상태와 불이 타오르는 상태를 조화시켜서 차를 타는 사람이 정말 훌륭한 다인이다.

저장해두었던 잎차를 개봉할 때부터 정월과 2월까지는 차의 정기精氣도 세지만 대개 3월 중순이나 하순경부터는 조금씩 정기가 약해지고 4월이 되면 기氣가 아주 약해지며, 5월의 장마철이 되면 생각했던 것보다 훨씬 더 기가 약해진다. 그래서 물의 끓는 정도를 다섯 단계의 소리로 나누어볼 수 있다. 소나무 가지 사이로 바람이 부는 것과 같은 소리, 즉 송풍松風처럼 들리는 물 끓는 소리가 나도록 끓인 찻물은 잎차를 개봉하여 그 자리에서 타 마시는 차에 좋다. 정월과 2월에 들어서면, 찻물은 끓는 소리가 천둥소리처럼 들리는 단계를 지나서 차츰 약해질 무렵에 쓴다.

4월 이후에는 차의 향기도 색깔도 엷어지니까, 펄펄 끓고 있는 물을 넣으면 차의 기가 금방 달아나버려서 색깔도 향기도 모두 변해버리고 만다. 그래서 솥의 물이 한창 끓고 있을 때 물을 한 구기 퍼 넣고 휘저으면, 물 끓던 소리가 잠깐 멈추는데, 이때 물을 다완에 퍼 담으면 물이 부드러워져서, 약해진 차의 기에 상응相應할 수 있게 된다.

여름철에 풍로 대신 굳이 로를 써서 다회를 할 때에도, 로라고 해서 별다른 방식으로 하는 것이 아니다. 차의 기를 생각하는 것은 꼭 같으며, 이는 대자 다회의 비전秘傳에 연유한다고 다케노 조오에게서 들은 바가 있다. 로를 써서 겨울에 여는 다회 때에는, 일단 새벽에 갈아 넣어서 로에 걸었던 솥의 물에 새 물을 더 퍼 넣어 끓이고, 거기다 다시 더 퍼 넣어가며 끓이면 물이 매우 부드러워진다.

여름의 차는 차의 원래 기가 약해져 있는 데다 너무 오래 끓여서 지나치게 부드러워진 물은 차의 기를 빼버리기 때문에 좋지 않다. 따라서 손님이 오기 전에 찻물을 적당히 끓여둔다. 그 곁에는 물을 준비해두었다가 물을 더 퍼 넣으면 탕의 맛은 가벼워지며, 차의 기도 잘 드러나게 된다. 이와 같이 물 한 구기를 솥에 퍼 넣는 것은 깊은 이유가 있는 것인데, 더위를 식히기 위해서 물을 더 퍼 넣는다고 생각함은 잘못이다"라고 하셨다.

언젠가 센 리큐가 의사인 세야쿠인 젠소施藥院全宗245를 다실에 초대하여 다회를 열었을 때의 일이다. 센 리큐와 세야쿠인 젠소가 불기와 탕의 온도에 관하여 이야기를 나눈 일이 있는데, 이에 대하여 간략히 적어본다.

의사들은 약藥에 따라서 약한 불, 즉 문화文火와 센 불, 즉 무화武火를 구분해서 한음열용寒飮熱用 혹은 열음한용熱飮寒用 등의 기법을 쓴다. 이는 탕湯과 약藥이 조화를 이루게 하기 위함이다. 센 리큐의 차는 이런 면에 이르기까지 수행을 쌓아서 이루어진 것이고 보면, 차의 이로움은 물론 마셔보고 참으로 선약仙藥과 같은 것이라는 생각이 들어서 감탄했다.

그래서 하는 이야기지만 다도, 즉 차탕이라는 명칭은 깊고도 깊은

---

245 세야쿠인 젠소(1525~1599)는 원래 승려였으나 의술을 배워서, 도요토미 히데요시의 시의가 되어 세야쿠인施藥院으로 임명받았다. 다도에도 많은 관심을 가지고 각종 다회를 주선했다.

의미를 지닌 말이라는 점을 명심해야 한다. 이런 점들을 깨닫고 나서 다도의 의미를 생각해보면, 숯을 다루는 일에서부터 일좌일회一座一會라는 마음가짐에 이르기까지, 오로지 이 불의 상태와 물 끓는 상태가 다도의 근본이 됨을 알 수 있다.

해설

찻물을 끓이는 불의 상태나 물이 끓는 상태가 얼마나 중요한 것인가에 대하여 말한 글이다. 특히 차의 정기精氣를 강조했다. 차의 기氣란 향기와 맛, 나아가 색깔 등의 성질 전체를 말하며, 좋은 기가 충만한 상태를 '정기가 있다'고 표현했다. 차는 맛이 변하기 쉽기 때문에, 시간이 지나서 변질되면 변질된 대로 그 정기를 최대한 되살려내어 차를 타는 일이 중요하다고 했다. 그리고 차의 기와 물의 온도를 잘 맞추면 그때그때마다 최선의 차를 달여낼 수 있다고 했다.

센 리큐는 의사와의 대화를 통해 의사의 관점에서 찻물 온도가 중요하다고 한 말을 인용하면서 잘 달인 차는 마치 선약과 같은 효과를 낼 수 있다고 했다. 찻잎과 찻물의 조화에서 얻어지는 효과를 생각하면 다도를 차탕이라고 한 깊은 의미를 알 수 있다.

5. 눈 내리는 새벽에 열린 다회와 쓰다 소규

다도의 사장師匠이 되려는 사람은 아주 섬세한 것까지 신경을 쓸 수 있어야 한다. 텐노지야天王寺屋[246] 가문의 쓰다 소규는 좀 색다른 다도를 좋아하는 사람으로서 한 해 겨울에 한두 번, 한 해 여름에 한두 번씩 반드시 남들의 입에 오를 만한 다회를 열었다. 어느 새벽녘 눈이 쌓여서 정취 어린 풍경을 본 쓰다 소규는 갑자기 생각이 나서 센 리큐를 찾아갔다.

아니나 다를까 손님이 찾아올 것을 예상하고 있었던 센 리큐는 로지의 문을 방긋이 열어놓고 있었다. 로지의 걸상에 앉아서 찾아온 뜻을 전하고 기다리고 있노라니 멀리서부터 좋은 향내가 코끝을 스치고, 등불은 나뭇가지 사이로 깜박거리고 있었다. '앗, 이건 그 유명한 란자타이蘭奢待라는 향이로구나' 하고 곧 알아차렸다. 쓰다 소규는 향도香道의 달인達人이었기 때문에 그럴 수 있었다.

드디어 센 리큐는 정진精進할 때 입는 종이옷과 나들이옷을 입고 맞이하러 나왔다. 다실로 들어가서 아까 피우던 향의 잔향을 맡고 싶다고 부탁하자 향로를 그대로 내어 왔다. 손님과 주인이 인사를 나누는 사이에 부엌문을 여는 소리가 났다. 센 리큐가 말하기를 "사메가이에 물을 길어 오라고 보냈었는데 이제야 겨우 도착한 것 같습니다. 새 물을 길어왔으

246 사카이의 유명한 다인의 집안 이름, 즉 옥호屋號이다. 쓰다 소타쓰津田宗達·쓰다 소규·쓰다 소본津田宗凡 등의 삼대에 걸쳐 다인을 배출했으며, 다도서茶道書인 『천왕사옥회기天王寺屋會記, 텐노지야카이키』를 남겼다.

니 차라리 솥의 물을 새로 갈아 넣지요"라고 하면서 솥을 부엌으로 들고 들어갔다. 그 뒤에 쓰다 소규는 로 쪽으로 다가가서 피워놓은 불을 들여다보았다. 인시寅時, 즉 이른 새벽에 이루 말할 수 없이 훌륭한 모양으로 잘 타오르고 있었다. 선반 위에 있던 숯 바구니에는 숯이 차곡차곡 담겨 있었다. 쓰다 소규는 숯 바구니를 내려서 로에 숯을 더 넣고, 깃털로 만든 비로 로의 둘레를 쓸어놓고 센 리큐가 나오기를 기다렸다.

센 리큐가 문을 열고 솥을 들고 나오자, 쓰다 소규가 "불의 상태는 매우 좋습니다만, 물을 갈아 넣었기 때문에 불을 한차례 더 세게 피우실 것이라는 생각이 들었습니다. 번거로움을 덜어드릴까 해서 내가 숯을 더 넣었습니다"라고 말했다. 센 리큐는 매우 감탄했다. "이런 손님을 만날 수 있기 때문에 물을 끓이고 차를 타는 보람이 있습니다"라고 하면서 쓰다 소규의 됨됨이를 두고두고 이야깃거리로 삼았다. 밤이 긴 계절이기도 하여 그 뒤에 날이 밝기까지는 시간이 아직 남아 있었기에 이 불로 차를 달여 대접하고 싶다고 인사말을 하고, 아직 날이 밝기 전임에도 회석 요리를 대접받아 먹고 있는 사이에 날이 밝아왔다.

이런 일은 일상적인 다회에서 손님이 해야만 할 일이 아니다. 이 다회 때, 나 난보 소케이는 조금 늦게 가서 쓰다 소규가 온다는 말을 듣고 부엌에 가 있다가, 부엌에서 손님과 주인이 어떻게 하는가를 보았다. 이와 같이 훌륭한 쓰다 소규임에도 불구하고 좁은 다실을 좋아하지 않고, 다다미 4장 반이나 6장 넓이의 넓은 다실을 좋아했다. 제자들 가운데도 서로 다르게 배운 사람이 있어서, 다실의 다도구 장식법 등이 제각각인 경우가 있기에 폐해가 생겼다.

해설

마음이 통하는 다인들 사이에서 일어난 에피소드를 담은 글이다. 주인이 자리를 비운 사이에 손님이 숯을 넣는 일은 자칫하면 실례가 될 수 있다. 그러나 차에 대한 이해가 깊은 다인들 사이에는 서로 마음이 통하는 바가 있었다. 다실에서 주인이 할 일을 손님이 했으나 실례로 받아들이지 않고, 오히려 마음이 통하고 있음을 확인하는 결과가 되었다.

하지만 이 광경을 지켜본 난보 소케이가 쓰다 소규에 대하여 비판하는 글을 첨가했다는 점이 흥미롭다. 좁은 다실에서 여는 와비 다도 다회를 고집했던 센 리큐와는 달리, 쓰다 소규는 넓은 다실을 추구하고 제자들에게 다도를 일관되게 전수하지 못했다고 지적한 것이다.

향목 란자타이

6. 스미요시야 소무의 다회

스미요시야의 주인인 야마오카 소무山岡宗無는 고풍古風을 띤 본격적인 다인이었다. 예를 들면, '이 농차기에는 이 다완과 이 물 단지'라는 식으로, 평소부터 깊이 음미하여 다도구의 모든 쓰임새를 정해두었다. 그래서 다도에 미숙한 사람들에게는 볼거리도 없고 재미도 없는 것으로 여겨졌다. 그날 그 밤의 절기에 따라서, 깊이 생각해서 취향을 드러내었다. 오직 밤에 여는 다회만을 좋아해서 나이가 들어갈수록 숙달되어가고 있었기 때문에 야회에 대하여 특별한 조예가 있었다. 또한 선종禪宗에 대해서도 깊은 뜻을 두고 있었으며, 그의 다회에는 흥미로운 일이 자주 일어났다. 사람에 따라서는 야마오카 소무의 차에는 여유가 없다고 했으나, 센 리큐는 매우 높이 평가했다. 센 리큐가 말하기를, "자기의 취향을 너무 내세우는 듯한 인상을 주기는 한다. 그러나 너무 이것저것을 내세워서 번잡하다는 인상을 주는 다회보다는 야마오카 소무의 다회가 훨씬 훌륭하다"라고 하면서 누구보다도 높이 칭찬했다.

해설

이 글은 다인 야마오카 소무에 대한 평판기評判記라 할 수 있다. 야마오카 소무는 사카이의 주조업을 경영하며 다인을 배출하기로도 유명한 집안인 스미요시야 출신의 다인이었다. 센 리큐와 난보 소케이는 번잡스럽지 않고 소박한 야마오카 소무의 차풍을 높이 평가했다.

7. 인시·오시·유시의 불의 상태

센 리큐는 이론에 밝고, 실기에 숙달되어 있었고, 선禪의 깨달음을 얻은 다인이었다. 그래서 사계절 각 절기마다 어떤 시절에도, 낮에 여는 다회 혹은 밤에 여는 다회 등 어떤 취향으로든 자유자재로 다회를 진행할 수 있었다. 그는 다도의 근본을 밝히고 그 세세한 점까지 잘 알고 있었으며, 오직 차의 정도正道를 세상에 널리 가르칠 것을 근본으로 하는 삶을 목표로 했다. 자신이 잘못을 범하면 숨기려 하지 않았고, 그 잘못을 남들에게도 이야기해서 그런 잘못을 범하지 않도록 했다. 자신보다 뛰어난 사람이 있으면 초심자가 고안해낸 것이라 해도 칭찬을 아끼지 않았으며, 자타自他의 구별 없이 다도에만 오로지 정성을 기울였다. 그래서 센 리큐와 어울리게 되었던 사람들은 누구나 할 것 없이 센 리큐와 친교를 맺었다.

〈**기입**記入〉

일반적으로 새벽녘의 불의 상태를 '인寅의 화상火相'이라 한다. 즉, 그 불을 아침 다회 때까지 쓰게 된다. 우선 인시寅時인 오전 4시에 지난밤부터 고인 로의 재를 퍼내고 청소하며, 솥의 물을 정화수로 갈아 붓고, 숯을 넣고 솥을 건다. 대개 여기다가 숯을 더 넣으면, 아침 다회의 손님이 다실에 찾아올 무렵에 불기가 적당히 약해진다. 밤에 찾아오는 손님의 경우에는 그 시간에 맞추어야 한다.

어떤 사람이 센 리큐로부터 새벽 다회에 초대를 받았으나, 먼 곳에서 살고 있었기에 지각하여 날이 다 밝은 뒤에야 이곳에 도착했다. 그

때 나는 부엌에서 센 리큐를 지켜보았다. 센 리큐는 인시에 넣었던 숯불 위에 숯을 조금씩 더 넣으면서 손님이 도착하기를 기다렸다. 그래서 숯이 솥 밑바닥에 닿게 되었는데, 손님이 도착한 뒤에 가볍게 재를 펴내고 고르게 한 뒤에 새로 숯을 넣었다. 이는 좀처럼 쉽게 이해되지 않았다. '아하, 그렇구나'라고 스스로 납득한 뒤가 아니라면 인시의 불의 상태를 잘 맞추기란 어렵다고 생각했다.

오시午時인 정오의 불 상태란 낮에 여는 다회의 불 상태를 말한다. 아침 다회부터 불을 피워놓은 로에 오시가 되면 숯을 더 넣는다. 이 불은 손님이 도착할 무렵이 되면 적당히 약해진다.

유시酉時인 오후 6시에 불기를 조절하며 로를 청소한 다음에 유시의 후반인 7시 반경에 찻자리를 시작하는 것은 항상 하던 바와 다름이 없다. 로를 청소하기 전부터 다실에 들어와서 찬찬히 이야기를 나누면서 이런 과정을 구경하겠다고 하는 손님들도 있다. 특별히 다실의 주인이 달인인 경우에는 반드시 이런 손님이 있는 법이다. 새벽 다회도 이와 같이 한다.

새벽 다회건 저녁 다회건 간에 모인 자리에 흥이 없어서는 지루해지는 법이니까, 향로 등을 내어서 향을 즐김은 너무나도 당연한 일이다. 다다미 4장 반의 다실에서는 단자쿠, 벼루 등을 준비하여 손님에 따라서 시가詩歌 등을 즐길 수 있도록 한다. 주인으로서는 불의 상태에 따라서 다회를 빠르게 진행한다든지 느리게 진행한다든지 조절함에 신경을 써야 한다.

인시·오시·유시 등 세 차례의 불 상태가 각각 달라야 하며, 다회에서 가장 중요한 것이기 때문에 이 세 차례의 불 상태를 삼탄三炭이라고 한다. 또한 이상의 세 차례의 다회에서 로지에 물을 뿌리는 일도 매우 중요한 비사이다. 따라서 각각 짝을 이루고 있는 이 일들을 가리켜서 '삼탄삼로三炭三露'라고 한다. 이에 대해서 쇼레이 화상은 '삼담三淡'이라고 할 수도 있다고 했다. 즉, 교제를 담담하게 하기, 차를 담담하게 하기, 물을 담담하게 하기와 통한다는 것이다. 로露라는 글자도 마음의 로, 우로雨露의 로露, 로지露地의 로露 등의 의미에 근거를 둔다고 하면서 재미있어했다.

해설

이 글은 전반의 센 리큐에 대한 평가와 후반의 기입으로 구성되어 있다. 센 리큐를 칭찬하는 말 가운데 특히 주목되는 것은 '교만하지 않았다'는 점이다. 후반의 기입에서는 '각서'에서 다룬 바 있는 삼탄삼로에 관해 설명했다. 삼탄이란 인시·오시·유시의 로의 불 상태를 말한다. 각 다회에 손님이 찾아올 무렵에는 적당히 약한 불이 되도록 해야 하므로 불의 상태에 매우 신경을 써야 한다는 것이다. 한창 뜨거울 때의 불보다는 한 고비를 지나서 약간 약해진 불로 찻물을 끓이는 것이 좋다고 했다. 삼로는 다실에 손님이 오시기 전에 로지에 물을 뿌리는 일, 중간 휴식 시간 직전에 물을 뿌리는 일, 손님들이 돌아가기 직전에 물을 뿌리는 일을 말한다.

말미에서는 삼탄을 일본어로는 발음이 똑같은 산탄, 즉 삼담三淡으로 바꾸어 말하면서 언어유희言語遊戲를 즐기고 있다.

8. 작은 다실에서는 손님이 다섯 명을 넘지 않도록 한다

작은 다실에서 여는 다회에서는 손님이 다섯 명 이상이 되지 않아야 한다. 대개 두세 명이 적당하다. 손님이 로지에 들어왔다가 다실에 들어오고, 다도구를 감상하는 등의 시간에 잘 맞추어서 불을 조절하지 않으면 적절한 때를 놓쳐서 실수하기 쉽다. 두세 명까지는 대개 시간을 잘 맞출 수 있다. 그럴 경우에도 손님과 주인이 미숙하면 시간을 앞당기거나 시간을 끌거나 하는 방법을 모르기 때문에 불의 상태나 물 끓는 상태를 잘 맞추지 못하게 된다.

게다가 손님이 다섯 명 정도나 되면, 손님을 맞아들이고 인사하는 데 시간을 빼앗겨서 적절한 불을 놓쳐버리고 만다. 손님이 많을 때에는 손님 맞아들이기나 인사를 서둘러서 마칠 수 있도록 신경을 써야 한다. 간단한 일 같지만, 주인과 손님의 미숙함이나 숙달됨 등에 따라서 그 차이가 나타나게 된다. 어지간히 연습하지 않으면 안 되는 일이라고 한다.

해설

로의 숯불을 조절하고 시간에 맞추어 물 끓이는 일의 중요성을 말했다. 숙달된 주인은 다섯 명까지는 어떻게든 대접해낼 수 있지만, 그 이상은 무리라는 것이다. 다다미 2장 되는 좁은 다실에 여섯 명이나 그 이상이 들어가서 다회를 진행할 수는 없다. 다다미 3장이나 4장 혹은 4장 반 다실에는 다섯 명 이상이 들어갔다는 사례가 있긴 하지만, 센 리큐는 다섯 명으로 제한을 두었다.

9. 찻솔과 차건은 다완의 크기에 어울리는 크기로 한다

이 미즈우미水海[247]라는 다완에는 보통 차건보다 큰 차건이 쓰인다. 찻솔도 보통 찻솔보다 1.5센티미터 정도 길게 해서 썼다. 센 리큐가 소장하고 있던 다완 가운데도 비장의 명물 다완에는 차건이나 찻솔을 알맞은 크기로 특별히 만들어서 썼다. 교겐바카마狂言袴라는 다완에 쓰는 찻솔의 털은 보통 찻솔과 같은 크기였으나, 자루를 1.2센티미터 정도 더 길게 만들어서 썼다. 이것을 '자루가 긴 찻솔'이라고 한다. 몸통이 길게 생긴 쓰쓰筒다완에는 자루가 긴 찻솔을, 전의 둘레가 넓고 높이가 낮아서 접시에 가까운 모양인 히라平다완 가운데 좀 큰 것에는 긴 찻솔을 쓴다.

찻솔과 차건

247 모모야마시대의 다인 세타가몬瀨田掃部이 애용하던 큼직한 고려다완인데 센 리큐가 이 이름을 명명했다. 미즈우미는 한자 '湖'로 쓰기도 하는데, 시가현에 위치한 비와호琵琶湖를 가리키는 말이다.

해설

이 글에서는 다완의 크기나 모양에 따라서 그와 어울리는 찻솔과 차건을 써야 한다고 했다. 각 다도구와 잘 어울릴 수 있는 크기를 구체적으로 명시하고 있는 점이 주목된다. 예를 들어, 다른 다완보다 높이가 높은 교겐바카마다완을 쓸 때는 찻솔 자루의 길이를 1.2 혹은 1.5센티미터 더 크게 만들어야 다완의 높이와 조화를 이루며 다도구를 다루기에도 편하다는 것이다. 여기서 1.2 혹은 1.5센티미터를 크게 하라는 말은 이미 다도구의 기준이 되는 크기가 정해져 있었음을 증명해준다.

10. 찻숟가락은 다완의 크기에 맞추어서 만든다

세타勢多의 찻숟가락茶杓[248]의 길이는 다다미 열네 날 반[249] 정도가 된다. 다인 세타가몬은 이 찻숟가락을 모델로 하여 찻숟가락을 만들었기 때문에 세타가몬이 만든 찻숟가락은 큼직한 것이 많다. 대체로 센 리큐가 만든 찻숟가락은 농차기나 다완의 크기와 어울리게 만들었다. 이것이 이치에 맞는 일이다.

사람들이 센 리큐에게 찻숟가락을 만들어달라고 부탁할 때, '어떠어떠한 농차기에 쓸 것입니다'라고 말하면 기꺼이 응낙하고 부탁받은 대로 만들었다. 그러나 막연하게 그저 찻숟가락 하나를 만들어달라고 하는 사람에게는 '기껏 만들어주어야 향로의 부젓가락으로나 쓰겠지'라고 해서 만들어주지 않았다. 굳이 부탁하면 마지못해 만들어주기는 했지만, 정성을 담아서 만들지 않았던 탓인지 걸작, 즉 좋은 찻숟가락은 만들어지지 않았다.

248 미즈우미라는 이름의 큼직한 명물 고려다완에 어울리도록 센 리큐가 만든 찻숟가락이다.

249 날이란 날줄, 즉 돗자리나 다다미를 짤 때 세로로 놓인 실이나 올을 말한다. 다다미 날의 수효는 길이의 단위, 즉 곡척으로도 이용된다. 여기서 열네 날 반이라면 약 27센티미터가 된다.

해설

이 글에서는 찻숟가락의 크기를 규정하고 있다. 말차를 뜨는 데 쓰는 찻숟가락은 상아象牙나 칠목기漆木器 혹은 나무로도 만들었지만 대개는 대나무를 깎아서 만들었다. 다케노 조오나 센 리큐는 대나무를 손수 깎아서 찻숟가락을 만들어 썼다. 소재나 만든 모양에 따라서 진眞·행行·초草의 세 등급을 두고 찻자리를 구분해서 쓴다.

센 리큐는 남들의 부탁을 받고 찻숟가락을 만들기도 했다. 그러나 부탁하는 사람이 진정으로 애용하기 위해서 찻숟가락을 만들어달라고 하는 경우가 아니라면 역시 정성을 들여서 만들지 않았다. 즉, 진심으로 다도를 즐길 사람이 아니라면 진심 어린 다도구가 어울리지 않는다고 센 리큐는 생각했다. 확실한 용도와 목적을 가지고 다도구를 주문하는 것이 옳다는 말이다.

11. 설은은 로지에 설치하는 변소

설은雪隱은 선원의 청규나 백장 화상의 청규에 상세하게 기록되어 있다. 대체로 초암의 걸상 등은 와비 분위기를 자아내기 위하여 오래된 나무 기둥이나 시든 대나무 등을 사용한다. 그러나 설은은 와비를 중요시하는 다도에서도 청결한 새것으로 지어야 한다. 선원에서 변소 청소를 담당하는 이를 정두淨頭라 하는데, 역대의 도인이나 화상도 담당했던 일이다. 선원에서 수행의 결과는 어디까지나 마음가짐에 따라 달라진다는 뜻이다. 따라서 다회에 초대받은 손님이 설은을 들여다볼 때는 선을 수행하는 마음가짐으로 보아야 한다. 와비 다도를 하는 주인도 설은에는 각별히 신경을 써서 준비하기 때문에 손님들도 깨끗이 손질해 둔 설은에서 주인의 정성을 읽어낼 수 있어야 한다.

이런 일도 있었다. 자객이 설은에 숨어 있다가 목숨을 빼앗았다는 이야기는 중국에도 일본에도 여러 가지가 전해지고 있다.

다회에 모인 손님 가운데 맨 끝자리에 앉는 손님, 즉 말객末客 가운데 의사나 은사隱士가 있는 경우에는 특히 조심하여 정객正客보다 먼저 설은을 살펴보아야 한다. 주인도 손님을 맞이하기에 앞서 반드시 설은의 문을 열어서 내부를 확인해야 한다.

하리야 소슌의 집에 도다 민부, 구마가이 한지熊谷半次[250], 나라야 산조奈良屋三助 등 세 명이 초대받았던 때의 일이다.

250 구마가이 한지(?~1600)는 오다 노부나가와 도요토미 히데요시를 섬기던 장수로, 다도를 좋아하는 다이묘大名였다.

이전부터 도다 민부에게 원한을 품고 있던 도요시마 다이신豊島大進이라는 사무라이가 있었다. 그날 다회가 열린다는 소식을 들은 그는 로지의 설은에 몰래 숨어들었다. 야회였기 때문에 손님들은 저녁 5시경에 로지에 들어왔다. 주인도 손님을 맞이할 때 설은을 들여다보기는 했지만, 나무가 자라 가려져서 어두웠기 때문에 제대로 보지 못했던 것이다. 다회의 초좌가 시작된 뒤에 숨어들었을지도 모른다. 손님들이 다실에 들어올 때는 특이한 점이 없었다고 했다.

중간 휴식 때에 나라야 산조가 조심해서 보니, 덩치가 큰 사내가 설은 벽에 몸을 딱 붙이고 서 있었다. 산조는 건장하고 침착한 남자였는데, 아무 일도 없는 것처럼 설은의 문고리를 걸어 잠그고 모른 척했다. 민부와 한지 두 사람이 후좌에 들어간 뒤에 산조는 혼자 남아서 문고리를 열고 "넌 웬 놈이냐? 왜 여기 숨어 있느냐? 그대로 돌아가겠다면 목숨은 살려주겠다. 그렇지 않으면 나와서 내 칼을 받아라"라고 하자, 다이신은 성을 내면서 "너 따위 샌님을 상대할 내가 아니다. 민부에게 원한을 품은 놈이 왔다고 전하라" 하며 큰소리를 질렀다.

이 소리가 다실 안에서도 들렸기에 두 사람이 나오려 할 때, 산조가 설은 문을 활짝 열어젖히자 다이신은 박차고 나오며 칼을 빼어 산조를 내리치려 했다. 산조는 피하면서 차고 있던 단검으로 다이신의 가슴을 찌르며 눈 깜짝할 사이에 쓰러뜨렸다. 두 사람이 다가와 촛불을 비추어 침입자의 얼굴을 보니 민부가 이전부터 아는 사내였다. 산조의 민첩한 동작을 보고 감동한 민부는 바로 산조를 불러 그 자리에서 칼을 선물하고 '도다 산조'라는 이름을 지어주었다. 그는 지금은 승려가 되어 '산뉴

三入'라 불리고 있다.

이 같은 일도 일어나기 때문에 함께 다회에 참석하는 사람들은 이런 마음가짐을 지녀야 한다. 저녁이나 밤에 열리는 다회에서는 특히 주의해야 한다. 이 이야기는 센 리큐로부터 들었기 때문에 길지만 기록해둔다.

예부터 설은은 입구의 높이가 약 160센티미터이고, 높이 120센티미터짜리 문을 단다. 문의 윗부분의 가로로 댄 나무에 문고리를 달았던 것을 쓰다 소규는 문의 윗부분과 아랫부분을 늘려서 약 140센티미터 문으로 개량하여 뚫린 부분을 좁혔다. 문 위로 손을 넣어 안쪽의 문고리를 열지 못하도록 문 가운데 가로지른 나무에 문고리를 걸도록 고안했다. 아주 좋은 방법이라고 센 리큐도 동의했다.

해설

다실 정원에 설치하는 변소인 설은을 청결하게 해야 한다는 점과, 주의를 게을리하지 말아야 한다는 점을 전국시대를 배경으로 설명한 일화이다.

다실은 성역이라는 생각이 보편화되기 이전에 설은은 로지에 설치한 실용적인 변소일 뿐이었다. 다도의 정신세계와 격식이 갖추어짐에 따라 속세계와 성역을 구분하는 의식이 자리 잡게 되었고, 부정不淨을 정화시킴으로써 로지와 다실을 청정함을 상징하는 공간으로 인식하게 되었다. 이와 같은 성역에 자객이 잠입하여 사람을 죽이려 한다는 것은 부정의 극치이지만, 이를 대범하고도 깔끔하게 처리하여 정화된 공간을 유지했다는 극적인 일화는 『남방록』 전체의 흐름에 전혀 색다른 테마가 되어 매우 흥미롭다.

주종관계 혹은 상하관계가 엄격한 사무라이들이 좁은 다실에 모여 차를 마시는 다회에서는 감정을 다스려야 한다고 하지만 때로는 매우 긴장된 자리, 때로는 격한 감정을 억제해야 하는 자리였으리라 생각된다. 실제로 다실에 자객이 침입하여 병풍 뒤에 숨어 있다가 참석한 손님을 살해한 사건이 있었다.[251]

오늘날 다실은 종교적인 성역처럼 인식되며, 다회에 참석한 사람들은 다실을 청정한 공간으로 여기고 삼가 절제하는 마음으로 다회에 임하지만, 이런 인식은 처음부터 있었던 것이 아니라 다도의 역사와 함께 형성되어온 것임을 이 일화를 통해 잘 알 수 있다.

251 熊倉功夫『現代語譯南方錄』p.705 中央公論新社 2005

35 | 설은

인간의 자연스러운 생리 현상인 용변은 성스럽고 깨끗한 분위기를 추구하는 다도에서도 피해 갈 수 없는 중요한 과제이다. 여기서는 이에 대한 해답으로 변소의 관리 문제를 정면에서 다루고 있다는 점이 주목된다.

변소를 설은雪隱이라고 하는 이유에는 정설이 없다. 중국 어느 선원에 설은이라는 스님이 변소를 항상 깨끗이 정리하는 일을 도맡았기 때문이라고도 하고, 겨울에 선원에서 용변을 눈으로 둘둘 말아 내다버렸다는 데서 온 말이라고도 한다.

다회를 정식으로 진행하면 약 네 시간이 걸리기 때문에 미리 용변을 처리하고 왔다고 해도 중간에 한 번쯤 변소에 다녀오지 않을 수 없는 것이 생리이다. 그렇기 때문에 손님들이 용변을 처리할 수 있도록 다실 앞의 로지의 한쪽에 반드시 설은을 설치한다.

설은에서 변을 모아두는 통은 묻지 않고 바닥은 지면과 같은 높이로 하며, 발을 디딜 넓적한 돌 두 개를 좌우 평행으로 깔고, 그 앞뒤에 이보다 작은 돌을 세워서 앉을 자리로 삼는다. 그 돌 사이에 모래를 깔아두고 용변을 보게 하며, 모래 위에 떨어진 용변은 모래로 둘둘 싸서 퍼다 버리는 형식이다. 따라서 손님이 설은에 들어갔을 때는 이미 앞사람의 용변을 잘 치운 상태에서 깨끗한 모래가 준비되어 있어야 한다. 물론 다인이라면 손님을 맞이할 때는 용변 처리까지 할 준비가 되어 있어야 한다는 대전제가 선행된다.

그러나 실제로 설은에서 용변을 보는 사람은 없다. 손님을 위하여 설은을 설치하고 모래를 준비해두기는 하지만, 여기서 용변을 처리하지 않고 안채나 바깥채에 있는 변소를 이용하는 것이 일반적이다. 손님이 차를 대접해주는 주인에게 용변까지 처리해달라는 것은 크게 실례되는 일일 뿐 아니라, 다른 화장실을 이용하여 미리 처리할 수 있기 때문에, 실제로 설은을 사용하는 사람은 없다.

다회에 참석하는 사람, 다도를 아는 사람이라면 감히 '아, 여기 변소가 있구나.

설은

모래를 깔고 디딤돌을 놓은 설은의 내부

마침 잘되었다. 여기서 용변을 볼까' 하는 생각을 하지 않는다. 이처럼 주인이 준비해주긴 하지만 손님은 주인을 번거롭게 하지 않기 위해 사용하지 않는다는 배려의 정신이 설은에 극명하게 드러난다.

12. 설은에는 항상 깨끗한 모래를 준비해둔다

센 리큐가 저택의 로지에 설치한 설은의 바닥에는 모래를 수북하게 쌓아두었는데, 이 점은 다른 다인의 설은과 다른 점이다. 다회가 끝나 손님들이 돌아간 뒤에는 모래를 떠내버리고 청소를 했다. 손님이 오기 전에는 모래에 물을 흠뻑 뿌려 깨끗이 청소한 뒤에, 동이에 담아온 마른 모래를 수북하게 붓고 그 위에 막대기를 꽂아두었다. 따라서 보통 때 갑자기 설은을 들여다보면 모래가 없었다. 불시에 열리는 다회에서 손님이 갑자기 로지에 들어왔을 경우, 초좌 전에는 설은에 모래를 넣어 두지 못했더라도 중간 휴식 전에 모래를 넣어두었다.

센 리큐는 "로지와 들어오는 길을 청결하게 하기 위해서 마른 모래를 깔아두는 것입니다. 특히 천황이나 윗사람이 행차하실 때, 지나가실 길에 모래를 깔아두는 것은 너무나 당연한 일이고 예부터 해오던 풍습입니다. 갑자기 찾아오시는 손님이 지나가실 길을 어떻게 해야 편하게 할 수 있을까요? 이럴 때 길을 청결하게 해주는 것이 바로 모래입니다. 저녁에 내린 소나기 때문에 길에 빗물이 고이면 모래를 깔아두기도 합니다. 원래 마른 모래를 깔아두는 풍습은 소금물을 뿌리며 깨끗하게 하던 풍습에서 유래되었습니다. 설은의 모래도 부정한 것을 덮어버리고 깨끗하게 하는 기능이 기본입니다. 언제부터인지 항상 모래를 넣어두고 물을 뿌려서 축축하게 해두는 사람이 있습니다. 그것은 크게 잘못된 일입니다"라고 했다.

해설

일본에는 축제 때 신이 행차하실 길을 정화한다는 의미로 깨끗한 모래를 깔아두는 풍습이 있다. 한국에서도 신이 오신다는 길에 깨끗한 황토를 뿌려두는 풍습이 전해지고 있다. 깨끗한 모래나 흙은 부정을 정화시키는 힘을 지닌다는 신앙에 기반을 둔 풍습이다.

센 리큐는 설은을 깨끗하게 관리하는 방법으로 마른 모래를 중요시했다. 손님이 오시기 전에 바닥까지 깨끗이 청소한 뒤에 마른 모래를 수북하게 쌓아두고 막대기를 꽂아두었다. 손님이 막대기를 헤쳐서 자리를 내고 그곳에 용변을 본 후에 다시금 막대기를 써서 모래로 덮을 수 있도록 준비해둔 것이다. 도회지 한가운데서 마른 모래를 확보해두기란 쉽지 않은 일이지만, 통을 묻어두고 용변을 저장하는 방식을 쓴다면 다실까지 그 냄새가 풍겨올 것이 틀림없다. 수세식 변소는 아직 생기기 전이었기 때문에 그때그때 모래로 싸서 내다버리는 방식이 가장 깔끔하다고 생각했던 것이다.

특히 설은에는 손님을 맞이할 때에 맞추어 마른 모래를 넣어야지, 오래전부터 넣어두거나 물을 뿌려서 눅눅하게 하면 산뜻한 느낌이 없어져서 좋지 못하다는 점을 지적했다. 이는 실제 상황에서 일어날 부정적인 면을 사전에 자각하고 대응해야 하는 다인의 자세를 각인시켜주는 대목이다.

13. 센 리큐가 꽃병의 귀를 떼어내고 썼다

다케노 조오와 센 리큐, 이 사제지간에는 마음이 통하는 바가 있었다. 센 리큐에 관해서 이런 이야기가 있다. 다케노 조오, 센 리큐, 사쿠마 후칸사이佐久間不干齋252, 소야宗也 등은 소노의 집에서 열리는 다회에 함께 가는 길이었는데, 다케노 조오가 길가에 있던 꽃병을 발견했다. 그러나 다른 사람들과 함께 가는 중이었기 때문에 아무 내색도 하지 않고 지나갔다. 그는 내일 저 꽃병을 사 가지고 그것으로 지금까지와는 다른 다회를 열어보아야겠다고 생각했다.

다음 날 아침, 그 꽃병을 사려고 가보았으나 이미 꽃병은 팔리고 없었다. 아쉽게 생각하고 있던 중, 그날 센 리큐로부터 다회에 오라는 안내가 있었다. 어제 소노의 집에서 열렸던 다회와 똑같은 손님들을 모시고 차를 대접하고 싶다는 것이었다. 게다가 어제 길가에서 꽃병이 눈에 띄어 사 가지고 왔기에 보여드리고 싶어서 초대한다고 했다. 다케노 조오도 어제 보았던 그 꽃병이리라고 생각하며, '내가 한발 늦어 꽃병을 그만 놓쳐버렸군. 결국 센 리큐의 손에 들어갔구나' 하고 혼자 웃으면서 센 리큐의 다실로 갔다.

다실의 작은 문을 열고 안을 들여다보던 다케노 조오는 자기도 모르게 손뼉을 치고 한동안 그대로 서 있다가 정신을 가다듬고 다실로 들어갔다. 같이 왔던 사람들이 다소 의아해했다. 바로 그 꽃병에는 백동백

252 사쿠마 후칸사이(1556~1631)는 오다 노부나가의 부장部將인 사쿠마 노부노리佐久間信盛의 아들이며, 센 리큐의 제자였다. 다도에 너무 열중했기 때문에 부친과 함께 오다 노부나가의 휘하에서 쫓겨났다. 그 후에 용서를 받고 도요토미 히데요시를 섬기게 되었다.

두 송이가 꽂혀 있었다. 이 꽃병에는 족자리[253]가 달려 있었다.

다회가 시작되고 센 리큐가 나와서 인사를 했을 때, 다케노 조오가 말했다. "내가 보아두었던 바로 그 꽃병을 사들인 것은 센 리큐라면 할 수 있는 일이라고 생각한다. 그러나 꽃병의 두 족자리 가운데 하나를 쳐서 떼어내고, 한쪽만 남겨서 씀은 정말로 신묘하고 불가사의하다. 실은 나도 어제 그 꽃병을 처음 보았을 때, 매우 마음에 드는 꽃병이기는 하지만 그대로 쓰기보다는 한쪽 족자리를 떼어내어 그 모양을 초의 상태로 하여 스키야數寄屋[254], 즉 다실에서 쓰려고 했다. 그래서 오늘 아침 다회에서 센 리큐가 꽃병을 사온 그대로 쓰고 있으면 한쪽 족자리를 떼어내려고 했다. 센 리큐와 이야기한 뒤에 떼어내면 싱거워질 테니까, 중간 휴식 때 내 마음대로 한쪽 족자리를 떼어낸 뒤에 꽃을 다시 꽂으라고 부탁하려고 했다. 그래서 이렇게 준비를 해 가지고 왔다"라고 하면서 다케노 조오는 품에서 망치를 꺼내놓았다.

이런 생각을 하고 있었는데 망치를 써보지도 못한 채 센 리큐에게 그 기선機先을 빼앗겨버리고 말았다. 이와 같이 사제지간의 마음이 일치되는 다인들을 어디에서 또 찾아볼 수 있겠는가. 보통 사람으로서는 도저히 따라갈 수 없는 센 리큐라고 감탄하게 되었다. 사제가 이처럼 서로 마음이 통한다는 것은 누구나 부러워하는 일이었다.

한편 센 리큐가 사들였던 '스이모吹毛'라는 명물 대나무 꽃병의 고리環를 최근에 깨뜨렸다. 이것은 이 난보 소케이의 쓸데없는 장난기에서

253 용기의 배 부분에 달린 손잡이.

254 초가지붕에 흙벽으로 와비의 느낌을 주도록 지은 작은 다실. 도코노마, 니지리구치, 부엌 등을 갖춘다.

나온 일이다. 대나무 꽃병의 정면은 센 리큐가 정면으로 삼은 곳 이외에는 적당한 곳이 없을 것이다. 내가 소장하고 있는 센 리큐 자필自筆의 '吹毛'라는 두 글자와 센 리큐의 수결手決은 그 어떤 큰스님의 필적보다도 감사히 여기고 있다.

그러나 모처럼의 그 글씨와 수결이 꽃병의 뒤쪽에 있어서 꽃병을 벽에 걸면 벽에 가려서 보이지 않게 되어 아쉬웠다. 모처럼 대나무로 만든 꽃병에 흠집을 내는 것은 옳지 않다고 생각하면서도 큰마음을 먹고 칼끝을 대었다. 글자와 수결이 3분의 1 정도가 보이도록 꽃병의 고리를 하나 더 뚫었다. 센 리큐가 만든 고리는 물론 그대로 두었다.

때에 따라서는 원래의 고리로도 꽃병을 걸 수도 있게 했다. 슬픈 일

'스키야'라고도 하는 초암풍의 다실

이지만 이제 센 리큐는 이 세상 사람이 아니어서 이것을 보여드릴 수가 없다. "센 리큐가 보았으면 아마 동의했을 터인데"라고 혼자 중얼거려 보았다. 다케노 조오와 센 리큐의 마음이 서로 통했다는 이야기에 나의 이야기를 덧보태어 썼지만 스스로 멋쩍은 일이라는 생각이 든다.

해설

이 글은 두 부분으로 나눌 수 있다. 하나는 다케노 조오와 센 리큐의 미의식이 일치되었다는 이야기이며, 다른 하나는 난보 소케이가 센 리큐가 만든 꽃병보다는 센 리큐의 글씨를 더욱 소중하게 여겼다는 이야기이다.

다케노 조오와 센 리큐의 이야기는 완전한 미美보다는 와비의 미를 더욱 소중히 여긴다는 사제간의 공통된 미의식을 엮은 에피소드다. 기물의 일부분을 깨뜨리더라도 그렇게 할 때 와비의 미를 얻을 수 있다는 것이다. 완전한 상태에 있는 다도구를 진眞의 상태라고 한다면, 이에 손질을 가해서 다소 불완전하거나 균형이 깨어져 있는 상태가 초草의 상태, 즉 와비 다도에 어울리는 상태가 된다는 것이다. 더군다나 이런 미의식이 이심전심으로 통했던 사제간의 미의식은 남들을 크게 감탄시켰다.

난보 소케이가 쓰고 있던 대나무로 만든 꽃병은 스승인 센 리큐가 만들어준 벽걸이용이었다. 벽에 걸기 위해서 고리를 하나 달아놓았지만 이 고리를 걸어두면, 모처럼 센 리큐가 써준 자필이 가려졌다. 이를 아쉽게 여긴 난보 소케이는 걸어두었을 때도 글씨가 조금 보일 수 있도록 고리를 하나 더 뚫었다. 물론 이 고리를 뚫으면서 위의 고사故事를 의식한 것이 틀림없다. 뿐만 아니라 소중한 다도구일수록 불완전한 미를 지니게 된다는 와비 다도의 미의식이 깊이 작용하고 있었다.

14. 말차보다 전차를 좋아한 승려

고케이 소친은 특히 전차煎茶를 좋아했다. 센 리큐가 주코인聚光院255에 갔을 때의 일이다. 소친이 밤 다회를 마치고 난 뒤에 전차를 내어오도록 도쿠得라는 승려에게 부탁하기를 "내가 전차를 좋아한다는 것은 이미 알고 있는 대로입니다. 중국에서는 많은 사람들이 차를 끓여서 마시며 즐기는 일이 보통입니다. 그런데 일본에서는 말차抹茶만 쓰이고 있는 것 같습니다. 중국에서도 말차를 마시기는 하지만, 일본 정도는 아닙니다. 전차를 마시는 다회를 연다면 로지로 들어오는 과정부터 시작하는 정식 다회가 가능하지 않겠습니까. 나처럼 전차를 좋아하는 사람을 위하여 다회를 열 수 있는 방법을 만들어주시지 않겠습니까"라고 했다.

센 리큐도 "어떻게 하든지 가까운 시일 내에 고안해보도록 하지요"라고 대답했다. 그 후에 "어떻게 되었습니까"라고 물었지만, 결과를 듣지 못한 채 시간이 흘러버리고 말았다. 매우 아쉬운 일이다. 고케이 소친도 돌아오시지 못할 서방세계로 떠나버리셨기에 내 힘으로는 어쩔 수 없는 일이 되어버리고 말았다.

255 교토의 북부에 위치한 다이토쿠사 경내의 말사. 당대 무사들이 조상과 가족의 안녕을 빌기 위해 건립했으며, 센 리큐가 많이 희사喜捨했고 자신과 가족의 위패를 봉안하도록 했다.

해설

일본 다도라고 하면 대개 말차만 떠올리게 되지만, 센 리큐 당시에도 찻잎을 끓여 마시는 전차를 선호하는 인구가 상당히 존재했음을 설명해주는 귀중한 기록이다.

센 리큐의 각별한 친구이자 선승인 고케이 소친이 말차보다 전차를 좋아했다는 사실이 『남방록』 한가운데 당당히 기록되어 있다는 점이 흥미롭다. 당시에는 전차를 마시는 인구가 있기는 했지만, 체계를 갖춘 전차도煎茶道가 나타난 시기는 19세기 초반으로 센 리큐가 세상을 떠난 지 200년 이상 지난 때였다. 당시에 전차는 대개 주전자에 찻잎을 넣고 물을 부어 푹 끓여내어 마시는 방식이었고, 요즈음처럼 우려 마시는 방식은 후대에 나타났다.

전차

15. 등잔을 놓는 자리

4장 반 다실에는 작은 등잔이나 겐지源氏 등잔을 쓴다. 다케노 조오 이래 단경短檠을 쓰고 있다. 도코노마의 기둥에 못을 박고 등잔을 걸어도 좋다. 등불의 높이는 후쿠로다나 위에 도구를 얹어놓았을 때를 생각하여 정하면 된다. 폭이 1간인 도코노마의 경우 등잔의 불꽃이 잘 보이도록 놓기 시작한 사람은 쓰다 소규이고, 센 리큐도 그렇게 하는 것이 좋다고 했다고 하지만 자세히 알 수 없다.

해설

밤에 여는 다회 때는 다실에 반드시 등잔을 켜야 한다. 등잔은 다실을 밝히는 것이 첫째 목적이지만, 타오르는 불꽃에서 독특한 분위기를 내는 것도 매우 중요한 의미를 지닌다. 겐지 등잔이란 불빛이 한쪽으로 집중되도록 반사판을 붙인 등잔으로, 조명 효과가 높다. 단경이란 등잔걸이의 높이가 낮은 등잔을 말하며, 이는 한국의 민간에서도 널리 쓰이던 양식이다.

여기서는 등잔을 벽에 걸 때 어느 정도의 위치가 적절한지에 대한 답안을 제시하고 있다. 찻장 위에 얹어둔 다도구를 비출 정도가 되려면 약 12센티미터 정도 높은 위치에 걸어두어야 한다는 것이다.

도코노마 앞의 다다미 위에 등잔을 놓을 경우에는 도코노마의 폭이 어느 정도인가에 따라서 그 위치가 달라진다. 도코노마의 폭이 다다미 1장의 길이, 즉 180센티미터일 경우와 이것의 4분의 3 크기일 경우에는 등잔의 위치와 향하는 방향이 달라야 좋다는 점을 구체적인 그림과 함께 제시했다.

16. 심삼첩 다실

심삼첩深三疊은 고풍스러운 방식이다. 그림에 나타난 바와 같이 심삼첩은 널판 위에 풍로를 놓고 점다한다. 이 널판 앞에 42센티미터짜리 로를 설치하고 차를 타게 된 것은 센 리큐가 다다미 2장 넓이의 다실을 창안한 뒤의 일이다.

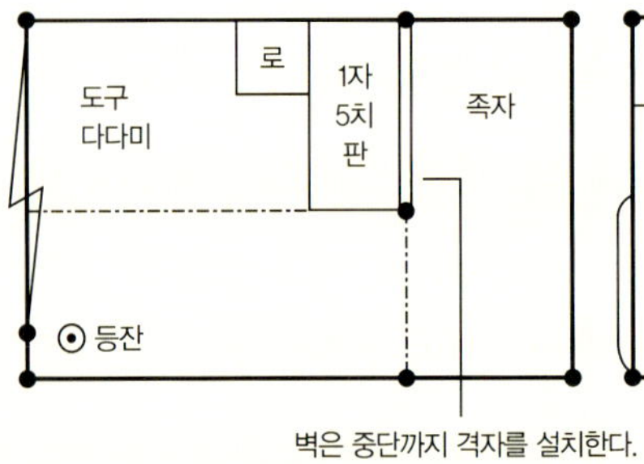

‖ 심삼첩의 옛날 방식 ‖

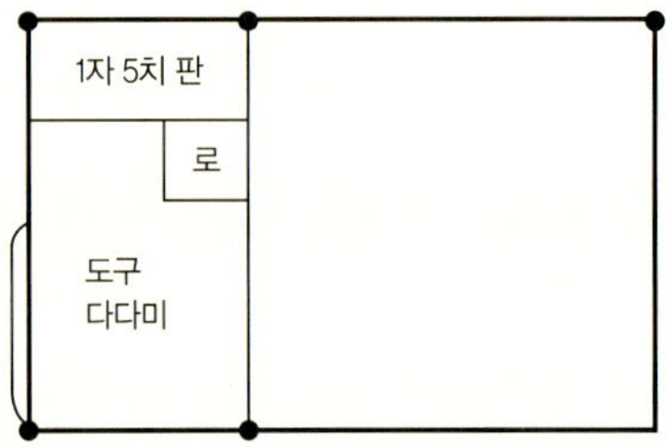

‖ 심삼첩의 요즈음 방식 ‖

해설

심삼첩이란 다다미 3장을 길쭉하게 배치하는 방식이다. 다다미는 규격이 정해져 있기 때문에 까는 방식에 제한을 받을 수밖에 없는데, 3장이라면 4.86제곱미터, 즉 1.5평 넓이의 좁은 방이다. 이렇게 좁은 다실에 찻장을 들여놓으면 움직일 공간이 너무 좁아지기 때문에 풍로를 쓰는 계절에는 바닥에 널판을 깔고 그 위에 풍로를 비롯한 다도구를 배치한다. 물론 로를 쓰는 계절에는 로를 쓸 수 있도록 설치해둔다.

센 리큐는 와비의 극한 경지를 추구하기 위하여 다다미 2장짜리 다실을 만들었는데, 다다미 1장을 더 깔아서 다소 넓어진 다실이 심삼첩이라는 방식이다.

17. 장사첩 다실

장사첩長四疊은 심삼첩 이후에 나온 방식이다. 그림에 나타난 바와 같이 가코이囲い, 즉 좁은 다실의 한 가지로, 여러모로 불편한 면이 있다. 그래서 근래에는 많이 사라져버리고 말았다. 아사노 나가마사가 센 리큐에게 의뢰하여 이전부터 살고 있던 집을 고쳐 지었다. 다이묘가 아니었다면 힘든 일이다. 좋은 모범이 되었기에 부탁하는 편지를 보냈더니, 뜻이 통하는 다인이라고 생각했는지 불러서 집을 보여주셨다.

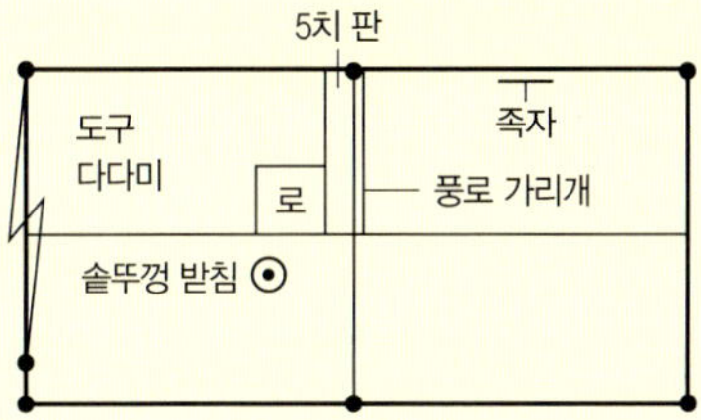

‖ 장사첩의 옛날 방식 ‖

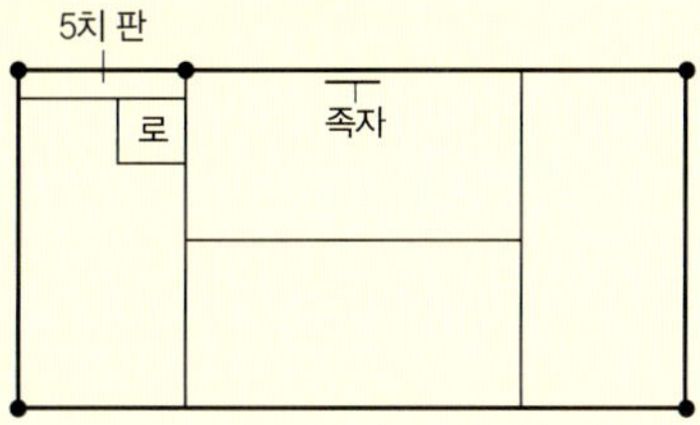

‖ 장사첩의 요즈음 방식 ‖

해설

다실의 넓이는 다다미의 장수로 따지는데, 2장짜리 좁은 방에서부터 10장이 넘는 넓은 방에 이르기까지 매우 다양하다. 센 리큐는 2장짜리 다실을 만들어 와비 정신의 극한 경지를 추구했지만, 일반화되기에는 큰 한계가 있었다. 따라서 3장짜리, 4장짜리, 4장 반짜리로 확장되었는데, 4장 반 이상의 넓이가 되면 좁은 다실의 범위에서 벗어나게 되었다.

가코이란 원래 '주위를 둘러싸다' 혹은 '둘러싸는 칸막이'라는 뜻으로, 좁은 다실을 지칭하는 용어다. 넓은 방에서 다회가 열릴 때, 너무 넓어서 분위기가 산

만해지는 것을 막기 위해 주위를 병풍으로 두르고 아늑한 가운데서 다도에 집중할 수 있도록 하는 다회 방식의 한 가지이다. 그 후 좁은 다실을 별도로 짓게 되었지만 이전처럼 가코이라는 이름으로 부르다가 차츰 '고자시키小座敷' 혹은 '스키야數寄屋'라는 명칭으로 바꿔 부르기 시작했다.

다다미 4장을 깔아 길쭉해진 다실을 장사첩 다실이라고 한다. 『남방록』의 저자 난보 소케이는 당시의 유력 인사인 아사노 나가마사가 장사첩 다실을 만들었다는 소식을 듣고 견학하게 해달라는 편지를 보냈고, 수락을 받아 새로운 다실 방식인 장사첩을 보고 그림을 남겼던 것이다.

18. 센 리큐는 자를 가지고 다니면서 곡척을 음미했다

센 리큐는 오양육음五陽六陰의 열한 곡척짜리 자와 일곱 곡척짜리 자를 항상 지니고 다녔다. 언제나 다도구를 배치할 때는 다실에 있던 제자인 나도 부엌으로 내보낸 뒤에 센 리큐 혼자만 있는 다실에서 자를 꺼내어 다도구를 배치했다. 실로 우러러볼 만한 일이다. 다도를 조금도 소홀히 함이 없도록 하라는 가르침을 주셨다.

해설

이 글은 다인들이 다도구를 멋대로 배치하지 말아야 함을 말해주고 있다. 특히 센 리큐는 종이로 만든 자를 품에 지니고 다니면서 필요할 때마다 펼쳐서 길이를 정확하게 재어가며 다도구를 배치했다. 더구나 이런 중요한 작업은 제자들도 바깥으로 내보낸 뒤에 신중하게 했다. 열한 곡척과 일곱 곡척에 관한 사항은 앞의 '대자'권에서 다룬 바 있다. 다다미의 길이를 기준으로 하여 이를 열둘 혹은 일곱으로 구획했을 때, 그 구획된 길이가 단위, 즉 곡척이 된다.

19. 난보 소케이가 만든 다도 규약

난보 소케이의 암자인 슈운암의 쇼카당松下堂에 걸어둔 다도 규약을 적은 간판의 내력은 다음과 같다. 처음에 내가 초안草案을 만들어서 센 리큐에게 보여드렸더니 매우 기뻐하시면서 그 자리에서 간기刊記도 쓰고 수결手決도 해주셨다. 곧 널판에 새겨서 쇼카당에 걸어두었다. 나는 센 리큐에게도 똑같은 간판을 만들어드리겠다고 약속했다. 센 리큐는 간판을 만들어 다는 날에 다회를 열어주시겠다고 했다. 그 후 간판을 채 만들기 전인, 1591년 정월 18일 따님이 자살했다.[256] 그 슬픔에 빠져 있는 사이에 이번에는 센 리큐에 대한 여러 가지 소문이 일더니 그만 2월 28일에 난을 만나고 말았다. 그 결과 센 리큐의 다실에 걸기로 했던 간판은 아쉽게도 만들지도 못한 채 끝나버리고 말았다. 무어라 말할 수 없이 가슴 아픈 일이다.

해설

이 글은 난보 소케이의 다도관茶道觀을 잘 정리한 소위 '로지의 규약規約'에 관련된 이야기다. 난보 소케이는 이 규약을 완성하여 센 리큐에게 보여드리고 잘되

---

256 센 리큐의 딸이 자살한 데 대해서는 여러 가지 원인이 제시되어 있다. 예를 들어「호중로담」에 의하면, "센 리큐의 딸은 용모가 빼어났는데, 이를 안 도요토미 히데요시가 센 리큐에게 명을 내려 자신의 시중을 들라고 했다. 딸은 이미 약혼한 몸이었기에 센 리큐는 명을 따를 수 없음을 사죄했다. 그러나 도요토미 히데요시가 굳이 딸을 바치라고 하자 딸은 자살해버렸다. 도요토미 히데요시는 자기의 명을 어긴 것에 대해 매우 분개했는데, 그 후 오래지 않아 다른 잘못을 들어서 센 리큐에게 할복자살을 명했다"고 한다. 그러나 다른 사료에는 다르게 기록되어 있어서 확실한 사정을 알 수 없다.

목어

었다는 평가를 받았다. 뿐만 아니라 센 리큐는 규약을 목판에 새겨서 자신에게도 하나 보내달라는 부탁까지 했다. 그러나 목판이 완성되던 무렵 센 리큐는 도요토미 히데요시로부터 할복 자결을 명받았기 때문에 센 리큐의 다실에도 걸기로 했던 규약을 적은 목판을 끝내 만들지 못하고 말았다.

'로지의 규약'의 구체적인 내용은 『남방록』의 부록편이라고도 할 수 있는 「호중로담壺中爐談」에 다음과 같이 수록되어 있다.

1. 초대받은 손님은 로지에 들어와서 걸상에 앉아 기다린다. 올 손님들이 다 모이면 목어木魚257를 두드려 주인에게 안내를 부탁한다는 뜻을 알린다.

1. 손을 씻는 조즈바치의 물은 오로지 마음을 가다듬기 위한 것으로, 다도에서 매우 중요한 것이다.

1. 다실 주인이 나와서 안내하면 손님은 다실로 들어간다. 다실 주인이 가난하여 다도구나 회석 요리 도구가 시원치 않고 좋은 음식도 준비

257 선종에서 재당齋堂 앞에 걸어두고 치면서 여러 가지 일에 신호로 쓰던 기구. 나무로 만든 머리는 용 모양에 몸은 물고기 모양으로 만든다.

하지 못했으니, 그 대신 토지의 나무나 돌, 자연의 정취를 대접한다고 할 때, 그 마음을 이해하지 못한 사람이라면 곧 돌아가야 한다.

1. 중간 휴게 때 소나무 가지 사이로 바람 부는 소리 같은 찻물 끓는 소리가 나거든, 징을 쳐서 손님에게 알려야 한다. 그러면 손님은 다실로 들어간다. 들어가야 할 시간을 어겨서 물이 적당하고 불이 적당한 시기를 놓쳐서 주인이 점다하는 데 어려움을 겪게 한다면 그 죄는 퍽 무겁다.

1. 다실에서는 옛날부터 세속의 잡담을 금지한다.258

1. 손님도 주인도 꾸밈없이 있는 그대로의 이야기를 나누어야 한다. 말이나 얼굴을 거짓 꾸미려는 사람이 다실에 들어가서는 안 된다.

1. 다회는 네 시간을 넘겨서는 안 된다. 단, 불법佛法에 대한 이야기나 다도에 관한 이야기로 시간을 넘기는 일은 예외로 한다.

난보 소케이 서명署名

위의 일곱 조항은 다회의 큰 법도다. 차를 즐기려는 사람은 이 법도를 소홀히 하지 말아야 한다.

센 리큐 서명

이상은 초암 다실의 다회에서 지켜야 할 다도의 정신을 간결하게 밝히고 있다. 스승은 제자가 정한 법도를 인정하는 간기를 덧보태고 서명을 하여 그 중요함을 강조했다.

258 다실에서 해서는 안 될 이야기로는 세 가지가 있다. 곧, 정치에 관한 이야기, 금전에 관한 이야기, 남녀관계에 관한 이야기 등은 각자의 이해나 판단이 다르기 때문에 다회의 분위기를 망칠 수 있으니 피해야 한다는 가르침이 있다.

20. 하카타에 남은 센 리큐의 다도

하카타의 소데노미나토袖湊[259]는 예로부터 명소名所인데, 큰 부자들도 많고 다인, 가인歌人, 풍류삼매인風流三昧人 등이 많이 살고 있었다. 이 가운데는 센 리큐의 문하생이 된 사람들과 사카이를 방문하여 센 리큐를 만났던 사람들도 많았다. 난보 소케이를 알게 된 사람도 더러 있었다. 센 리큐는 다회 일기의 끄트머리에 각 지방의 다인들 이름을 지방별로 정리해두었다. 야마시로山城, 야마토大和, 오오미近江, 셋쓰攝津, 가와치河內, 이즈미和泉 등은 특별히 많지만, 그 밖에 지쿠젠筑前의 하카타만큼 많은 다인의 이름이 적혀 있는 곳은 없다. 모두가 센 리큐의 차풍을 잘 지키며, 다회를 진지하게 하고 있기 때문에, 오히려 수도인 교토의 차를 하카타과 비교할 때 부끄러운 느낌마저 준다. 실로 이상한 일이라고 센 리큐는 말했다.

해설

하카타, 즉 현재의 후쿠오카福岡는 센 리큐 당시에도 상당히 발달한 항구 상업도시였다. 부유층들 사이에는 다도가 널리 보급되어 있었으며, 그들은 사카이의 다인들과 교류하려는 열망을 가지고 있었다. 특히 『남방록』의 사본 집필자인 다치바나 지쓰잔이 하카타 출신이었다는 점은 하카타의 다도가 매우 융성했었음을 말해준다.

---

259 하카타 중앙에 자리 잡고 있는 항구의 이름. 조선과의 무역이 성행하던 당시에 무역선이 드나들던 경제의 중심지였다.

21. 명물 꽃병에는 꽃을 조금만 꽂도록 한다

명물名物 꽃병, 혹은 명물이라고는 할 수 없지만 감상할 가치가 있는 꽃병에는 꽃을 조금만 꽂는다. 다소 쓸쓸할 정도로 꽃을 꽂는 편이 좋다. 꽃병에 어울릴 꽃이 어떤 꽃인지를 잘 생각해야 한다.

해설

다실의 꽃꽂이는 꽃을 감상하는 것이라기보다는 꽃병을 감상의 대상으로 삼았다. 따라서 좋은 꽃병에는 꽃을 조금만 꽂아야지 너무 많이 꽂으면 감상에 방해가 된다. 나아가 그 꽃병과 조화를 이룰 수 있는 꽃을 선택함이 무엇보다도 중요하다는 것이다.

꽃을 조금 꽂은 꽃병

22. 센 리큐가 남긴 도가

언젠가 센 리큐의 집에 갔더니 반고지半古紙260의 뒷면에 써놓은 도가道歌가 있었기에 베껴 가지고 왔다. 그 노래는 다음과 같다.

• 이어지는 곡척이란 체體 사이에 끼어 있는 용用의 곡척의 경우에 쓰는 것이기 때문에 용, 즉 음陰의 곡척 위에 있다고 해도 체, 즉 양의 다도구처럼 배치한다네. 용의 곡척 사이에 끼어 있는 체의 곡척의 경우는 이어지는 곡척이 되지 않는다오.

• 넓은 다실은 넓은 다실대로 좁은 다실은 좁은 다실대로, 넓이에 얽매이지 않고 오양육음의 곡척은 어느 경우에나 통용되는 곡척이라네. 그러니 그 근본을 파악하여 응용하면 다실이나 다도구의 형태에 구애받지 않고 어디서나 활용할 수 있다네.

• 수행을 거듭하여 형식을 초월하는 경지에 이르면 곡척을 잊어버려도 마음의 곡척이 자연히 5절의 곡척 혹은 6절의 곡척에 합치되어 나타나니 실로 신묘한 일이 아니겠는가.

260 이미 글씨 따위를 써서 정식으로는 더 이상 쓸 수 없게 되었지만, 여백이나 뒷면을 글씨 연습이나 메모용으로 재활용하는 종이. 반고反古, 反故라고도 한다. 종이가 귀하던 시절에 때로는 글 쓴 종이를 물에 빨아서 다시 쓰기도 했다.

• 다도란 그저 물을 끓이고 차를 타서 마실 뿐이라는 근본을 이해해야 한다네.

• 로지와 다실, 주인과 손님, 모두가 차를 통하여 혼연일체가 되어 일좌건립一座建立이라는 격의 없는 또 하나의 경지가 이루어진다네.

이와 같이 떠오르는 생각을 노래로 지어 다도의 궁극적인 경지를 잘 나타낸 센 리큐에게 경의를 표하지 않을 수 없다. 그 후에 이 노래를 센 리큐 앞에서 한두 구절 읊조렸더니, 센 리큐가 "반고지에 써두었던 것을 훔쳐 읽었구나. 밉살스러운 녀석이라고" 하시면서 웃으셨다. 그 일도 이제는 이미 옛날이야기가 되어버리고 말았구나.

해설

의미 전달을 우선하여 한국어로 번역했더니 운율은 완전히 사라져버리고 말았지만, 일본어 원문은 5·7·5·7·7 음절로 된 정형시, 즉 와카和歌이다. 종이가 귀하던 시절에는 정식 공문서나 귀중한 기록이 아니라면 쓰고 버린 종이, 즉 반고지의 여백이나 뒷면에 글을 쓰기도 했는데, 이런 글은 별로 중요하지 않다는 뜻이다. 때로는 별로 중요하지 않은 글처럼 보이기 위하여 반고지에 쓰는 경우도 있었다.

여기 제시한 다도에 관한 와카가 실제로 센 리큐가 창작한 것이라는 확증은 없지만, 이후에도 여러 와카가 창작되고 추가되어 오늘날에는 다도가茶道歌 혹은 도가道歌라 하여 다수 전해지고 있다. 이 가운데서 누군가가 가려 뽑은 약 100수가 '센 리큐의 도가 100수'[261]라는 명칭으로 널리 유포되고 있다.

• 이어지는 곡척續きの曲尺이란 찻장이나 후쿠로다나 위에 세 가지 다도구를 나란히 배치할 때, 두 개의 위치가 양의 자리이고 그 사이에 있는 음의 자리에 도구를 놓아야 하는 경우를 말한다. 다도구의 배치는 될 수 있는 한 음의 자리를 피한다는 원칙만 따른다면 그 자리에 놓을 수 없지만, 가지런히 놓음으로써 실용성과 아름다움을 충족할 수 있다면 음의 자리에 놓는다는 또 다른 원칙이 있다. 이에 따라서 음의 자리라 해도 양·음·양으로 이어지는 경우에 음의 자리에 다도구를 배치하는 곡척을 이어지는 곡척이라 한다. 그러나 음과 음 사이에 있는 양의 자리에 다도구를 배치하지는 않는다. 이 경우는 이어지는 곡척으로 인식하지 않기 때문이다.

양과 음은 고대 중국에서 발생된 사물의 인식 방식인 체용론體用論에 따라 각각 체와 용에 대응시키기도 하며, 체는 양, 동적인 것, 실체가 있는 것으로 인식하고, 용은 정적인 것, 움직임이 있을 뿐 실체가 드러나지 않는 것으로 파악한다.

• 다실의 넓이에 상관없이 오양육음의 곡척은 다도구 배치의 중요한 기본이 되며, 이 곡척을 이해하면 어디서나 자유롭게 다도구를 배치하는 능력을 발휘할 수 있다는 것이다.

• 곡척은 다도구를 배치하는 기본 방식이지만, 수행을 거듭하여 이를 터득하면 이윽고 곡척을 초월하여 다회를 진행하는 새로운 경지가 열릴 수 있다. 이

261 리큐백수利休百首 혹은 다도백수茶道百首라고도 하며, 내용은 다인의 마음가짐, 점다의 순서와 요령 등으로 구성된다. 다인의 교양이나 수양 방식으로 널리 회자되고 있다.

는 매우 오묘한 경지에 이른 다인이 누리는 지극히 차원 높은 즐거움이라 할 수 있다.

- 앞의 '각서'에서도 말했듯이 다도란 무심無心의 경지에 이르러 물을 길어다 끓이고 차를 타서 부처와 신께 바치고 자기도 마신다는 순수한 마음을 근본으로 해야 참된 다도가 된다는 마음가짐을 말한다.

- 다실에서 주인과 손님이 '차'라는 매개체를 통하여 마음이 혼연일체가 되어 서로 깊이 이해하며 인간적으로도 합일의 경지에 이르는 일을 일좌건립이라 한다. 한자리에 모인 사람이 한마음이 되어 새로운 차원의 경지를 이루어냄으로써 혼자서는 도저히 만날 수 없는 새로운 세계를 맛볼 수 있다는 다회의 의의를 말한다.

여기 제시된 다도가와 후세에 추가된 다도가는 판본에 따라 어구에 약간 차이가 있긴 하지만, 일본 다도의 기본 정신을 시가 형식에 담아서 다인들이 음미하고 감상하는 대상으로 전승되고 있다.

23. 다실은 그 장소에 따라서 달리 만들어야 한다

모즈노百舌野262에 있었던 센 리큐 다실의 창문을 여는 법, 장지문의 배치 등은 매우 정취 있게 느껴져서 언젠가 나는 다실의 평면도를 그렸다. 센 리큐가 그것을 보고 "자네답지 않네"라고 했다. "그 창문이나 장지문의 배치는 모두 이 장소의 방위方位나 로지와 바깥 풍경 등에 맞추어서 지었기 때문에 잘 어울리는 것이다"라고 했다. "다른 장소에 이와 꼭 같은 다실을 지었다면 남들의 웃음거리가 될 뿐이다. 로지의 모양이나 초가지붕의 모양 등도 전후좌우前後左右에 알맞은 곡척을 쓴다면 어디에 지어도 문제가 될 것이 없다. 달과 눈의 경치를 즐길 수 있는 방위에 벽을 다 발라버리면 오히려 눈을 가리게 된다. 물가나 햇빛이 닿지 않는 산그늘 쪽에 창을 낸다는 등의 미련한 착상으로 다실을 짓는 일이 있으나 이는 특수한 예가 된다. 단, 다도를 깊이 깨친 사람이 정형화된 양식을 탈피하여, 오히려 달을 등지고 경치가 좋은 방향에 벽을 내는 다실을 짓는 경우가 있다. 이런 경우란 상당히 높은 경지에 들어가서야 비로소 이해될 수 있는 것이어서 말로는 다 설명하기 어렵다"라고 했다.

262 센 리큐의 다실이 있던 사카이 시내의 지명. 현재도 이곳에 센 리큐를 추모하는 다실이 있다.

해설

다실을 지을 때에 주의해야 할 사항을 적은 글이다. 어떤 훌륭한 다실이 있다고 해서, 이와 똑같은 모양으로 다른 곳에 지었다면 이미 의미가 없다는 것이다. 창문이나 문의 방향 등은 바깥 경치나 다실의 주변 공간인 로지와도 잘 어울려야 한다. 일본인들은 건물이 들어앉는 방위를 따질 때 방각方角이라 해서 길흉吉凶의 통로가 되는 방향을 엄격하게 따진다. 이런 방위 감각과 곡척이 알맞게 배합해야 좋은 다실이 되기에, 다실의 모양은 그 위치와 상관관계에 있다는 것이다. 그러나 이런 조건들도 달인의 경지에 이른 사람에게는 초극超克할 수 있는 문제라는 점을 덧붙이고 있다.

다실 가라카사정傘亭

24. 돌로 만든 물그릇의 위치와 의미

〈기입記入〉

모즈노에 있었던 센 리큐 다실의 로지에 있는 돌로 만든 물그릇은 다실을 지나 부엌 쪽으로 들어간 곳에 있었다. 따라서 손님들이 물그릇에서 손을 씻은 다음에 다실로 되돌아오는 것처럼 되어 있어서 위치가 좋지 않다고 하는 사람들이 있었다. 그래서 센 리큐에게 여쭈었더니 "그 말은 다도를 잘 모르는 사람이 하는 말이다. 물그릇을 비롯하여 로지에는 손님을 위해 설치하는 것과 주인을 위해 설치하는 것이 있다. 산중에서 한거한다는 의미를 지니는 초암 다실에서는 손님도 세속을 떠나고 싶은 마음에서 찾아오기 때문에, 손님을 기다리고 있었다는 듯이 설치하는 것은 좋지 않다. 그저 혼자 살기 위해서 준비해두었던 물을 우연히 찾아온 손님이 빌려서 쓰는 것처럼 하는 것이 산중에 사는 사람의 일상적인 모습이다. 외로워서 누군가를 그리워하는 모습을 보인다면 잘못된 것이다.

그러나 서원이나 구사리노마는 산중의 경우와는 달리 손님을 맞이하기 위한 곳이기 때문에 물그릇은 쓰기 편한 자리에 설치해야 한다. 따라서 쓰다 소규가 물그릇을 대합석 바로 옆에 설치했듯이 자신도 만족하고 쓰는 손님들도 좋아하는 위치에 배치해야 한다. 이는 와비 다도와 추구하는 바가 다르기 때문이며, 경우에 따라서 물그릇의 위치를 구별하여 놓을 줄 알아야 한다"라고 했다.

해설

다실에 들어가기 전에 로지의 대합석에 앉아 있다가 손을 씻고 입을 헹구며 몸과 마음을 정화시키는 것은 손님이 행해야 할 매우 중요한 절차의 한 가지이다. 일반적으로 돌로 만든 물그릇은 손님의 자연스러운 동선에 맞추어 대합석과 다실 사이에 둔다. 그러나 손님이 찾아오는 경우를 염두에 두지 않고 자신만 머무는 다실이라는 설정, 즉 산중의 다실에는 손님의 동선을 의식하고 물그릇의 위치를 정하는 것이 아니라, 은자의 일상생활에 뜻하지 않은 손님이 찾아왔다는 설정으로 로지에 물그릇을 배치한다는 것이다. 너무 깊이 생각한 것처럼 여겨지는 이런 주장은 보기에 따라서 부자연스러운 면이 있지만, 다인이라면 적어도 이 점까지 생각하고 다회를 진행해야 한다는 심오한 계시라는 측면을 읽어낼 수 있다.

서원이나 구사리노마란 귀족이나 고급 무사의 저택에 설치한 집무실 겸 응접실 겸 사교 공간으로 쓰이는 넓은 방을 말한다. 이는 애초부터 연회나 다회를 열 것을 염두에 두고 건축하기 때문에 당연히 물그릇은 손님들이 이동하다가 적절한 시점에 손을 씻을 수 있는 곳에 두어야 한다고 했다. 다실의 용도에 따라서 물그릇의 위치를 구분하는 지혜를 발휘하라고 지도한 것이다.

25. 물그릇의 크기

물그릇을 두는 장소는 따로 정해진 바가 없다. 또한 물그릇은 신기한 모양이나 크고 보기 좋은 돌로 만들 필요는 없다. 물그릇에 물을 담는 움푹한 부분은 작은 물통으로 퍼온 물을 한 통 쏟아부으면 넘칠 정도의 크기가 좋다. 다케노 조오의 산중 다실에서는 한여름에 물을 새로 부은 뒤에는 잎이 푸른 나뭇가지 하나를 덮어둠으로써 햇빛을 가렸다고 한다.

해설

센 리큐가 물그릇의 크기까지 정해주는 것을 보면, 그가 대범하지 않은 데다 너무 소소한 것까지 일일이 신경을 쓴 것처럼 느껴지기도 한다. 그러나 다도를 실제로 행하려면 세세한 것까지 제대로 알아야 원만하게 진행할 수 있음은 물론이다. 물그릇을 너무 크게 만들어 물을 여러 차례 날라다 부어야 한다면 쓸데없는 낭비가 된다. 물그릇을 작게 만들어 늘 새로운 물을 조금씩 준비해둔다면 손님으로서는 청결한 새 물을 쓰게 되어 좋은 기분을 유지할 수 있다는 점에서 실용적이다.

'이런 것까지 지도해야 하나' 할 정도로 세세한 부분까지 체험을 통해 익힌 실천적인 이야기를 전하면서 이를 규범으로 정착시켜온 일본 다도 전통의 일면을 엿볼 수 있는 대목이다.

26. 다도구 구성에 신구의 조화를 이루도록 하라

초암에서 하는 와비 다회에서 단 한 점이라도 명물 다도구를 사용할 때는 그 밖의 다도구는 반드시 새것이나, 오래된 것이라도 감상의 대상이 되지 않는 것, 즉 좋지 않은 다도구를 사용해야 한다. 대자를 쓰는 다회의 경우에는 두세 가지 명물 다도구를 장식함은 좋은 일이지만, 초암 다도에서는 근본적인 마음가짐을 확고하게 해두어야 한다. 다회에 여러 가지 취향을 발휘하려고 하면, 대자를 설치해두고 와비 다도를 한다는 것이 자기도 모르게 어느새 서원 다도를 해버리고 마는 경우가 있다. 주인이 비장해두었던 농차 단지, 즉 농차기가 찻자리에 나왔다는 것을 알면, 그 밖의 다도구를 보여달라고 하면 안 된다. 오직 그 비장의 다도구 한 가지만 감상하려는 마음이 필요한 것이다.

해설

초암에서 열리는 와비 다회의 경우라 해도 때로는 소중히 여기며 비장하고 있던 명물 다도구 한 점을 손님이 감상하며 즐기도록 할 수 있다. 이런 경우에 손님도 명물의 가치를 알고 그 다도구를 집중적으로 감상하며 즐겨야 한다. 이때 다른 명물도 보여달라고 하면 주인을 난처하게 할 뿐만 아니라, 이미 내놓은 명물을 무시하는 것이 된다. 때문에 이미 사용한 명물을 집중적으로 감상하는 것이 바람직한 손님의 자세라는 것이다.

주인으로서도 소장하고 있는 다도구를 자랑하고 싶다는 욕심에서 여러 점의 명물 다도구를 한꺼번에 내어 보이는 일은 좋지 못하다. 한자리에서 여러 가지의 명물을 감상하면 각각의 가치를 제대로 파악하지 못하게 되어, 손님에게도 도움이 되지 못하고 다도구의 가치를 떨어뜨리게 된다는 것이다.

와비 다도의 경우, 특히 모든 다도구가 낡고 퇴색되어 와비의 분위기를 심화시킨다고 하여 지저분하게 싸구려처럼 보이게 함은 와비의 미학을 제대로 이해하지 못한 것이다. 오래된 것이라 해도 깨끗하게 하고, 깊이를 느끼게 하며, 때로는 단 한 가지만이라도 좋은 다도구를 사용함으로써 참된 와비의 의미를 추구할 수 있다.

27. 멸후의 간기刊記

이 한 권은 1593년 2월 28일 스승 고故 센 리큐, 즉 소에키宗易 대거사大居士의 삼주기三周忌에 썼다. 향과 꽃, 그리고 다과茶菓를 올리고 경문經文을 읽어 공양을 드린 다음에, 등잔불 아래서 옛 추억에 잠겨 눈물을 흘리면서 센 리큐가 살아 계시던 시절의 이야기를 생각나는 대로 써 내려간 글이다. 글을 쓰는 김에 한 구절의 게偈를 지어 센 리큐의 영전靈前에 바치고자 한다.

센 리큐의 영전에 바치는 글

하나 남았던 등불은 기름도 다하여 꺼지고,
어둠 가운데 어슴푸레 하얀 꽃이 떠 있네.
주인을 잃은 솥에는 물이 말랐고,
차의 빛깔도 이미 고운 초록빛이 아니네.
센 리큐가 떠나버린 다실은 깨달음의 꿈의 세계,
동풍은 새벽이 밝아옴을 알려주고,
눈물만 덧없이 흘러내리네.

훌륭한 업적을 남기신 센 리큐의 문하생 난보 소케이 삼가 올림

『남방록』의 원본과 이 사본을 대조해보니 원문과 다름없습니다.

다치바나 지쓰잔

해설

이 글은 '멸후'의 성립에 관하여 적은 간기다. 난보 소에키는 센 리큐의 삼주기를 맞이하여 공양을 올리고, 그 감회를 게로 지어 스승의 영전에 바쳤다. 게를 통해 스승 센 리큐를 하나 남았던 등불로 비유하고, 난보 소케이 자신은 하얀 꽃으로 표현했다. 이로써 스승이 이미 타계하여 혼미한 다도계茶道界 가운데서 자신이 다도의 맥을 이어가고 있음을 상징적으로 나타냈다. 비통한 죽음을 맞이했던 센 리큐이지만 다도에 대한 많은 깨달음을 남겨주신 데 대해 칭송하고 사무치는 그리움을 그려냈다.

28. 다치바나 지쓰잔의 첫 번째 간기

『남방록』 전 7권은 센 리큐의 다도에 관한 심오한 뜻을 센슈泉州 사카이의 난슈사 슈운암에서 살고 있는 난보 소케이 수좌首座가 간직해오던 것이다. 난보 소케이는 다도의 즐거움과 선禪의 즐거움을 조화시키고 이를 완전히 체득하여, 어떤 일에도 구애받지 않는 경지에 이르러 있었음을 이 『남방록』으로 알 수 있다.

이 7권 가운데 앞의 6권은 난보 소케이가 오랫동안에 걸쳐서 초지草紙[263]나 초고草稿에 틈틈이 써두었다가, 한 권씩 엮어내었다. 센 리큐도 난보 소케이가 쓴 내용을 한 번씩 읽어보고 한 구절 한 구절 동의同意하여 간기를 써주셨다. 그 가운데 '각서' '다회' '찻장' '서원' '대자' 등의 5권은 센 리큐의 가문, 즉 센씨千氏 문중에 비사秘事로 전해져왔다. 1686년, 나는 이 5권과 인연이 있어서 이것을 필사할 수가 있었다.

그 후에도 이 글의 나머지 부분을 찾아다니던 중에 1690년 봄, 난보 소케이의 후손이 센슈에 살고 있다는 소문을 듣고 편지를 보냈었다. 나는 요행스럽게 구로다 미쓰유키黑田光之[264] 영주 일행의 한 사람으로서 참근교대參勤交代[265]를 위하여 에도江戶로 가던 도중인 정월 21, 22, 23일 3일간 오사카의 셋쓰에 머물게 되었다.

263 글의 초안을 쓴 종이.

264 구로다 미쓰유키(1628~1707)는 후쿠오카한福岡藩의 제3대 영주였다.

265 에도막부의 쇼군이 각 지역의 영주, 즉 한슈藩主를 일정 기간마다 영지를 떠나 쇼군이 있는 에도에 와서 근무하게 함으로써 영주들을 장악하는 제도를 말한다.

이때 난보 소케이의 자손인 노야 소세쓰納屋宗雪 노인을 만나서 이 노인이 간직하고 있던 비전서 두 권을 볼 수 있었다. 한 권은 '먹칠'이었는데, 낡은 표지에 대나무 축軸이 있었다는 점 등은 다른 5권의 체제와 같았다. 나는 실로 기이한 일도 있구나 하고 생각하면서 보았다. 다른 한 권을 펼쳐보았더니, 이 권도 표지와 축이 같은 체제인데, 책의 가운데 여백에 글이 적혀 있었다. 1593년 2월 28일 센 리큐의 삼주기 되는 날에 적은 것인데, 이 권이 바로 '멸후'권이었다.

이 '먹칠'권과 '멸후'권은 난보 소케이가 지니고 있었는데, 센 리큐의 후손 집안에도 전해지지 않던 것이다. 노야 소세쓰 노인은 비밀로 해달라고 했으나 여러 차례 간곡히 빌려달라고 부탁한 끝에 드디어 사본을 만드는 것을 허락받았다. 나는 그곳에 머물면서 이틀 낮 이틀 밤에 걸쳐서 필사를 끝냈다. 이를 앞의 5권과 합하여 7권으로 엮어내어 다실의 최고 보물로 삼게 되었다.

한편 이 7권 가운데 가장 비밀스러운 일인 '9개 조항'[266]은 별권의 부록[267]으로 하여 문고文庫의 깊숙한 곳에 간직해두고 소중히 했다.

이 1690년이란 어렵게 비전을 찾아내던 해인데, 생각해보니 마침 센 리큐의 100주기百周忌에 해당되는 해가 된다. 필사하는 동안에는 미처

266 ① 다도구를 보관하는 도구를 다루는 법 ② 세 벌짜리 족자를 거는 법 ③ 족자를 거는 못을 박는 법 ④ 휴대용 다도구 상자를 다루는 법 ⑤ 불을 다룰 때의 주의사항 ⑥ 유명인사를 대접했던 다회의 여운을 즐겨보는 다회跡見茶會의 주의사항 ⑦ 마음의 곡척曲尺 ⑧ 난보 소케이가 인정받은 사항 ⑨ 비전의 바른 전수법 등이다.

267 『남방록』 가운데서 다치바나 지쓰잔이 매우 중요한 비전이라고 생각하는 사항에 자신의 해석을 써넣어서 따로 적어둔 글인데, '비전秘傳'이라는 서명으로 현존한다.

거기까지는 생각하지 못했는데, 무의식중에도 그 무언가 느낌에 따라서 붓을 든 것은 참으로 기이한 인연이다.

나는 이 『남방록』을 통해서 먼지와 티끌로 더럽혀진 입안을 깨끗이 헹구어내고 로에 불을 일구어 다도에 정진하는 법을 배웠다. 다도의 수천 가지의 작법을 배우니, 드디어 억지로 꾸미려 하지 않고도 스스로 다도의 경지를 엿볼 수 있게 되었다. 이 『남방록』의 다도의 맛이 단순히 입으로 느끼는 차의 맛을 넘어선 곳에 진실이 있음을 말해주는데, 이것이 귀중하다고 생각된다.

이에 난보 소케이의 좋은 글을 바탕으로 하여, 나의 서툰 글을 지어 센 리큐와 난보 소케이에게 바치면서 차 한 잔을 함께 올리려 한다.

세상을 맑게 씻어 꿈에서 깨어났다.
문은 로지를 향해 열려 있고, 작은 길에는 이끼가 푸르다.
찻잎은 맷돌을 돌려서 갈고, 체로 걸렀네.
한바탕의 솔바람松風268이 달을 스치며 지나간다.
솔바람은 어디서부터 불어오는가.
흰 이슬방울이 내 소매를 적시고 있는데.

1700년 경진년庚辰年 2월 28일
백년후학百年後學 다치바나 지쓰잔 올림

268 찻물이 끓는 소리. 여기서는 센 리큐의 차풍茶風을 가리킨다.

해설

이 간기는 다치바나 지쓰잔이 쓴 '멸후'권의 필사 경위이다. 다치바나 지쓰잔은 난보 쇼케이의 자손을 만나서 전수되어오던 '먹칠'과 '멸후'를 찾아냈고, 이를 빌려서 필사했다. '멸후' 가운데서 가장 비밀스러운 '9개 조항'은 다치바나 지쓰잔이 『남방록』을 읽는 가운데 매우 중요하다고 여겨지는 9조항을 자기 나름대로 정리한 것이다. 지쓰잔이 올린 글에서 '흰 이슬방울'이란 '바로 내 곁에 비전서로서 소중하게 남아 있는 『남방록』'을 가리킨다.

이 글을 필사한 날짜는 마침 센 리큐의 100주기에 해당된다고 해서 센 리큐와 필사자 자신과의 인연을 강조하고 있음이 주목된다.

29. 다치바나 지쓰잔의 두 번째 간기

『남방록』 전 7권은 1705년에 다치바나 소보쿠立花宗樸[269], 즉 네이세쓰암寧拙庵의 주인, 고모토암固本庵의 주인, 지토쿠암自得庵의 주인, 그리고 나의 대를 이을 교코쿠사이虛谷齋의 주인 등 네 명에게 각각 필사하기를 허락했다. 그 이유는 다음과 같다.

고모토固本의 노부老父인 한세쓰 료기半雪了義 노인은 원래 차를 즐기는 사람은 아니었으나, 이 비전서를 처음 발견했을 때부터 나와 뜻을 함께하고 있었으며, 그는 차의 진실한 의미를 소중하게 여기고 있었다. 이제는 83세가 되었으나 아직도 로 앞에 앉아서 다도에 대하여 공부하고 있다. 그러나 그는 이미 노인의 몸이고, 나도 이미 병이 들었다.

차에 대한 이야기를 할 때마다 '천하가 태평하고 노인들은 건강하니까 별일이 없을 거야'라고 하면서, 노인들께만 다도의 비전을 맡겨둘 수는 없다. 하늘이 노인들을 지켜주신다고 해도 언제까지나 건강을 지켜주지는 않는다고 나는 생각한다. 이 『남방록』의 중요한 가르침을 나만 홀로 간직하고 있다가, 이대로 내가 죽어버려서 전통이 단절되지나 않을까 염려된다.

지금까지 『남방록』에 귀의歸依한 사람이 더러 있었다. 그러나 깊은 인연을 맺고 가까이 지내는 사람 가운데 다도에 출중한 사람은 그리 많지 않으나, 한세쓰 료기 노인과 상의하여 네 사람을 뽑아 이들에게만

---

269 다치바나 소보쿠(?~1745)는 구로다한黑田藩의 무사이자 다치바나 지쓰잔의 동생이며, 호는 네이세쓰寧拙이다. 형의 사후에 37년에 걸쳐 『남방록』 필사본을 완성했다.

『남방록』의 심오한 뜻을 전해주기로 했다.

나는 단지 이 책을 전달해주는 사람이자, 이 책의 다도를 구현하려고 했던 사람에 지나지 않는다. 이 다도에 통달할 때는 대거사大居士인 센 리큐나 난보 소케이와 매일매일 만나서 다도 이야기를 듣는 자손子孫 가운데 한 사람이 될 것이다. 이 책의 전수를 허락받은 네 명의 거사들은 다음 사항을 명심해야 한다.

천류千流도 만류萬流도 하나의 근원에서 나온 것.
천류도 만류도 모두가 하나의 흐름을 근원으로 한다.
네 곁에 차가 있다면, 지체 없이 마시고 떠나게나.270
조주趙州가 이고 있던 신발271은 아무런 흔적도 남기지 않았다.272

1705년 을유년乙酉年 섣달
다치바나 지쓰잔

270 여러 가지 사항을 생각하거나 따지지 말고 무엇보다도 먼저 차를 마셔보라는 유명한 공안公案인 끽다거喫茶去를 배경으로 한 말이다.

271 **조주의 신발**이란 조주와 관련된 공안에 관한 이야기로, 그의 스승인 남천南泉 화상의 질문에 대해서, 조주가 대답 대신에 신발을 이고 바깥으로 나갔다는 고사 '남천참묘南泉斬猫'에 유래한다.

272 『남방록』의 원문은 다음과 같은 칠언절구七言絶句이다.
'千流万派一源水 萬派千流一水源 茶在汝邊遄喫去 趙州頭上屐無痕'

해설

『남방록』의 전수 경위를 밝힌 글이다. 다치바나 지쓰잔이 『남방록』을 발견한 이래로 이 책이 다시 세상에서 사라져버릴 염려가 있었기 때문에, 그 가치를 깊이 이해하는 몇몇 사람들을 뽑아서 필사를 허락했다. 이후로 이 책의 재필사본再筆寫本이 많이 나올 것을 예상한 다치바나 지쓰잔은 자신이 소장하고 있던 『남방록』이 그 원전原典이 된다는 점에 대해서 자부심을 가지고 있었다.

시간의 흐름에 따라서 다도는 다양한 모습으로 분파를 이루겠지만, 무라타 주코와 다케노 조오에 이어 센 리큐가 완성한 다도가 본질을 이루는 다도야말로 참되다는 것이다. 무엇보다도 차는 대접하고 마신다는 실천적인 행위 없이는 아무런 의미가 없다. 당신 곁에 차가 있다면 지체 없이 마시고 자리를 떠나라는 말은 '끽다거'를 실천에 옮기며 다도의 경지로 들어가야 한다는, 실천적인 자세의 중요성을 말한다.

간기의 마무리로 인용한 '조주의 신발은 아무런 흔적도 남기지 않았다'는 조주의 공안은 깨달음을 얻지 못한 사람으로서는 사실상 해석할 수 없는 말이다. 그럼에도 불구하고 다치바나 지쓰잔의 뜻을 헤아려보자면 '본말을 전도하지 말고 무엇보다도 본질을 추구해야 한다'는 뜻으로 이해할 수 있다. 다도의 본질적인 정신을 최우선으로 삼아야지, 그렇지 않고 지엽적인 것, 부수적인 것에 너무 얽매이면 안 된다는 점을 강조한 것이다.

'각서'에서부터 '멸후'에 이르기까지 스승 센 리큐로부터 다도의 정신, 점다의 실제 과정 등 여러 가지 교훈을 얻었지만, 무엇보다도 와비라는 정신세계가 다도의 중심에 있어야 함을 강조했다.

36 | 조주의 신발

조주趙州의 신발이란 중국 남송의 선승 무문혜개無門慧開가 지은 불서로서 『선종무문관禪宗無門關』에 수록된 '남전南泉선사가 고양이 목을 베다南泉斬猫'라는 공안에서 나온 말이다. 조주 스님은 남전선사의 제자가 되어 다년간 모시면서 부처님의 진안목眞眼目을 갖추어 남전선사의 법法을 이었다.

당시에 남전선사 회상에는 700여 명의 대중들이 모여서 수행하고 있었다. 마침 경내에 고양이가 한 마리 있었는데, 동서東西 양쪽 선원禪院의 대중들이 서로 자기네 선원의 고양이라고 주장하며 큰 시비를 벌려 떠들썩했다. 그리하여 남전선사께서 운집종雲集鍾을 치라고 명령하여 대중들이 모두 모이자, 남전선사께서는 법상法床에 오르면서 시자에게 "고양이와 칼을 가져오라"고 명했다. 시자가 그것들을 가져와 법상 위에 올려놓으니, 남전선사께서 고양이를 치켜들고 말했다.

"이 고양이로 인해 늘 시비가 생기니, 오늘 이 고양이에 대해 그간에 연마한 선어禪語로 한 마디 말해보아라. 제대로 하는 자가 있으면 고양이를 살려두겠거니와, 만약 하지 못하면 단칼에 두 동강을 내버리겠다. 속히 일러라!"

이렇게 세 번을 거듭해 대답을 재촉했음에도 말하는 자가 아무도 없었다. 700여 명의 대중 가운데 그의 뜻을 헤아리는 자가 아무도 없었던 것이다. 그러자 남전선사는 말한 대로, 고양이를 두 동강으로 베어버리고 방장실로 돌아갔다.

방장실에서 쉬고 있을 때, 출타 중이었던 조주 스님이 돌아와서 인사를 올리자, 남전선사께서 이 일을 들어 말씀하셨다. "그대라면 무엇이라 답하겠는고?" 하고 묻자 조주 스님은 바로 일어나 신발을 머리에 이고 나가버렸다. 남전선사는 그 광경을 보고, "네가 있었다면 고양이를 살렸을 것을…" 하고 혼잣말을 했다.

이 행동은 이전에 달마가 신발 한 짝을 보여주었던 고사처럼 달마선법으로 돌아가라는 의미라고 할 수 있다. 달마의 신발에 관한 고사는 달마대사가 중국 남북조시대에 소연昭衍을 만났을 때, 짚신을 머리에 이고 있었다는 이야기이다.

찾아보기

해설 키워드

㉠

ⓛ

ⓢ

ⓞ

ㅊ

茶人圖書 005

일본 다도의 원리와 미학

남방록 연구

초판 1쇄 발행 2012년 6월 12일
초판 2쇄 발행 2013년 7월 15일
초판 3쇄 발행 2020년 5월 10일

지은이 박전열

발행인 박권흠
기 획 김영희
발행처 (사)한국차인연합회

제작 및 공급자 도서출판 이른아침
주 소 경기도 고양시 일산동구 일산로 142 유니테크빌벤처타운 263-5호
전 화 031)908-7995
팩 스 070)4758-0887
등 록 2003년 9월 30일 제 313-2003-00324호
이메일 booksorie@naver.com

ISBN 978-89-93255-97-3 93830
정가 30,000원